西方国家
社会与法律透视

苏金乐　编著

中国水利水电出版社
www.waterpub.com.cn

内 容 提 要

　　本书的研究方向涉及西方国家社会的诸多领域,主要内容包括:西方国家文化及其产业、西方国家高等教育、西方国家体育及其产业、西方国家社会保障制度、西方国家就业政策和服务、西方国家住房政策等。全书结构合理,条理清晰,内容丰富新颖,是一本值得学习研究的著作。

图书在版编目(CIP)数据

西方国家社会与法律透视 / 苏金乐编著. -- 北京：
中国水利水电出版社, 2014.12(2022.9重印)
　ISBN 978-7-5170-2834-5

　Ⅰ. ①西… Ⅱ. ①苏… Ⅲ. ①社会发展-研究-西方
国家②法律-研究-西方国家 Ⅳ. ①D569②D9

中国版本图书馆CIP数据核字(2014)第311261号

策划编辑:杨庆川　责任编辑:陈　洁　封面设计:崔　蕾

书　　名	西方国家社会与法律透视
作　　者	苏金乐　编著
出版发行	中国水利水电出版社
	(北京市海淀区玉渊潭南路 1 号 D 座 100038)
	网址:www. waterpub. com. cn
	E-mail:mchannel@263. net(万水)
	sales@ mwr.gov.cn
	电话:(010)68545888(营销中心)、82562819(万水)
经　　售	北京科水图书销售有限公司
	电话:(010)63202643、68545874
	全国各地新华书店和相关出版物销售网点
排　　版	北京鑫海胜蓝数码科技有限公司
印　　刷	天津光之彩印刷有限公司
规　　格	170mm×240mm　16 开本　14 印张　251 千字
版　　次	2015年6月第1版　2022年9月第2次印刷
印　　数	3001-4001册
定　　价	45.00 元

目　　录

第一章　西方国家文化及其产业

　　尽管西方文化比不上中华文化、印度文化、埃及文化和其他文化那样历史悠久,但在近现代发展过程中,西方文化却迅速发展强大起来,在世界文化中占有举足轻重的地位。无论是西方文化还是其他文化,作为一种内涵丰富的社会历史现象,文化与政治、经济相互渗透,相互作用,紧密联系,并发展和衍生为一种生产力。文化是文化产业的本源和基石,也是文化产业的核心。文化随时代的发展而发展,文化产业是文化历史积淀的时代硕果。① 西方国家凭借其强大的经济和政治实力,极大地推动了文化产业发展,而以产业为依托的文化竞争力又反过来进一步增强了国家整体实力。

第一节　美国文化及其产业

一、美国文化多元性

　　美国是一个移民社会,没有移民就没有美国。同样,没有移民文化,就没有美国特色文化。正如有的学者指出:"美国文化从它的创造主体分析是一种移民文化。"② 多种异质文化汇集于美国,经过相互碰撞、冲突与融合,诞生了美国文化。

1. 欧洲文化

　　在美国文化形成的过程中,以英国文化为代表的欧洲文化发挥了主导作用。据 1790 年美国第一次人口统计,全国共有 3929625 人。其中英格兰人占 60.14%,苏格兰人占 8.1%,爱尔兰人占 9.5%,德国人占 8.6%,荷兰

---

① 董雪梅. 也谈文化与文化产业的关系[J]. 东岳论丛,2006.05
② 余志森. 试论美国文化多元性的成因与特征[J]. 华东师范大学学报(哲学社会科学版),2002.09

人占 3.1%,法国人占 2.3%,瑞典人占 0.7%,西班牙人占 0.8%,不明身份者 6.8%。从人口构成的比例来看,英国人占主体。这些具有不同宗教信仰的民族生活在共同的土地上,英语逐渐成为大家共同使用的语言。美国独立前东部沿海 13 个州,都曾为英国殖民地,大批英国移民在这里扎根、生息、繁衍。他们不仅"带"来甚至可以说直接从英国"搬"来了文化,其生活方式、行为方式、思维方式以及价值观念都最大限度地模仿英国文化模式。美国历史学家克林顿·罗斯塔在其《The Formative Years 1607—1763》著作中说:"殖民地时期的思想是大量被衍生的,经常是全面的模仿。"1620 年,102 名英国清教徒乘坐"五月花"号轮船前往美洲新大陆,在"五月花号"登岸之前,41 名成年男子签订了一份契约,即《五月花号公约》,主要内容是:"为了上帝的荣耀,为了增强基督教的信仰,为了提高我们国王和国家的荣誉,我们漂洋过海,在弗吉尼亚北部开发第一个殖民地。我们这些签署人在上帝面前共同庄严立誓签约,自愿结为民众自治团体。为了使上述目的能得到更好的实施、维护和发展,将来不时依此而制定颁布的被认为是对这个殖民地全体人民都最合适、最方便的法律、法规、条令、宪章和公职,我们都保证遵守和服从。"《五月花号公约》是依据英国民主法治思想、政治价值理念制定的美国历史上第一份重要的政治文献,是一个具有民主自由意识的历史文献,成为美国文化的精神底蕴,并成为美国政体发展的第一块坚定基石。① "五月花号"轮船搭乘的 102 名英国清教徒到美洲新大陆后即刻面临着严峻的生存危机:没有亲朋好友迎接,没有房屋供他们居住,周围满目凄凉,一派荒凉,且寒冷的冬天已经来临。清教徒们以艰苦奋斗、积极进取的精神风貌开始创业,这无疑成为早期美国社会的核心价值观。清教徒们还赋予美国文化强烈的使命感,这种使命感滋生了美国人唯我独尊、不可一世的民族精神。

英国清教徒来到北美大陆有各种各样的目的,其中之一就是寻求宗教自由,由此,自由主义思想逐渐演变为美国政治思想和文化的核心,构成了美国政治文化的基础。这种自由主义思想是以"自由"为核心的一整套的思想理念,包括政治自由、经济自由以及一系列法定的个人自由甚至生活方式,而且这种自由是以个人自由为核心的,这是自由主义的本质。

进一步分析,英国清教徒所追求的个人主义同样成为美国最重要、最核心的价值观,也是美国文化的核心。个人主义已广泛透渗到美国的政治、经济、文化、社会生活等各领域,成为美国民主思想的出发点与归宿。朱世达指出,不了解个人主义,就无法了解美国的政治、社会与文化。

---

① 张琼.西进运动对于美国文化的影响[J].杭州师范学院学报,2001.01

因此,以英国文化为代表的欧洲文化对美利坚文化无疑产生了重大作用,甚至构成了具有根本影响力的文化"基因"。

2. 美洲印第安文化

印第安人是美国的土著居民,丰富多彩的印第安文化对美国文化的形成做出了重要贡献。在自然观方面,印第安人形成了自己的朴素的价值观念和认知方式,他们认为,万物有灵,日月星辰、山脉河流、雷电雨雪以及一切难以认知的自然现象都是他们顶礼膜拜的对象,成为他们宗教文化生活的重要内容,由此产生了图腾崇拜,形成了具有特色的图腾文化。在农业方面,印第安人早在公元前5000年就掌握了农作物种植技术;公元前1000年形成了大豆、玉米等农产品种植体系;18世纪中期开始种植菸草、土豆、大蒜;西红柿、南瓜、花生都是印第安人的重要贡献;马铃薯、玉米、烟草等40多种农作物传播到世界各地。在文学艺术方面,印第安人也做出了突出的艺术成就,比如舞蹈,对印第安人来讲,既是一种祈祷仪式,也是一种艺术。舞蹈贯穿于印第安人的社会生活和宗教活动中,许多重大活动都离不开相应的舞蹈。印第安人的土著艺术家们用丙烯树脂、织物、黏土为原料创作出了珍贵的绘画、雕像、陶瓷、面具等多种艺术品。在语言学方面,印第安语中的很多词汇已融进美国英语。据统计,大约有1700多个借词来自印第安语。美国一些地名、河流、山岳,如俄亥俄州、康涅狄格州、马萨诸塞州、明尼苏达州、密西西比州、密歇根州、密苏里州、尼亚加拉、约塞米蒂瀑布以及阿巴拉契亚山脉等均来自印第安语,这些已经成为美国文化遗产中重要的一部分。另外,在人际交往方面,印第安人对外来民族非常友好、善良。早在1607年,当英国移民到达北美面对荒芜、凄凉的环境不知该如何生活时,印第安人给他们送来了许多生活必需品,教给他们如何开拓土地、栽种农作物、狩猎、捕鱼以及饲养火鸡等。如果没有印第安人的热心相助,英国早期移民要在一个完全陌生和艰苦的环境中生存下来,将是非常困难的。

3. 非洲文化

美国黑人文化具有较高的艺术性,对美国文化的形成与发展产生了深刻影响。首先,黑人音乐赋予美国音乐文化独一无二的特性,成为美国民族音乐的基础。美国黑人音乐一方面从非洲音乐中吸收了许多旋律,另一方面,对白人音乐进行了一定的改造,创作出节奏强烈、生机勃发的爵士乐、黑人灵歌、布鲁斯、雷格泰姆以及福音音乐等。尤其是爵士乐,不仅风靡美国,而且流行世界,为各国人民所接受和喜爱。可以说,黑人音乐是美国黑人最卓越的文化遗产,也是他们最伟大的精神财富。其次,黑人舞蹈颇具特色。

起初,黑人舞蹈是他们的祖先祈求神灵保佑的一种表达方式,在宗教活动以及庄严的丧礼中,舞蹈是不可或缺的重要组成部分。如今,美国黑人把祖先主要表现于宗教活动中的舞蹈,扩展到了社会生活的各个方面。美国黑人以能歌善舞享誉世界。再次,黑人文学在美国文学史上占有重要地位。20世纪的20年代至30年代10年左右时间里,有十几位黑人作家出版50多部小说和诗歌。60年代以来,有许多黑人作家为美国黑人文学的发展做出了突出贡献,在一定意义上带动和繁荣了美国黑人文学,甚至可以说,达到了黑人文学与白人文学并驾齐驱的文学成就,进一步推动了美国多元文化的形成。这其中,尤其以黑人女作家格温多林·布鲁克斯、托尼·莫里森、艾丽斯·沃克为等为代表。张士智在《世界黑人百科全书》中指出:"黑人在音乐、舞蹈、泥塑、绘画等文化艺术方面对美洲大陆的贡献是巨大的。"

4. 亚洲文化

根据美国移民归化局1999年对外来移民的统计,亚洲移民已经占到了当年移民总数的30%,由此分析,亚洲移民对美国文化发挥着越来越大的影响。而在亚洲移民中,中国移民又占约50%。据不完全统计,仅2010年,有70863名中国公民拿到美国绿卡,移民数量全球排名第二。华人移民文化不仅充实了美国多元文化的内容,成为美国多元文化中的一个重要组成部分,而且还对美国经济社会的发展产生了深远的影响。

首先,华人移民所带来的具有五千年历史的中华文化,成为美国文化的一部分,丰富了美国的文化生活。华人文化,无论历经几代,都会保持着中国古老文化的特色,他们从小都受到传统文化思想和观念的熏陶,具有努力工作、尊师重道、尊老爱幼、热爱家庭等多方面的优良品质。华人移民的到来,也带来了以和为贵的理念,特别是随着他们在美国经济政治地位的提高,丰富了美国社会的和谐思想,美国人会逐渐意识到,只有和谐相处才能共同发展。华人移民靠自己的智慧、勤奋和才能,还为美国经济社会的发展做出了不可磨灭的贡献。其次,华人在科教领域中做出了突出贡献,许多专家学者成为美国乃至全世界享有盛誉的科学家,诺贝尔奖金获得者杨振宁、李政道、丁肇中、李远哲等都是杰出代表。据统计,有300多位华人科学家在美国德克萨斯州的太空中心工作;2万多名华人工程师在硅谷奉献;数千名教学科研人员云集美国高校,这些优秀的华人移民促进了美国经济与文化的发展。再次,许多早期华人移民参加了美国的基本建设,特别是几条横贯北美大陆东西交通铁路大动脉的建设以及西部矿山、森林和土地的开发,都离不开中国劳工的勤劳、智慧和汗水。《美国百科全书》对中国劳工的工作给予了充分肯定:"华人筑路参加修建的横贯美国东西大铁路是推动美国成为统一国家的最重要因素。"南加州华侨历史学会 1976 年建立的南太平洋铁路与圣费尔南多大隧道华工纪念碑上铭刻着"加州铁路,南北贯通,华裔精神,血肉献功"碑文。华人移民对推动美国农业,尤其是加州农业的发展做出了重要贡献。从 1860 年到 1890 年的 30 年间,加利福尼亚 75% 的农业工人都是华人,他们的辛勤劳动使加利福尼亚州的农业迅速发展起来,美国人自己也说,如果没有华人移民在 100 多年前的奉献,加利福尼亚农业的发展要推迟几十年。进入新世纪,中国文化以孔子学院为依托,自 2010 年在美国西雅图成立以来,在传承中华文化、推广中文教育,促进更多美国人了解中国文化等方面日益发挥着重要的作用。

5. 犹太文化

美国是犹太人最多、最集中的国家,到 2000 年,定居美国的犹太人已达 600 多万人,他们在美国的政治、经济尤其是文化领域做出了杰出贡献,对美国文化的建设发挥了重要作用。首先,犹太人积极参与政治,想方设法进入美国政界上层,为自己民族谋求政治地位。奥斯加·斯特拉斯、亨利·摩根索、亨利·基辛格、迈克尔·布鲁门萨尔、奥尔布赖特、科恩以及巴尔舍夫斯基等都曾担任美国政府高官。其中,亨利·基辛格在中国受到尊重,被誉为"中国人民的老朋友"。其次,在文化领域,犹太人对美国文化发展具有突出影响。虽然犹太人只占美国总人口的 2.3%,但是,在传媒精英中,23% 是犹太人,大批著名的记者、编辑和专栏作家都是犹太人。世界知名的报刊《纽约时报》和《华盛顿邮报》最早是由犹太家族创办的,美国的新闻出版界被称为是"犹太人的世界";最有影响的 200 位文化名人中,有一半是犹太人;在律师界,每 4 名律师中就有 1 名是犹太人;100 多名犹太人及其后裔获得过诺贝尔奖金;在美国东部的名牌大学中,有 30% 的教授是犹太人。[①]犹太文化为美国多元文化浓浓地涂上了犹太人的色彩,对美国文化的形成和发展产生了重大的影响。

二、美国核心价值观

在西方国家中,美国是个人主义价值观的典型代表,个人主义价值观是美国精神的重要组成部分,成为美国思想的起点和归宿,构成了美国文化核心价值观和精髓。

---

① 罗爱玲. 美国犹太人及其对美国文化的影响[J]. 世界民族,2004.02

1. 个人主义含义的不同解读

在东西方国家中，对个人主义的含义有不同的理解。多数东方国家，特别是中、日、韩三国，往往把个人主义理解为与集体主义相对的价值观念，它把个人与社会对立起来，一切从个人需要和个人幸福出发，反对统一的社会价值标准，主张一切以个人利益为出发点，把个人利益放在集体利益之上，损公肥私、损人利己、唯利是图、尔虞我诈。在中国文化中，个人主义是一个贬义词，是同利己主义相并论的同义词。在法国，个人主义也带有一种贬义，认为强调个人利益就会有损于社会的整体利益。法国自由主义者把个人主义看作是多元社会秩序的威胁。而在德国，个人主义却贴上了浪漫主义的标签，把个人主义理解为个人的自我完成和个人与社会的有机统一。在美国，作为一种价值观，个人主义被许多学者认为是美国文化的核心价值观，是美国社会最明显的特性之一。个人奋斗、个性自由、自主抉择，自由竞争等成为美国个人主义价值观最主要的表现形式。

2. 美国个人主义价值观形成过程

英国清教徒来到美洲新大陆的同时，也随身带来了个人主义思想。这些清教徒之所以移民美国，主要原因就是为了摆脱欧洲封建统治和压迫，他们的性格"基因"中具有反抗外来束缚、追求个人自由的因素。《独立宣言》从根本上给个人主义赋予了宪法学的界定：人人生而平等，造物主赋予他们某些不可转让的权利，其中包括生命权、自由权和追求幸福的权利。法国政治思想家托克维尔在《论美国的民主》一书中将个人主义赋予了比较完整的理论内涵：其一，个人是目的，社会只是为达到个人目的的手段；其二，尊重个人的民主和自由；其三，提倡从个人出发，维护私有制。

在美国西进运动中，个人主义得到激发和强化。一些美国政治家、文学家，一方面把西部描绘成充满危险、艰辛的地方，另一方面，又把西部说成富饶、美丽的大陆，会给人们带来无限的机会、自由与希望。托马斯·莫顿早在 1637 年就这样描绘北美大陆，"在这片广袤的土地上，野禽丰足，肥鱼满溪，硕果折枝，在我看来，这就是天堂。"①在西部，广袤的土地、森林和丰富的矿藏对人们产生了巨大的诱惑力和吸引力，他们纷纷举家迁往西部。1820—1850 年，从东部迁往西部的人数约 400 万，超过了总人口的十分之一。在成群结队的西行人流中，无论是富人还是穷人，无论是社会地位高的人还是处于社会底层的人，他们都挤在大蓬车里或汽船上，没有了尊卑贵贱

---

① 布罗姆等．美国的历程[M]．商务印书馆，1988.03

之分,都是平等的开拓者。到了西部,"任何人都可以自由改变自己的地位而不受法律和习惯的限制","各种职业对一切人平等开放,谁都可以依靠自己的能力登上本行业的高峰"。① 美国文学家享利·梭罗在 1862 年发表的《西行求自由》中写道:"朝东我不自在,西行则感到自由"。在开发西部过程中,拓荒者们披荆斩棘、勤奋工作、自力更生、忘我奋斗,终于使全家过上了好日子,体验到了创业的快乐和幸福,个人的才能和智慧得到充分展现,个人的价值得到了最大化的张扬。

随着工业革命广泛和深入展开,美国实现了从传统农业社会转向现代工业社会的重要变革,引起了从手工劳动向动力机器生产转变的重大飞跃,引起了社会组织形式和生产组织形式的变化,给人们的日常生活和思想观念带来了巨大的变化。从此以后,单纯依靠个人单枪匹马闯世界而取得成功的机会一去不复返了,决定成功的因素需要依靠集体和组织,于是,在美国社会中出现了新的个人主义,即集体个人主义。这种集体主义同样要求人们在集体中充分发挥个人的聪明才智和创造性,通过密切合作来实现自身价值。但这并不是说个人主义就升华到集体主义。在美国人看来,参加集体、进行合作,其目的仍然是为了实现个人价值,个人主义仍然是至上的。如果一个人不能在一个集体中实现自己的目标,他会马上离开这个集体去寻找另一个能实现自己价值的新集体。

第二次世界大战结束特别是两极世界解体以来,在经济、政治、军事、教育、科技、文化、体育等各个方面,美国都达到了巅峰和鼎盛时期,这一切也促使个人主义发生了令世人担忧的变化。美国人变得更加自恋、更加自负、更加霸权、更加不可一世、更加唯我独尊和自我陶醉。

3. 美国个人主义价值观形成根源

第一,宗教根源。在西方发达国家中,美国是宗教氛围最浓厚的一个国家,有 30 多万个基督教教堂、犹太教会堂、清真寺等宗教场所,超过 80% 的美国民众信奉基督教的各种教派,宗教成了美国社会文化生活中不可或缺的一部分。美国人认为,人的各种不可转让的权利,包括生命权、自由权和追求幸福的权利,都是"造物主"赋予的,因而美国人把上帝看成是全能的、超然的立法者,对上帝的责任胜于对社会的责任,上帝的戒律是支配人行为的普遍准则,人们要通过实现自身价值来感恩于神,感恩于上帝。美国主流文化是盎格鲁·撒克逊新教文化,新教主张"自我拯救",从这一点可以看出,美国是一个反权威、抗专制、突出自我意识的民族。美国史学家卡

---

① 托克维尔. 论美国的民主(下卷)[M]. 商务印书馆,1997

尔·戴格勒在《Out of Our Past》指出："如果说今天美国人是个人主义者，那么，清教思想是个人主义的主要根源"。

第二，政治根源。在美国，政治对个人主义价值观的形成有十分密切的影响，《五月花盟约》深刻说明了这一点：在新大陆追求自由与幸福应该由一定的政府来领导，而个人所追求的自由与幸福则有赖于世界近代史上第一个共和国的建立得到保障。作为一部重要的政治法律文献，1776年颁发的《独立宣言》使个人的自由与幸福得以确立："我们认为这些真理是不言而喻的：人人生而平等，造物主为他们赋予某些不可让渡的权利，其中包括生命自由和追求幸福的权利，为了保障这些权利，政府便在人们中间成立起来，由被统治者同意而取得正当权利；任何政府形式一旦变得有害于这些权利，人们就有权加以变更或废除而另设政府，把新政府的基础放在他们认为最能促进自己的安全和自由原则之上，并按照符合这一目的的形式组织新政府。"

在美国人心目中，平等、自由、幸福，都是个人所拥有的不可剥夺的权利，国家最高使命就是保护个人的这些权利，这是以美国为代表的整个西方社会价值观念体系的政治基础，同时也是美国个人主义价值观发展的政治保障。

第三，经济根源。美国经济模式是自由市场经济模式，本质特征是高度自由化和市场化，表现形式是政府不干预或很少干预经济活动，鼓励自由竞争、适者生存、个人自由发展，以法律手段保障个人私有财产。这实际上是个人主义价值观在经济领域的反映。反过来，市场经济体制对自由竞争的宽容以及个人的奋斗与成功又为个人主义价值观形成和发展创造了条件和提供了范例。石油大王洛克菲勒、铁路大亨文达比尔特等极为推崇个人主义价值观，钢铁巨头卡内基极力赞美自由竞争，认为自由竞争是人类生存的基础，甚至提出，如果要放弃个人主义，就如同要改变人性，这是永远也无法完成的工作，放弃个人主义就等于摧毁人的最高境界。[①] 美国政治思想家梅里亚姆指出："（美国）先辈们的个人主义是以自由的理想为基础的，后来的个人主义则以工业生产的理想为基础。"[②]这些在美国自由市场经济体制下依靠个人奋斗而成为最杰出的代表人物的言行，充分说明了美国个人主义价值观具有巨大的经济意义。

第四，文化根源。个人主义价值观的形成并成为社会意识形态的主流

---

① 朱永涛. 美国价值观——一个中国学者的探讨[M]. 外语教学与研究出版社，2002.12

② 梅里亚姆，朱曾汶译. 美国政治思想[M]. 人民出版社，1958

或核心,与一个国家或一个民族的文化休戚相关。我国跨文化交际研究会会长胡文仲教授曾经说过:"文化的核心是价值观,而价值观念并不是凭空产生的,它的产生与发展与历史文化传统分不开。"①美国政治学家亨廷顿指出:"不同文明的人对上帝和人,个人和群体,公民和国家,父母和孩子,丈夫和妻子的关系有不同的观点,同时他们对权利和责任,自由和权威,平等和等级的相对重要性的看法也不一样。"②美国文化特别强调人的作用,张扬独立个性、崇尚自由、自我表现,崇拜个人英雄主义。在父母对子女教育问题上,美国文化中所体现的尊重个性体现得更为鲜明。父母非常注重发展孩子的主观能动性,鼓励他们积极进取,注意培养孩子独立自主的精神,宽容他们的顽皮、淘气、不拘小节,尊重他们的个性、爱好以及隐私。

4. 美国个人主义价值观的缺陷

客观地讲,美国个人主义价值观对美国经济社会的发展起到了巨大的推动作用。但又不能否认,其存在的弊端也是不容忽视的。一是为谋求个人利益不择手段。追求正当的个人利益值得肯定,但如果走向极端,仅仅以个人利益为出发点和归宿,对他人、集体和社会利益漠不关心,那么,将会给整个社会带来危害。在某种程度上讲,当代美国人正生活在焦虑不安和贪得无厌的煎熬之中,托克维尔对此做出了精辟论述:"在民主的群体中……尽是这样一种加入者,他们昨天还不得不依赖独立的地位,但今天就沉醉在新的权力中。他们对自身的力量抱有过度的自信,而且他们并不期望从此以后能够有幸得到诸位同仁的支持帮助,因此他们毫不犹豫地表现出,他们只关心自己,不在乎别人。"③亨利·康马杰也指出,美国社会正在成为"一场由恐惧和嫉妒、造谣和中伤、羡慕和野心、贪婪和色情交织成的噩梦;为了谋取私利和达到自私的目的,几乎可以采取任何手段。在这个社会里,情调低俗,理想晦暗,道德败坏"④。二是滋生种族歧视及其他社会问题。美国人认为,白种人是世界上最优秀的种族,是一等公民,黄种人被视为二等民族,黑色人种则是劣等种族。尽管种族歧视政策早已经被废除,但在选举权等方面,有色人种却受到种种限制;在就业和受教育方面更是饱受歧视。在经济方面,种族之间存在着突出的贫富差距。据统计,1995 年这一年中,在

---

① 胡文仲.一本不可多得的教科书——评欧洲文化入门[J].外语界,1993.01

② S. P. Huntington. The Clash of Civilizations[J]. Foreign Affairs,1993

③ 卢瑟·S·路德克著;王波,王一多等译.构建美国:美国的社会与文化[M].江苏人民出版社,2006

④ 亨利·康马杰.美国精神[M].光明日报出版社,1988

中等家庭的平均积蓄方面,白人为 61000 美元;黑人为 7400 美元,相当于白人的 12%;西班牙裔仅为 5000 美元,相当于白人的 8%。① 在社会安全方面,个人主义自由放任就会给国家和社会造成危害,如吸毒、犯罪、暴力、凶杀等犯罪事件层出不穷,不仅严重地影响了普通百姓的生命和财产安全,更带来了美国民众精神空虚和信仰危机,正在出现一种"失控的个人主义"。

三、美国文化产业

在分析一个国家的综合国力时,往往分为硬实力与软实力两个方面。美国哈佛大学教授约瑟夫·奈认为,所谓硬实力是指支配性实力,包括基本资源、军事力量、经济力量和科技力量等;软实力则分为国家的凝聚力、文化被普遍认同的程度和参与国际机构的程度等。简单地讲,硬实力是指看得见、摸得着的物质力量;软实力是指精神力量,包括政治力、文化力、外交力等要素。可见,文化是软实力的重要组成部分。

1. 美国文化产业"软实力"

第一,美国文化在世界版图中居于主导地位。美国人向来认为,美国人是上帝的选民,是世界的救世主,具有强烈的"天定命运"和"美国例外"情结,美国文化在本质上不同于其他国家。美国人的光荣使命就是把上帝的福音传播到整个世界。美国领导层认识到,要统治世界,称霸世界,不能仅仅依靠经济和军事硬实力,还必须依赖文化软实力。美国国务院前美洲司理查德·帕蒂深信,政治干预带有强制接受的色彩,经济渗透被谴责为自私,只有文化渗透才能达到润物无声的效果,因此,"美国应利用自己庞大的软力量工具,把观念、意识形态、文化经济模式和社会政治制度投射出去"。② 这不仅有利于发展美国海外经济、实现政治利益,更为重要的是还能够征服和改变他国人民的思想和头脑,最终实现"美国治下的和平"。借助于经济贸易、文化交流甚至政治和军事干预,以"个人主义"为核心的美国文化价值观念,在世界文化版图中确立了主导地位。以麦当劳、肯德基为代表的餐饮文化,以好莱坞大片和迪斯尼动画为代表的娱乐文化,以摇滚乐和爵士乐为代表的音乐文化等等,都对他国文化产生着难以估量的影响。

---

① Rothenberg,Paula, S. Race, Class, and Gender in the United States—an Integrated Study[M]. William Paterson University of New Jersey,Worth Publishers,2001
② 范士明. CNN 现象与美国外交[J]. 美国研究,1999.02

第二,美国文化在赛博空间(cyberspace)中处于支配地位。虚拟网络空间,即赛博空间所创造的虚拟世界极大地拓展了文化传播的广度和深度,而美国就是虚拟网络的发源地。当前,无论是技术硬件还是软件,美国占有全面优势特别是核心技术被美国独家控制。例如,中央处理器的产量美国占世界的93%,系统软件的产量占85%;大型数据库的70%设在美国,电子商务额的74%为美国所有,商业网站的91%被美国控制。在赛博文化空间上,英语文化信息占90%,英语电子邮件占80%。语言不仅是思想交流的工具,还是特定文化的载体。语言的霸权往往意味着文化和信息的霸权。美国社会思想家阿尔文·托夫勒非常坦白地说:"美国目前所具有的第一大优势是它的语言。英语是在……数十个领域内通用的世界性语言,全球各地数以亿计的人口至少能在某种程度上掌握英语,从而使得美国的思想、作风、发明和产品能够畅通无阻地走向世界。"①

第三,美国文化产业已经成长为国民经济中的重要支柱。经过近百年的发展,文化产业已经成长为美国国民经济中的支柱性产业,是仅次于IT业的第二大产业。2010年美国的GDP为14.7万亿美元,其文化产业总值为2.784万亿美元,占同期GDP的19%,产品出口额已经超过了航天工业相关产品,成为第一大出口创汇产业。据不完全统计,美国拥有10000多家报纸、10000种杂志、3000多家电台和电视台,6000家影院和40000块银幕,美国广播公司、哥伦比亚广播公司、全国广播公司在全世界最具影响力,电影生产基地好莱坞世界闻名,电影票房收入占全世界总额的近1/3,在全世界160多个国家和地区放映。如《泰坦尼克号》,投资2亿美元,票房收入18亿美元,《蜘蛛侠》投资6亿美元,票房收入则高达25亿美元。在图书出版业方面,仅2010年,发行各类图书30多亿册,唱片17多亿张,有1200多家唱片发行公司,占全球唱片市场总值的39%。

此外,美国文化产业创造大量的就业机会,拉动了经济增长,而且也为美国的文化输出提供了一个极为重要的传播渠道。仅在2010年,美国文化产业就业人数510多万人,占就业总人数的4%,远高于飞机、汽车、钢铁、药品、纺织、食品加工和电子器件等传统产业。

美国还广泛吸收世界文化资源和各国人才,并且结合自身科技优势,使美国文化产业具备了向外扩展的强大实力。

文化产业已成为美国国民经济的支柱产业和美国经济增长的主要动因,是美国"软实力"和"知识经济"的重要驱动力,是名副其实的"软实力"。

---

① 　阿尔文·托夫勒. 权力的转移[M]. 中共中央党校出版社,1991

2. 美国文化产业及其成功之道

美国既是文化产业发展最早的国家,也是最发达的国家,在文化产业发展的过程中,取得了丰富的经验,走出了成功之路。

第一,多层次的投资体制。美国已经建立健全了发达的金融市场和金融体系,这对文化产业的发展提供了先决条件和坚实基础。特别是当文化产业的商业价值越发凸显时,迫切需要大量的资金投入进行开发和扶持,才能发挥出产业效应、创造价值。资金来源主要有以下多条渠道:一是大公司、基金会和个人的投资;二是一些有实力的文化产业集团还与一些大的金融财团间相互参股;三是非文化部门以及外国投资;四是联邦政府的投资。四条资金来源渠道中,个人和私营企业的投资是文化产业发展的主要资金来源。美国联邦政府主要通过国家艺术基金会、国家人文基金会和博物馆学会对文化艺术团体给予资助,另外,各州和市镇政府及联邦政府的具体部门也提供一定资助,实现了文化产业投资主体的多元化,建立一个比较完善的融资体制。美国文化产业凭借其雄厚的资金,每年从世界各地引进大量优秀的文化资源,经过艺术创造,形成艺术产品,然后推向美国和全世界文化产业市场,一方面捞取巨额利益,另一方面也巩固了美国文化产业在世界文化市场中的霸主地位。以 2008 年《功夫熊猫》为例,这是由美国梦工厂制作的以中国功夫、背景、景观、布景、服装以至道具等元素为主题的美国动作喜剧电影,在全球赚取了 6 亿多美元的票房。美国一些文化企业还通过兴建博物馆等文化机构,将世界各地具有历史文化价值的实物进行展出,取得了可观的经济收益。目前,美国影视业、图书业、出版业以及音乐唱片业已建成并控制了庞大的全球销售网络,许多国家的销售网络、电影院、出版机构都成为美国文化产品的连锁店。

第二,规模化和市场化的运作模式。美国文化产业十分注重与制造、金融等行业相互融合,共同组成了产业群,实现了集约化、规模化经营。例如,早在 2000 年,美国在线就与时代华纳进行了合并,组成了美国在线时代华纳公司,成为美国媒体巨人,结成了一个庞大的文化产业链。美国广播公司、哥伦比亚和全国广播公司三家联网,实力大增,覆盖了全国 90% 以上的观众。美国文化产业按照自由市场经济法则组织生产,精于投入、产出、利润和成本核算,规范产、供、销各个环节。其成功原因一是创新意识强。由于美国历史短暂,文化底蕴浮浅,自身传统文化资源支撑力较为薄弱。许多在全世界都享有知名度的美国文化产品,大都借助其他国家的历史文化元素,进行了改造、提升和创新。《泰坦尼克号》本是一个众所周知的人类海上航行的灾难,但经过美国人的重新包装,竟然演变成为一个经典的爱情故事,不仅创造了 18 亿美元的票房价值,其附属产品更是带来了 53 亿美元的收入。二是建立了全球销售网络。美国电影、图书、唱片等产品一经推出,就立即通过其遍布世界的销售网络同步上映或销售。三是将一些附属文化产品诸如相关的玩具、文具、服装等进行捆绑销售,使产品本身又起到了增值的效果。

第三,现代高科技的制作手段。美国文化产业发展成就表明,高科技手段广泛应用于文化产业,使文化内容、形式、生产方式都发生了很大转变,这是美国文化产业发展进步的重要原因。在大众传媒领域,印刷复制、录音录像、电子排版、网络传输、数字化以及地球通讯卫星等高科技手段的广泛应用,是"艺术借助科技翅膀高飞"实现迅猛发展的一种"桥梁",也带来了文化产业全新的风貌。网络技术、数字化技术和多媒体技术在文化产业领域的运用,极大地促进了美国文化产业的发展。特别是电脑特技,已成为美国影视文化产业不可或缺的技术手段,甚至成为票房满座的最大卖点。在图书和唱片领域,利用因特网技术建立的网上销售业务,极大地增加了销售量,同时,也促进了美国该行业的发展。在演艺业、娱乐业,将现代科技、舞台表演和特技集于一身的各种表演更为淋漓尽致,惟妙惟肖,极大地增强了视觉艺术效果,在最新科技成果 4D 电影中体现得更加栩栩如生,给人一种身临其境般的真实参与和亲眼见证感。

第四,强有力的人才支撑。美国文化产业之所以在全球占有霸主地位,离不开一大批懂技术、会管理的优秀文化艺术人才。文化产业领域的人才主要来自两个方面:一是建立自己的文化产业人才培养体系。据统计,在2010 年,美国有 40 多所高校开设了与文化产业相关的动画、游戏、电脑音乐课程、电脑图形技术、艺术设计、文化管理学、艺术管理学等专业和课程,培养了一大批具有专业素质的文化产业人才。这其中,既有一大批本科生、硕士生,还有博士学位的高质量的文化管理人才。二是吸引全世界的人才。以好莱坞为例,世界上最著名的导演、演员、电影制作人和投资商,大都云集于此,参与电影制作。美国《移民法》为吸引人才提供了条件:"移民对象第一优先为具有特殊才能、杰出研究人员及著名教授、跨国企业的高级管理人员;第二优先为具有高学位、具有特殊专长且能为美国带来实质性收益的人士,或在科技、商业等方面有出众特殊能力的外国人员;第三优先为具有至少两年职业工作经验的技术人员。"另外,美国还借他国处于动荡之时网罗人才。1990 年,前苏联解体,美国趁机引进来自苏联的 10 万文化精英,其中 3 万人定居美国,他们为美国文化的发展做出了重大贡献。

第五,健全完备的法律保障。文化产业需要知识产权的保护,知识产权是文化产业安身立命之本。美国文化产业能够自由、健康、有序发展,离不开完备的法律保障。早在新中国成立之初,美国就颁布和实施了《版权法》,此后,根据经济社会和科技发展的需要,多次对《版权法》进行调整和完善,到 2000 年共修正了 46 次,构成了美国现行版权法的基本法律框架。如今,美国已经建立起版权法、《专利法》、《商标法》、《反不正当竞争法》、合同法等一整套完整的知识产权法律体系。健全完备的法律体系,一方面为美国文化产业的发展营造了良好的环境,另一方面,也为美国文化产业向国际化发展开辟了广阔空间。

第二节　英国文化及其产业

一、英国文化的特点

1. 岛国环境对英国文化的影响

地理环境是人类文化的物质基础,人类文化得以发展,首先要依靠地理(自然)条件的支撑。一个国家的民族文化、民族心理、国民性格、思维方式、行为方式甚至社会制度等,在一定程度上都与地理环境有关,这正是我们常说的,"一方水土养一方人"。

英国位于大西洋东岸,四面环海,东濒比利时、荷兰等国,西邻爱尔兰,北过大西洋达冰岛,南穿英吉利海峡抵法国,横隔大西洋与美国、加拿大遥遥相对,既与欧洲大陆相隔离,又靠近欧洲大陆,由大不列颠岛、爱尔兰岛东北部以及其他岛屿组成。大不列颠岛东西最宽只有 500 公里,海岸线曲折漫长,总长 1.145 万公里,许多海湾、河口深深锲入内陆。英国位于北纬 50 度至 60 度之间,为大西洋、北海与英吉利海峡所环绕,属于典型的温带海洋性气候。充沛的降水形成了纵横交织的河流网,岛上任何地方距离海洋、河流都不超过 120 公里。英国全境受海洋暖流影响,终年温和湿润,冬暖夏凉,大部分地区不结冰,有利于作物生长和内河航运。独特、便利的水上交通为英国与西欧各国和其他国家的联系提供有利条件。

在世界航海事业未出现之前,亚洲文化中心在东方,在中国,欧洲文化中心在地中海沿岸国家。中世纪以前,英国与大陆隔绝,"偏安一隅",被认为是世界的边缘。1558 年,伊丽莎白一世继承英国王位,这是一位关注海洋发展的女王。在对外贸易中,她鼓励海外进出口,开拓海外市场,支持建立各类海外贸易公司,允许垄断地区贸易,并给这些公司颁发特许状。英国政府积极发展航海事业,奖励造船,并建设了强大的海军。英国资产阶级革命胜利后,迅速推进了工业革命,生产力得到飞速发展,英国殖民主义者通过军事手段在世界各地建立殖民地,掠夺资源、财富,国际经济、文化中心逐渐从亚洲、地中海转移到大西洋东岸及西欧大陆。英国正处在这条干线的关节点上,重要的地理位置加速了发展,伦敦迅速成为世界贸易中心,英国很快成为"世界工厂"。

从16世纪到20世纪初叶,英国是近代最大的殖民国家,统治着全球四分之一的土地和人口,可谓殖民地遍布全球,号称"日不落帝国"。英国商人、商船和战舰游弋、出现在世界各个角落,占领土地、开设口岸、掠夺原料、倾销产品、资本输出,劫取了巨额财富,成为世界头号强国,建立了一个强大帝国。

独特的岛国地理位置为英国的发展带来无限契机,使英国人对岛国形成了一种优越感,这种感情让英国人形成了一种独特的社会文化,即岛国情结,表现为自信、民主、开拓、排外等特点。一位德国作家这样评论:"居民们……非常傲慢,盛气凌人……不尊重外国人,甚至藐视和嘲笑他们。"莎士比亚也曾流露出英国人的岛民心态,对自己国度处于大海之中形成了优越感,在《查理二世》里借老约翰的口说:"这镶嵌在银灰色大海里的宝石,那大海就像一堵围墙,或是一道沿屋的壕沟。"英国人认为,四周都是大海,安全有了天然保障,于是,无限骄傲,自信油然而生,表现出对外界排斥与蔑视的民族性格。1983年,伊丽莎白·普莱思在其《了解不列颠》一书中说:"人们认为一个传统的英国人内向,感情淡漠……坚定地相信不列颠人比其他民族优越。"英国文化协会在3000多名世界各地的人士进行过一项问卷调查,结果显示,英国人传统保守、孤僻冷漠、自傲自大。一名新加坡被调查者说:"老一辈还以为自己仍是殖民地主人,看不起其他种族的人。"

英国与欧洲大陆之间的英吉利海峡和英国与法国之间的多佛海峡把英国和欧洲隔离开来,使英国长期游离于欧洲社会主流之外,带来了两个方面的影响,一是远离了欧洲大陆长期的政治纷争和社会动荡,二是造就了英国以温和、保守的方式实现政治和社会变革。1955年,法、意、联邦德国、荷、比、卢6国外长在意大利墨西拿举行会议,建议成立共同市场。1965年4月8日,6国签订了《布鲁塞尔条约》,决定将欧洲煤钢共同体、欧洲原子能共同体和欧洲经济共同体统一起来,统称欧洲共同体。在创建过程中,6国积极邀请英国参加,但英国态度冷漠,直到1973年才加入。今天的欧洲已经结为一个集政治实体和经济实体于一身、在世界上具有重要影响的区域一体化组织,而英国对此也并没有表现出应有的热心、积极和主动,总感觉到英国既是欧洲的主要民族、重要一员,同时又认为自己不属于欧洲。因此,在社会文化心理方面则表现出若即若离的情结。

2. 科学巨星对英国和世界文明的贡献

自从英国科学家瓦特发明了第一台蒸汽机,人类便开始了真正意义的现代社会。第一辆火车在英伦三岛运行以后,一系列技术革新开启了现代物质文明生活,在迈向现代社会的历史进程中,一直发挥着领头羊的作用,成为现代西方社会的根基文化和社会基石,对世界文明产生了深远和重大影响。在自然科学和人文社会科学领域,英国人做出了杰出贡献。

物理学:英国最杰出的科学家、世界上最伟大的科学家之一——牛顿,在一生中有三项伟大的发明:微积分、光色谱律、万有引力定律。牛顿力学体系的建立标志着近代物理学体系的建立,对英国工业革命的发展产生了重要影响,使随后的世界发生了革命性的变化。他写出的《数学原理》,是当时人类最伟大的自然科学著作。牛顿不仅仅是最杰出的科学家,他还是科学理论发展中最有影响的人物。英国皇家学会在 2005 年进行的一场"谁是科学史上最有影响力的人"的民意调查中,牛顿被认为比爱因斯坦更具影响力。

经济学:亚当·斯密是英国第一个最伟大的经济学家,也是西方最杰出的经济学家,他的《国富论》为现代经济学奠定了根基。他提出,劳动是创造财富的真正源泉,是商品价值的永恒尺度。他主张自由放任主义,认为国家的职能在于国防、维持公正和提供公共服务,不应随便干预经济。《国富论》对 18、19 世纪西方经济发展发挥了重大影响。

生物学:19 世纪下半叶,英国诞生了一位名震人类历史的生物学家——达尔文,他也是人类迄今最伟大的生物学家。他最伟大的著作《物种起源》,全面系统地阐述了"物竞天择,适者生存"的进化理论,从根本上动摇了"上帝创世说"。他的进化论思想,对地质学、社会学、政治学、心理学、社会学、哲学、宗教以及人类思想产生了深刻影响。自从有了达尔文,世界就不同了,他让我们正确认识了自然、社会和人类自己。

文学:英国伟大的剧作家、诗人威廉·莎士比亚 1564 年生于英国中部瓦维克郡埃文河畔斯特拉特福,他奠定了英国文学的基础,开创了英国诗歌的先河,是英国文学史上最著名的文学家,也是人类最伟大的文学家之一。他的作品题材多样,寓意深远,笔力传神,语言丰富,他的代表作《哈姆莱特》、《李尔王》、《奥塞罗》等,是世界戏剧史上最高峰;他的诗剧、两首长诗和多首十四行诗,是珍贵的艺术作品。马克思将他称之为"人类最伟大的戏剧天才"。歌德说,"莎士比亚就是无限","说不尽的莎士比亚"!"莎士比亚的作品风格包含的精神方面的真实性远远超过看得见的行动"。

哲学:在 17 世纪启蒙运动时期,英国诞生了一大批伟大的哲学家。培根创立了近代归纳法,经验主义和机械主义流派,为后代英国哲学家和思想家的文风开了先河。霍布斯认为物质是唯一的存在,一切知识源于感觉,自然与人类行动可用机械来解释。洛克提出唯理论,认为人通过感觉,先形成简单思想,再形成复杂思想。贝克莱认为,物质之所以存在,是因为感觉知道它存在。休谟提出经验使人把事物与事物特性(即知识)联系在一起,印象与联想是知识的全部,思想是感官印象的复本。休谟是苏格兰哲学家、经济学家和历史学家,他被视为是苏格兰启蒙运动以及西方哲学历史中最重要的人物之一。托马斯·莫尔、大卫·李嘉图、凯恩斯、罗素等西方文化之集大成者对政治学、社会学、哲学以及经济学都做出了重大贡献,他们的思想、观念和理论对近代社会的发展产生了广泛而深远的影响。

二、英国核心价值观

每一种国家文化中,总会有一个或者几个突出特点,即文化的精髓或内核。这种文化精髓就像人体的遗传因子一样渗透在该国所有文化细胞中,发挥着整合文化的潜在作用,从而使整个文化产生一种内聚性、排异性和同化外来文化的力量,以此形成一种区别于其他国家文化的独特模式。那么,英国文化的精髓是什么呢?英国前首相布莱尔说过,“英国是一个多民族、多种族、多文化、多宗教、多信仰的国家,英国的历史和国情决定了我们必须珍视自由、宽容、开放、公正、公平、团结、权利与义务相结合、重视家庭和所有社会群体等英国核心价值观。”概括地讲,英国文化的核心价值观表现在以下几个方面。

1. 创新精神

英国之所以能够在 19 世纪称霸世界,在很大程度上得益于英国人的求实创新精神。在政治体制创新方面,早在 1640 年,英国资产阶级就开始酝酿社会变革,是世界上第一个成功进行资产阶级革命的国家,革命成功以后,资本主义生产力得到了迅猛的发展。又经过长期艰苦的奋斗,扫清了不利于生产力发展的各种阻力,建设成为世界上第一个民主国家。在议会制度、法律体系、两党制等诸多方面,都体现了创新精神,对整个西方资本主义政体的发展提供了指导意义。在如火如荼的工业革命年代,在钢铁工业、纺织工业以及路交通等方面,英国都创新了发展模式,引领着世界工业发展的潮流。在体育文化方面,现代竞技体育项目大多创于英国、源于英国。足球、网球、板球、羽毛球、乒乓球、高尔夫、橄榄球、曲棍球等等,都是英国人拟订的规则和进行比赛的。不仅如此,英国人还非常热爱体育运动,在 6200 万人口中,就有 700 万到 800 万人口喜欢打斯诺克。英国人还在许多领域创造了无数个第一,如第一艘蒸汽船,第一个发明电视的人,世界上的第一枚邮票,第一次发明青霉素等。这些实例都表明,英国是一个具有创新精神的民族,这是英国成为世界强国和文化大国基本原因之所在。

2. 冒险精神

富于冒险和探索精神是英国人的又一个精神核心。在英国历史上,勇于冒险,敢于接受挑战、最终险中取胜的例子比比皆是。"五月花"号横穿大西洋,建立了殖民地,开辟了新世界。斯科特是英国最有名的探险家之一,为当年南极探险时代的精神领袖,他在遭遇险恶、面临生死危机之际写道:"如我们得以幸存,我将向世人讲述我的同伴之勇毅、坚韧和勇气,并以此激励每一个英国人。"最早派队探险峰珠穆朗玛峰并最终登上世界之巅的仍然是英国人。冒险家兰纳夫说,"探险是我一生最大的乐趣。有时候为了攻克某个难关,你如果不想放弃,就必须冒险"。"人生如果不冒险就不会有收获。世界上的伟人,都是在经历了风险之后才最终取得成功的"。"对于青年人来说,从小就培养他们的探险精神,让他们懂得如何规避风险是非常重要的,其重要性并不亚于学习数学和语言"。本·迪斯累里讲,"我知识之树上的果实已被人摘去,这果实就是:只有不畏艰险的人才能享受冒险的乐趣。"英国文学中有两个"伟大的传统",其中之一就是注重行动与男子气概的历险小说传统。15 世纪的地理大发现,大大拓宽了人们的视野。而新世界的发现与资产阶级追求财富的欲望相结合,形成了欧洲自文艺复兴以来数百年间一种开拓、了解和征服外部世界的冒险精神,历险小说就是这种精神在文化上的表现。以《鲁滨逊漂流记》为代表的一系列描写冒险故事的文学作品,不仅在欧洲风行一时,在中国也享有极高知名度,被无数人特别是青少年当作惊险、刺激、有趣的故事来读。随着大英帝国的崛起,普通百姓海外淘金的热情与日俱增,历险小说的需求大大增加。英国 19 世纪后期历险小说的风行也影响了不少严肃作家。[①] 进入 20 世纪,英国历险小说又开辟了新的领域。飞机的发明使得飞行故事成为历险小说的一个分支,代替了传统的海洋历险;极地探险也成了冒险家的乐园。英国历险小说虽然是一种通俗文学,但却具有独特的社会和文化价值。

---

① 陈兵. 英国历险小说:源流与特色[J]. 安徽大学学报(哲学社会科学版),2006.11

3. 崇尚自由

在一千多年前,许多国家还处在封建专制时代,人们普遍相信君权神授和天命难违,但只有英国很早就开始了对自由的追求。"生而自由"观念诞生于更早的 1215 年的《自由大宪章》,这是人类历史上第一个规定权利和自由的法律文书,它所确立的自由原则对传承英国政治文化产生了重要意义,深入到各阶层的思想意识当中。对英国人来说,追求自由是一项古老的权利。《自由大宪章》明确规定了"任何自由人,如未经其同级贵族之依法裁判,或经过法判决,皆不得被逮捕、监禁、没收财产、剥夺法律保护权、流放或加以任何其他损害"。这些规定根本目的在于保障臣民免于无端被制裁、被征税和王权随意侵害自由。摩尔指出:"在亚当·斯密以前很久,散居于英国乡间的某些村民团体,已经开始接受如下这种观念,即:维护自身利益和经济自由是人类社会的自然法则。[①] "生而自由"这一观念成为 18 世纪后期出现的英国激进主义的牢固的思想基础。古老的"生而自由"观念在近代自由主义时期进一步得到强化,逐步发展为一种资产阶级思想,这种思想与旧的贵族观念相对立。他们希望市场经济中自由竞争和自由选择的原则在政治和社会生活中像在经济生活中一样得到应用,正如萨拜因所说,"英国自由主义没有停留在它刚开始时作为资产阶级利益的发言人的地位,而发展成为全国性的政治运动,只有在英国这个世界上工业化最发达的国家,自由主义才确实同时取得民族哲学和国家政策的地位"。[②] 作为英国经济自由主义理论的奠基人,亚当·斯密认为,要鼓励个人自由地去追逐利润,虽然追求的是个人利益,但从长远看,这种利润是国民财富总增加的一部分,最终带来的结果却是社会福利的增长。国家最好的经济政策就是自由主义政策,政府的职能仅在于提供必要的保障,对私人经济活动绝不干预,这样才能使个人追求利益的行为有可靠的外部环境。

英国将其崛起归功于自由,将自己的国度定义为一个由自由的个人组成的共同体,把自己的历史说成是"一部自由的历史"。英国人认为,不列颠帝国是世界上唯一的自由避难所。诗人德莱登也赞道:"自由是英国臣民独享的权利"。

4. 尊重民主

英国是现代资本主义民主政治的发源地。经过四五百年的不断改革、

---

① 摩尔. 民主和专制的社会起源[M]. 华夏出版社,1987

② 萨拜因. 政治学说史[M]. 商务印书馆,1986

完善,英国的议会制、内阁制、两党制以及文官制等已经发展成熟,并成为当今许多国家效法的典范。亨廷顿把西方国家政治现代化分为三种类型,即欧洲大陆型、美国型和英国型。英国之所以被单独列为一种类型,主要原因在于英国民主进程具有渐进性特征,在向现代社会转型过程中,没有出现大的动荡。英国没有以美、法两国经历了天翻地覆,并伴有暴力为榜样,而是不紧不慢地通过改革进入了民主国家行列。英国以和平渐进形式进行的议会改革,主要内容是选举制度,核心是选举权。英国社会各个阶层、各种社会力量、两大政党进行了近一个世纪的辩论和斗争,始终维持斗而不破的状况。逐渐壮大和成熟起来的英国工人阶级队伍,他们一方面组织和纪律强,另一方面理性和温,不愿诉诸暴力,不愿成为暴民,希望成为有组织的政治力量。这在宪章运动中得到充分说明:大规模的运动却基本是非暴力的和平的斗争。汤普森在《英国工人阶级的形成》中指出,"在工业组织和政治组织方面具有悠久传统的曼彻斯特和纽卡斯尔,在宪章运动的年代里都以群众游行的纪律而著名。……他们的一名领导人回忆说:'我们的人民已经受到良好的教育,因为我们需要的不是暴乱,而是革命'"。在一个西方大国,以和平渐进的方式建立起民主制度,开辟了英国式民主发展道路,其经验弥足珍贵。

在英国,从建立议会开始到现在,凡涉及国家的重大问题,一般都要举行全民公决。这既在一定程度上避免了独断专行,同时也培养了尊重民主的文明意识。即便是一般性事务,如社区管理,也都是通过协商、投票或由代表民意的"委员会"来决定,充分尊重民主,体现民主。

三、英国文化产业及其发展经验

文化产业又称为"文化工业"。联合国教科文组织把文化产业定义为:"按照工业标准生产、再生产、储存以及分配文化产品和服务的一系列活动"。20世纪90年代以来,文化经济化的新形式和新概念不断出现,文化的经济功能被越来越多的国家所认同、发展和大力推动。1998年,世界银行在《文化与持续发展:行动主题》报告中指出,"文化为当地发展提供新的经济机会,并能加强社会资本和社会凝聚力","结合创作、生产等方式,把本质上无形的文化内容商品化。这些内容受到知识产权的保护,其形式可以是商品或是服务"。英国历史悠久、文化资源丰富,通过对历史文化和现代文化资源进行开发整合及市场化运作,打造出了自己的文化品牌,从而形成了具有地域特色的文化产业。

1. 英国文化产业

(1)以公益性为主的文化产业

英国是世界上博物馆最发达的国家之一,是博物馆发祥地。英国开始建立博物馆始于工业革命以后,1759 年建立第一座博物馆,即大英博物馆,该馆逐渐发展成为英国也是世界最大的综合性博物馆,馆藏各种文物、人种史料大多从世界各地掠夺和购买。大英博物馆和美国的大都市艺术博物馆、法国的卢浮宫同列为世界三大博物馆。20 世纪末,英国博物馆有 295 所,目前高达 2500 家,其中,28 家属于国家博物馆,200 家是公共博物馆,300 所是大学博物馆,800 多家属地方政府博物馆,1000 多家是独立博物馆。这些博物馆不仅历史悠久,而且种类多,藏品丰富,涉及历史、自然、艺术、考古、遗址等诸多方面,是人类文明发展史的见证,成为人们了解世界古今艺术、文化和历史的一个巨大的知识宝库、艺术宝库。英国博物馆和展览馆的年营业额超过 90 亿英镑,近 50% 的英国人每年至少去一次博物馆或展览馆,每年 4200 多万人次的外国游客到英国旅游,基本上都要参观博物馆和展览馆。另外,利物浦国家博物馆和曼彻斯特科学工业博物馆游客接待量也有极大涨幅,前者达到 269%,后者逾 200%。英国国家美术馆、泰特博物馆的接待量也增长了 20% 以上。

英国政府对一些在世界上有影响的博物馆及其附着的历史文化资源予以重点保护,进行深层次的产业开发,如修复、装饰、建设配套设施、开发旅游纪念品以及国内外广泛宣传等方法和途径,促进博物馆健康发展。

实行免费开放参观政策以来,不仅为英国公民提供了免费的艺术体验,也吸引了更多的外国游客参观。英国旅游局局长桑迪·大卫说:"世界参观量排名前 5 位的博物馆和美术馆中,英国就占 3 家,而且都是向公众免费开放的。毫无疑问,参观博物馆已成为大多数前往英国的国际游客最普遍的选择。"尽管免费参观,但是,旅游业及相关经济产业都已从免费开放政策中获益,花费在免费开放中的每 1 英镑都能获得 3.5 英镑的产出。[①]

(2)以市场性为主的文化产业

英国旅游业是最重要的经济部门之一,从业人员约 210 万。根据 2010 年统计,赴英游客达 2959 万人次,收入达 167 亿英镑,约合 270 亿美元,位居世界第五位,排美国、西班牙、法国和意大利之后。英国不仅有苏格兰苍凉的荒原、康沃尔湛蓝的海水、威尔士宁静的乡村、曼彻斯特喧闹的夜生活

---

① 刘水. 欧洲文化产业研究——英国国家博物馆董事会专访[J]. 建筑与文化,2009.10

等这一幅斑斓多彩的画卷,更有以其历史文化为特色的丰富资源。生活在现代社会中的人,很多都对君主立宪制的英国王室文化情有独钟,以至于王室文化成为英国旅游业的一大热点。英国王室领地诸如老王宫、伦敦塔、温莎古堡以及肯辛顿宫等地常年对外开放,女王办公重地白金汉宫在女王休假时对游客开放。在这里,你不仅会看到戴安娜王妃寝宫里的华丽时装,伊丽莎白女王优雅的帽子,还能欣赏温莎古堡里华美的兵器和伦敦塔里的钻石之王。2012 年英国女王伊丽莎白二世登基 60 周年庆典活动,吸引世界大批观光客来英国旅游。莎士比亚 48 岁搁笔,然后从伦敦回到斯特拉特福镇,退隐故里,如今,小镇成为英国著名的旅游胜地之一。小镇到处都是中世纪时代留下来黑白相间的维多利亚式建筑,沿街的店铺里,无处不流溢着"莎士比亚"元素。每年 4 月 23 日,世界各地的"莎迷"都来到小镇举行各种活动,纪念这位世界戏剧史上的大师。小镇上的皇家剧院会演出莎士比亚戏剧,居民们还穿上莎士比亚时代的服饰,向来自各地的游客、朋友献上美丽的鲜花。很多情侣也喜欢到小镇结婚,因为这是一个充满文艺气息又浪漫的地方。距离伦敦市 100 公里的牛津大学,既是牛津城,更是大学城,而且是世界著名的旅游之地。有 1100 多年历史的牛津大学是英国皇族和学者的摇篮。英国历史上 41 位首相中有 30 位毕业于牛津大学,培养了 47 位诺贝尔奖获得者,12 位圣人,86 位大主教以及 18 位红衣主教。从 2002 年至 2010 年,牛津大学已经连续 9 年被英国《泰晤士报》评为全英综合排名第一的大学。在英国,牛津大学具有极其重要的地位,在世界上也有极大影响。英国甚至全世界教育界,言必称牛津,英国和世界很多的青年学子们都以进牛津为理想。牛津大学校园特色鲜明,城市与大学融为一体,街道从校园穿过,不仅没有校门和围墙,连正式招牌也难觅踪影。楼顶的尖塔在茂密树木中若隐若现,高高的石墙上爬满老藤。每一座古色古香的建筑,都诉说着悠久的历史,城市古朴素雅,流露出千年积淀的斑斓文化。英国人深韵游客崇尚、敬仰学术殿堂的心理,借助名校品牌,深度开发其文化旅游资源,发展品位独特的校园旅游,此举非常成功,为英国带来了巨大的经济效益。

(3)以公益性和市场性相结合的文化产业

在文化产业分类中,还包括表演艺术产业,如芭蕾舞、现代舞、歌剧、话剧和音乐剧等,音乐产业如交响乐、音乐会等。英国戏剧在世界上享有盛誉,无论是剧目创新、演出质量还是演员整体素质,都达到了很高的水准,伦敦更被称为"世界戏剧之都",特别是伦敦西区,已成为英国戏剧的中心,每天公开售票的舞台表演多达两百多处,不到一平方英里的区域内,聚集了40 多家商业性剧院。据英国 2002 至 2003 年度统计,仅戏剧演出一项,就为英国创造了 38 亿英镑的财政收入,其中伦敦西区约占 20 亿英镑。1991

年英国人口普查显示,在全英文化领域里就业的人员达 648900 人,其中伦敦西区约为 40000 人。另外,至少有 16000 名义工志愿在剧场服务。与戏剧演出相关的产业链条如电视、广播、设计、音乐、电影、出版和相关的商业活动如餐饮、购物以及交通等都能够周而复始地在当地循环,促进经济增长。外地观众在用餐、交通、购物等方面的消费,对当地的经济也起到十分重要的作用。剧院也由于演出活动而稳定了就业率,成为经济和社会再生产的动力源。①

英国约有 600 个表演艺术节,如爱丁堡艺术节与诺丁山嘉年华。每年8月,英国爱丁堡就成为举世瞩目的焦点,因为一年一度的爱丁堡国际艺术节在这里举办,许多国家一流的文艺团体都来举行精彩演出。国际艺术节、军乐队分列式、爵士艺术节、国际电影节、图书展销等文化艺术节目丰富多样。不同国家军乐团的独特风格,苏格兰风笛的优美旋律,许多国家的奇装异服,或打鼓、或耍宝、或演戏、或高歌的演出活动,构成一个色彩纷呈的狂欢场面。艺术节一方面为爱丁堡市带来了 2000 多万英镑的经济收益,创造4000 多个工作机会,另一方面促进了各国文化艺术交流和发展。

(4)以创意城市为形态的发展趋向

所谓创意城市,李明超认为,"是在经济全球化的背景下,由产业转移和产业升级推动、伴随城市更新和创意产业兴起而出现的一种新型的城市形态,是在消费文化和创意产业基础上向社会其他领域延伸的城市发展模式,是科技、文化、艺术与经济的融合"。② 创意城市和创意产业存在着密切的关系,二者都以创意为基础,创意城市是创意产生发展的空间基础和支撑点,创意产业是创意城市发展的经济引擎。

当代国际大城市的发展面临许多严峻的结构性问题,如传统经济逐渐衰退、集体归属感日渐淡化、生活品质不断恶化等,这些问题需要靠创意的方法和超越传统的思维才能解决。二战以后,英国以城市发展为支撑的经济地位迅速下降,主要表现为:产业结构老化,产品结构落后,工厂倒闭,工人失业,大量人口外迁。在这种情况下,城市发展迫切需要改变以制造业为支撑的传统生产方式,探索一条发展新道路,以创意产业为支撑的创意城市成为现代城市发展的方向,创意城市应运而生。传统理论认为,经济的发展主要是由产业和贸易推动的,但城市正日益成为产业创新和经济增长的核心动力。罗伯特·卢卡斯认为,生产力发展和竞争优势的真正来源不是自

---

① 柯亚沙. 英国戏剧演出的经济价值[EB/OL]. 中国文化产业网,2008.03.07
② 李明超. 英国创意城市兴起的基础与启示[J]. 国际城市规划,2010.04

然资源,而是城市化、区域集中和人口聚集。① 英国创意城市研究学者兰德利认为,城市要达到复兴只有通过城市整体的创新,而其中的关键在于城市的创意基础、创意环境和文化因素。因此,任何城市都可以成为创意城市或者在某些方面具有创意。李明超提出了创意城市所需要的三个基本条件:第一,社会文化的多元性和开放性,可以促进创意人才、企业和整个行业的交流、融合;第二,城市的产业体系能提供足够的发展空间;第三,能够提供吸引创意阶层的高品质的生活环境。一个地区的城市发展程度在某种程度上决定了该地区创意产业的发展程度和创意产业的空间布局,中心城市的变迁往往反映了区域经济和区域文化变迁的历史走向。②

英国伦敦市作为全球创意中心的地位当之无愧,在引领全球创意城市的发展、实现自身历史飞跃、引领创意城市发展方向等方面取得了巨大成就。全英90%的音乐商业活动、70%的影视活动集中于伦敦;30%的设计机构和80%的时尚设计师以伦敦为大本营。70%的国际广告公司的欧洲总部在伦敦。全球三大广告产业中心之一和三大最繁忙的电影制作中心之一都在伦敦。伦敦市的创意产业年均产值高达210亿英镑。

英国已形成了以伦敦为核心,有利物浦、伯明翰、曼彻斯特以及10多个中小城市加盟的创意城市群。如果说二战后英国在一定程度上衰落了,那么,创意城市、创意城市群的兴起有可能改变这一状况,使这个古老的帝国重新焕发青春与活力。

美国经济学家弗罗里达在其新著《创意阶层的崛起》一书中指出,创意产业的兴起表明了一个职业阶层的崛起。他认为,美国社会正在分化为四个主要职业群体,即农业阶层、工业阶层、服务业阶层和创意阶层。创意阶层包括一个由从事工程学、建筑与设计、教育、艺术、音乐、娱乐以及在商业、金融、法律、保健和相关领域从事创造性工作的专业人才,这个创意阶层的基本任务是"创造新观念、新技术和新的创造性内容"。由此来看,创意阶层具有四方面的特征:首先要具有创意与创造力。无论从事何种不同的行业,那些属于创意阶层的人们都有一个共同点,即有创新的想法,有所发明,懂得或应用新技术去从事创造工作。其次,创意阶层善于发现问题,打破常规,竞争意识强烈。再次,创意阶层具有独特的价值取向。他们在选择工作时,不仅仅关注工资福利待遇,更注重工作的意义、工作的价值、工作的发展前途以及个人职业前途等。最后,创意阶层最突出的特征便是头脑灵活、思路开阔,对周围事物充满新奇的想法,敢于创新。正如兰德利所说,创意阶

① 理查德·弗罗里达. 创意经济[M]. 中国人民大学出版社,2006
② 李明超. 创意城市与英国创意产业的兴起[J]. 公共管理学报,2008.10

层需要具备"再思考或从基本的原理出发思考问题的能力,从似乎杂乱无章或截然不同的事物中发现共同线索的能力,实验的能力,敢为人先的能力,修改规则的能力,想象未来方案的能力,以及或许是最为重要的,在一个人所能胜任的边缘状态下而不是完全胜任的状态下工作的能力"。

为了满足经济社会对创意阶层的迫切需求,英国由文化、媒体和体育部负责制定了以下几个方案:第一,高校大学生在校学习期间都能获得至少一次参与体验艺术活动的机会;第二,高校大学生都能获得全面发展其艺术的兴趣与艺术才华的机会;第三,确保有才华的艺术家得到所需要的培训和扶持;第四,在艺术领域发掘具有较高专业水准的人员,创建世界一流的艺术教育团队。英国政府还制定了一系列的政策从世界各地引进急需的创意人才,许多高校在全球广泛吸收优秀学生到英国学习,并且为他们留在英国大开方便之门。政府对博物馆、美术馆、艺术馆免费向学生开放。英国产业技能委员会在大学为电影、电视和多媒体行业举办为期 3 年的人才再造工程,提供电影摄制、编剧、动画、导演、作曲、录音等 10 个专门学科上百门学习课程,使影视业的 66% 和多媒体行业的 24% 的从业人员达到研究生水平,有效地提高了这些行业的创新潜能。[①]

英国文化产业、创意城市的快速发展,使得英国涌现出大批从事创意产业的人员,出现了一定规模的创意阶层。创意人群从 1997 年的 157 万人增加到 2006 年 190 多万人,平均年增长 2%。到 2007 年增至 198 万人,增长率达 4%。到 2010 年底,创意人群近 230 万人,基本达到了与从事金融行业相同的人数。创意阶层大多服务于某一个企业,从企业规模来看,绝大多数是中小型企业。据 2009 年统计,人数在 1—10 人的企业占 94%,在 11—49 人的企业占 4%,在 200 人以上的只占 1%。可以看出,中小企业是创意产业发展的生力军。

2. 英国发展文化产业经验

(1)政府主导,建立组织框架

自由市场经济模式起源于英国,发展、成熟于美国,并在美国达到巅峰。这种模式决策权主要在私人公司,它们可以自由地、最大限度地以追求利润目标,政府奉行不干预政策。然而,市场经济的发展也离不开政府的指导。在文化产业发展过程中,英国是典型的政府主导、以积极的产业政策介入其中。早在 1992 年,英国保守党政府将原先分别属于艺术和图书馆部、环境

---

① 陈美华、陈东有. 英国文化产业发展的成功经验及对中国的启示[J]. 南昌大学学报(人文社会科学版),2012.09

部、贸工部、就业部、内政部、科教部等 6 个部门的文化职能剥离出来,专门成立国家文化遗产部,对全国的文化艺术、文化遗产、新闻广播、电视电影、图书出版、园林古迹、体育和旅游等事业统筹管理;1997 年,英国工党政府将国家遗产部改名为文化、媒体和体育部,开始从国家战略的高度制定促进文化产业发展规划。各种非政府组织和民间组织如英国电影学会、观光协会、文化资产协会、历史建筑保存机构、文化建筑管理组织、博物馆协会等积极介入,为文化产业的发展提供了便利和支持。许多地方文化产业服务机构如曼彻斯特的创意产业发展服务局,默西赛德郡的艺术、文化与媒体公司,西约克郡的创意产业发展局,伦敦哈姆雷特堡的创意产业发展推介中心以及康沃尔郡的创意公司等应运而生,为文化产业在创业、融资、经营和人员培训等环节提供咨询和服务。1998 年,时任英国首相的布莱尔亲自领导了创意产业专门小组,并出台了《英国创意工业路径文件》。根据文件精神,政府开始着手在从业人员的技能培训、企业财政扶持、知识产权保护和文化产品出口等方面支持创意产业的发展;在组织管理、人才培养、资金支持和生产经营等有关方面进行规范化管理;在文化产品的研发、制作、经销、出口等方面予以财政扶持;在融资方面,出台了"银行经营"手册,指导文化产业企业或个人如何从金融机构或政府部门获得资金支持等等。由此可见,英国政府期望通过推动文化产业的发展,为社会创造就业机会,增强经济发展的活力,促进经济社会发展。

(2)制定文化产业发展规划,推动文化产业健康发展

英国是世界上第一个将文化产业定义为创意产业进而发展创意城市的国家。1993 年,英国颁发《创造性的未来》,明确提出创意产业的内涵,确定了以创意产业为主导,生产富有创新精神的文化创意产业和文化产品,鼓励个体艺术创造,倡导新闻公正、版权保护,以此繁荣文化艺术,创造就业,将文化产业上升为"国家文化艺术发展战略",这是英国第一个以官方文件的形式公布的国家文化政策。1997 年 5 月,英国成立了创意产业特别工作小组,次年,对创意产业明确界定为"源自个人创意、技巧及才华,通过知识产权的开发和运用,具有创造财富和就业潜力的行业"。1998 年,英国政府制定了《英国创意产业路径文件》,开始采取措施积极推动文化产业的发展。在文化产业、创意产业、创意城市的形成和发展过程中,政府通过一系列政策的引导,中央政府、地方政府和各种专业性组织进行通力合作,积极营造有利的发展环境,为文化产业企业提供全方位的服务,使文化产业获得了快速发展,带动了整个国家经济和社会的进步。英国政府为文化产业发展确定的基本目标是:"使最大多数人获得最好的文化艺术服务,目标为增加各类人群参加文化活动的机会,提高出售体验(如参观博物馆)的质量,培养人

民对文化的爱好。在投资和管理上,采取鼓励地方实施更灵活的投资决策,促进文化主管部门发展与地方当局、地区发展议会及其他组织之间的合作关系,削减管理支出,降低官僚成本。""创造更多的文化发展机会,保持文化的多样性和可持续发展,开拓文化海外发展,增加对英国创意文化成就的赞赏。"

(3)建立法律体系,为文化产业的发展提供保障

英国是一个有着悠久历史的法治传统的国家,历来非常重视法制建设和立法工作,在创意产业的发展过程中也是如此。早在 1993 年,英国立法部门颁布了《彩票法》,1996 年颁布了新的《广播电视法》以及此后陆续颁布的《电影法》、《著作权法》、《英国艺术组织的戏剧政策》等。政府出台系列文化产业法规,不仅为文化创意产业的发展提供了一个科学的制度机制和公平的竞争环境,而且还通过文化政策的法制化、制度化和规范化建设保证了政策的连续性和稳定性,确保了文化市场的持续繁荣。

第三节 法国文化及其产业

一、法国文化"软实力"及其由盛而衰原因分析

在西方文化体系中,法兰西文化也是一颗璀璨的明星。它秉承古希腊、古罗马文化,在人类文明发展过程中始终闪耀着熠熠光辉,成为世界文化宝库中一颗璀璨的明珠,飘溢出自己特有的风姿和魅力,使世界文化更加丰富、多彩,为世界文化的发展做出了卓越贡献。法兰西民族不仅以独特的智慧和魅力开辟、创造了文化历史,而且还以独特的方式总结、书写出自身的历史文化,涌现出一批杰出的史学家和文化史学著作。[①]

法国人一直以自己古老、博大、精深的历史文化为荣,甚至看不起历史较短的美国,巴黎人曾自豪地说:一个巴黎留下的历史文化遗产抵得上整个美洲。的确,法国可以为它的历史文化和历史遗产而骄傲。作为一个欧洲中等规模国家的法国,之所以成为七大工业发达国家之一,在国际事务中发挥重要作用和影响力,与其所拥有的文化"软实力"是分不开的。

法国文化迅速发展源于 15 世纪末的文艺复兴,繁荣于 16 世纪,18 世纪和 19 世纪则达到鼎盛时期,堪称是"法国世纪"。在 300 年的时期内,法

---

① 钱林森.法国文化史——卓越的学术贡献[N].中华读书报,2007.08.22

国为世界奉献出了一大批杰出的文学家和艺术家。文学家主要有巴尔扎克、莫里哀、司汤达、雨果、大仲马、小仲马、波德莱尔、都德、左拉、凡尔纳、罗曼·罗兰等;画家主要有德拉克洛瓦、莫奈、马奈、德加、雷诺阿、塞尚等;音乐家主要有肖邦、伯辽兹、古诺、比泽、德彪西等。有人认为代表中世纪的巴黎圣母院,代表文艺复兴时期的卢浮宫,代表古典主义的凡尔赛宫,拿破仑时期的凯旋门,巴黎歌剧院以及埃菲尔铁塔,既体现了法国各个历史时期建筑奇迹的缩影,又展现了恢弘的文化艺术价值。从1901年到1985年这80多年时间里,法国共有12人获得诺贝尔文学奖,为世界第一,远远超过英、德、意、西、俄等其他欧洲文化大国。18世纪,法国开启了一场极具深远意义的思想启蒙运动,掀开了人类历史上崭新的一页。启蒙运动倡导的自由、平等思想穿越了时空,成为全人类宝贵的精神财富。笛卡儿的"我思故我在"思想为法国启蒙运动奠定了哲学基础;狄德罗的"怀疑是向哲学迈出的第一步"成为向封建专制挑战的宣言书;孟德斯鸠的《论法的精神》为西方国家"三权分立"提供了思想源泉;伏尔泰在《哲学辞典》等著作中对人类尊严和人道主义进行了热情讴歌;卢梭的《社会契约论》和《忏悔录》将"天赋人权"和"主权在民"思想确立为宪政的核心理念。1789年爆发的法国大革命提出了"自由、平等、博爱"的口号,率先开创了人民革命、推翻君主专制、建立共和的先河。傅立叶、圣西门为社会主义运动理论进行了可贵的探索和贡献,是空想社会主义理论的创始人。1871年的巴黎公社的伟大实践,第一次实现了人民当家做主的理想,虽然最终失败,但却成为世界社会主义理论和实践的里程碑。法国前总统蓬皮杜曾说过:"法国不产石油,但是产生思想"。这话不假,法国在近现代历史时期,确实是个名副其实的思想大国。

19世纪末20世纪初,中国处于激烈的社会变革时期,许多知识分子和革命者纷纷投身于建设一个独立、强盛、现代的国家运动之中。康有为、梁启超等维新变法志士开始关注西方的政治体制,法国以其著名的大革命和"民主之国"的形象在中国被传播和接受。处于社会理想迷茫中的巴金踏上了远赴法国探索革命真理的思想之旅。朱德、周恩来、邓小平、陈毅等革命家在法国开始了追求革命真理的征程。

法国是世界公认的文化大国,拥有1200余座博物馆,44000处历史古迹,4000多家出版社,年出版新书4.5万册,营业额超过150亿欧元。法国有136种法文日报,全年发行总量90亿份。法国剧院数不胜数,主要分为三类:一是国家剧院,如巴黎歌剧院、法兰西喜剧院、夏乐宫剧院等。二是地方剧院,如巴黎沙特莱剧院、里昂音乐厅、里昂歌剧院等。三是私人剧院,如巴黎的香榭丽舍剧院、国际会议中心剧场、奥林匹亚剧院等。各剧院每年演出5万多场戏剧,观众超800万人次。法国是电影的发源地,是目前欧洲最大的电影生产国,电影产量列世界第三,仅次于美国好莱坞和印度宝莱坞。2002 年,法国 133 家电影制片公司拍摄了 200 部影片,电影观众达 1.85 亿人次左右。法国人文、历史、文化资源丰富,是第一旅游大国,1998 年全球赴法旅游人数就超过 7000 万,旅游收入高达 710 亿法郎,占全球旅游市场的 10%。1970 年,法国建立了一个政府间的国家组织,即法语国家文化技术合作机构,目的在于增强法语文化的向心力。1997 年,该机构改组为国际法语国家组织,成员国有 55 个,涵盖五大洲,几乎占世界人口总数的 10%。法国在世界许多国家建立了文化协会,为各国法语教学提供教师,帮助他们赴法进修学习。法国与 100 多个国家签订了文化协定和文化交流计划,在 68 个国家开办了 134 个文化中心或学院,试图用"文化大国"来提高其国际威望和政治地位。

然而,自从 20 世纪 70 年代中期以来,法国的文化软实力逐步走向衰落。美国《时代》周刊 2007 年 12 月刊发《法国文化已死》一文,揭示了法国文化衰落的现状,该文作者莫里森称:"这个曾经诞生过无数大师级人物、使得举世称羡的国度,如今其文化影响力正日渐式微。综观文学、电影、绘画和音乐,如今的法国没有一项拿得出手。从莫里哀、雨果、巴尔扎克、福楼拜到萨特、加缪,这块曾经盛产文豪的土地,现在每年能够进入美国的小说不超过一打,而法国国内却有近 30% 的小说译自英语。新浪潮电影曾令法国电影达到巅峰,但特吕弗、戈达尔已成为过去。"法国评论家阿兰·哥曼也认为:"上世纪 40、50 年代,法国毫无疑问是世界艺术之都,那些渴望出人头地的艺术青年全都慕名而来,而如今,他们纷纷涌向了纽约。"

对于文化软实力的衰落,法国许多政治家、思想家纷纷进行分析研究,试图找到根源。总统萨科齐认为,个人主义、无政府主义、极端自由主义、放任主义、散漫主义、享乐主义盛行,而集体主义和爱国主义被严重削弱,国家的地位和政府的权威受到极大挑战。他把这一切归咎于 1968 年 5 月爆发的那场学生运动,认为学生运动使个人主义在法国影响深远,法国从此成为个人主义社会,国家和民族的观念被淡化,国民丧失了公民责任心和社会责任感,国家经济发展停滞不前,社会文化事业陷入困境,整个社会失去了生机和活力。

社会学家马歇尔·郭雪认为,法国人过度重视和强调"人权",结果走向了极端,造成了个人对"人权"过于贪婪,民主制度却陷入泥潭,运转不畅,最终导致个人主义取代了集体主义和民族主义,国家、集体和社会变成了空壳,政府的权威荡然无存,社会凝聚力下降,社会各项事业发展缓慢。他甚至把集体的地位、政府的权威比喻为"日食",正慢慢被吞噬、消失,而"人权"在法国社会"如日中天"。

哲学家吉尔·利伯维茨基认为,20世纪70年代以后,法国进入了一个"空的时代",即国家、社会和集体的意义被掏空,以往的社会模式、社会规范被蚀空,而新的具有生机和活力的社会模式和社会规范又尚未建立起来的时代。在"空的时代",法国呈现出三个特征:一是超级流动,即社会非常自由、灵活、易变;二是超级消费,即沉湎于消费和享受,逐渐放弃了自身的精神境界和文化品位的提高,个人被"物化"了,造成了个人心灵的空虚,失去了"精神家园";三是超级自恋,即极端地自我关注,自我爱惜,自我欣赏,而对他人、集体、国家和社会漠不关心。①

另外,以法语为载体的法兰西文化还遭遇了来自美国工业文化的挑战。如今,美国已经成为世界文化中心之一,好莱坞电影风靡全球,也占领了法国电影市场。法国语言的影响力正在下降,除了在奥委会还以第一语言出现外,其他情况下很少用法语交流了,美式英语成为了全球通行的语言。美国的饮食文化也渗透到法国各地,麦当劳、肯德基等快餐文化广告、店面随处可见,而拥有365种奶酪的法国却处于尴尬的境地。

二、法国文化遗产保护

法国将文化遗产保护放在文化政策的首位,认为文化产业关系到国民素质、民族传统和凝聚力、国家形象及国家文化安全等,是与其他产业有着巨大区别的特殊领域,应对其采用一系列保护政策。

1. 制定法律法规,加强文化遗产保护力度

法国拥有悠久的历史和丰富的文化遗产,是世界上著名的文化大国。法国政府通过制定法律法规,强化对文化遗产的保护。在世界各国来看,法国最早制定出历史文化遗产保护法。远在1792年,法国制定的《共和国二年法令》称得上是世界上第一部历史文化遗产保护法。该法明文规定,法国任何一种艺术都应受到保护。1840年诞生的《梅里美历史性建筑法案》,也是世界上最早的一部关于文物保护法案,同年还成立了直接受内政部领导的历史建筑管理委员会,开始清点历史建筑,进行技术分析,并负责必要的修复工程,专门负责选定和保护历史文化遗产。1887年颁布了《纪念物保护法》,首次将"历史建筑"确定为一个法定的概念,明确了政府在历史建筑保护中的责任。1906年颁发的《历史文物建筑及具有艺术价值的自然景区保护法》,把历史文化遗产扩大到自然景观领域,如瀑布、泉水、岩石、岩洞、

---

① 陈强. 法国文化软实力的兴衰及深层原因[EB/OL]. 人民网,2008.08.19

树林,田园景观,城市中的特色景观等,形成了有关自然性建筑和具有艺术、历史、科学、传奇和画境特色的自然景观地法律。1913 年 12 月对 1887 年颁布的《纪念物保护法》再次进行了修订,明确规定了"历史建筑"作为公众利益受到保护,并根据历史建筑的历史和艺术价值提出了两种保护方式:一是列级保护,即列入正式名册,重点进行保护,登录和保护的程序都比较严格。二是注册登记,对保护价值稍逊或者较为普遍的历史建筑,同样进行专门登录,但保护要求相对简单,主要进行监督和管理,以免受到损害。根据登录记载,2000 年法国全国有列级保护和注册登记的历史建筑 39000 幢。1962 年的《马尔罗法》和 1973 年的《城市规划法》为现代文化遗产保护制度奠定了基本法律规则。在 300 多年的时间内,法国政府颁布了一百多个法律法规,涉及对文化遗产保护的各个领域。法国将每年 9 月第 3 周的周末设立为"文化遗产日",免费向游客、公众开放历史古迹、博物馆,开展各种主题活动、举办展览或演出,以展现法国文化遗产的独特魅力。"文化遗产日"从 1984 年开始到 1991 年,已遍及整个欧洲,为人们提供了更好地了解法国文化遗产的途径,促进了世界各国文化遗产的保护工作。法国政府将文化遗产的保护和利用作为文化政策的优先领域,将文化遗产置于文化现代化的中心位置,将文化作为社会发展的重要因素,以期提供就业和创造财富。

2. 各级政府积极参与,强化行政管理

法国政府在国家文化部专门设有一个全国文化遗产司,文化遗产司还设有建筑纪念物遗产科,专门负责文化遗产保护工作。这种保护一方面是行政管理,另一方面进行科学研究,并拥有专业科研人员。法国拥有一支具有很高权威性的建筑师与规划师队伍,他们可以充分行使专家的权利,对遗产建筑行使保护管理权,且在一定范围内,在用地和建设上拥有独立的审查权,甚至对政府的决策也具有重要的影响力。文化部还在 1914 年创建了历史纪念物基金会,其宗旨就是保护法国文化遗产,尤其是建筑遗产。基金会经费主要来自募捐,其中三分之二来自企业赞助,三分之一是私人捐助。募集到的资金主要用于维修历史建筑物、出版与文化遗产保护有关的书籍、举办各种历史纪念物展览等。法国政府还非常重视与民间各种协会如民间保护组织、投资者、学者、当地社区居民、手工业者等进行合作,共同致力于保护本国文化遗产。这些来自社会不同阶层的人往往在前期规划与后期的实施中发挥着重要的作用,共同对历史文化遗产进行综合保护和开发。政府还充分调动民间协会组织的积极性,注重发挥各地民间协会组织的筹款功能,有些协会非常善于联络地方企业为保护法国文化遗产进行捐助或赞助。为了充分发挥各协会和民间组织的作用,法国政府还与协会签订合作协议,一方面给予协会一定的参与制定遗产政策的权利,另一方面给予协会一定的遗产管理权,让它们在文化遗产保护过程中实现"责、权、利"的统一。目前法国拥有近2万多个地方民间文化遗产保护协会,在政府的领导下有效地发挥着重要作用。

3. 运用现代技术手段,实施多种举措

互联网的迅猛发展,给人们带来了更为便利的条件,游客、公众宅在家里也能体验文化遗产的魅力。爱丽舍宫专门开设了网站,只要点击键盘,移动鼠标,就可以进入总统府参观各个大厅,了解各个厅的历史;卢浮宫的网站提供了多种虚拟参观路径,各类珍宝如临其境,辉煌文明尽收眼底。法国将"文化数字化"现代技术手段应用到图书出版、音乐、电影、音像、摄影、图片、电子游戏等各个文化产业方面,以加大对珍贵历史遗产保护力度。在2010和2011年的两年时间里,法国相关部门对20世纪出版但已退出市场的50万本图书进行了数字化处理;对自1929年至1989年拍摄的3000部法文电影进行了修复和数字化处理,开通了点播通道;建立了观众与媒体以及媒体之间数字资源自由交易的平台;创建了法国境内收费和免费数字影视资源的门户网站。法国各地的公共图书馆,不仅当地居民可以免费借阅,即便临时居住的外国人,也可办借书证借阅。

法国文化部创造性推出的"三维数字化"文化产品,一方面为用户提供更为便捷、快速的服务,另一方面也为文化遗产保护探索了路径。

三、法国文化产业的国家战略

1. 政府主导,财政支持

法国政府是文化事业的主导者,是法国文化软实力战略运作的领导核心,倡导和建立了核心价值标准,引领着法国文化发展的方向。1959年,法兰西第五共和国成立后组建的文化部,标志着法国文化发展战略开始进入新阶段。法国政府认为,法国文化悠久的历史、深厚的底蕴,为法国发展文化提供了有利的条件,对如何发展文化形成了独到的认知和理念,在世界开放的文化市场中,只有强化政府的扶持,才能保护本国文化及其产业避免受到冲击。法国政府明确了相关部门的职能,提高了政府管理的效率。近几年,法国文化部进行了机构改革、精简与重组,形成目前的四大部门,即文化遗产总司、艺术创新总司、媒体和文化产业总司以及总秘书处。2012年,法国文化部推出了一份长达302页的报告,即《2020年法国文化和传媒——

新时代的文化部》,该份报告由文化部总秘书处的研究规划和统计局撰写,得到多部门的大力协助,对20世纪初法国文化政策面临的挑战进行分析和思考,构画了当前至2020年法国文化政策的战略蓝图,提出了七个方面的工作重点:一是创建"数字文化"政策;二是逐渐形成各地区文化资源平等的格局;三是建立一种协调公共文化机构系统的机制;四是促进建立一种欧洲模式的文化政策;五是建立部际协调机制;六是促进与"私有领域"的互动;七是建立一个文化政策行动的创新实验室。面对上述七大任务,政府采取了五大应对措施:其一,制定革新时代的公共政策,更新数字时代的文化和传媒工具,制定公共政策,确保全体公众自由享用文化设施和资源,应对文化传输领域的挑战,形成新的参照系;其二,语言文化的多样化,确立语言在文化战略中的作用,聚焦语言的多样化,拓展丰富语言多样化的手段,构建国家和欧洲层面的语言的科技战略,调节公共场所法语的使用,调整文化政策,确保人人都有学习使用法语的权利;其三,在全球化中体现法国文化,建立国际舞台上法国文化的一个统一战略基础,倚重非物质文化因素在国际上的影响,开展和加大数字文化的影响力;其四,文化政策的未来和希望——研究和教学,规划一个文化研究战略,阐明文化高等教育的特殊性,开展全面的高等文化研究和教学;其五,寻求文化产权者和消费者权利之间的一种新的平衡关系,加强全球化形势下的版权的特殊重要性,强调艺术创作资金回报的合理合法性,建立数字时代艺术创作资金回报的新经济政策。[1] 这些举措表明,法国政府对世界经济一体化、文化交流国际化、国家文化安全问题日益凸显、数字技术突飞猛进等问题有了清醒的意识,并富有预见性地采取了必要的应对措施。值得指出的是,法国文化部主管的"媒体和文化产业总司"具体负责文化产业管理工作,负责文化遗产保护、修复;对个体艺术门类进行扶持;对新闻产业因受互联网影响进行国家资助;对广电业的节目进行质量管理;组织集体艺术活动,如狂欢节、嘉年华、艺术节等。

法国政府十分注重在文化建设上的投入,即便受到欧债危机的严重打击,财政状况面临困境,法国政府对文化的投入仍然没有减少,相反,还逐年增加了。例如,从2008年至2011年,政府财政投入从59.77亿欧元逐年增加到75亿欧元,增长了20%。在法国政府的文化投入中,主要部分用于扶持本土文化的发展,以维护法国文化在世界的地位。许多高雅文化项目如歌剧、戏曲,都由国家财政提供支持。另外,在税收优惠、补助方式等方面支持文化事业和文化产业。皮埃尔·穆里尼埃曾进行过积极评价,"政府的积

---

① 王眉.法国文化部推出2020年文化战略蓝图[EB/OL].www.culturalink.gov.cn.2012.05.08

极扶持渗透到了文化领域的各个方面,政府确立了文化行为的范围、优先性,树立文化领域的价值观念、善恶美丑标准,并在此基础上,保证了文化行为的协调发展,提供了有利于文化发展的环境,同时也消除了文化发展中的不平衡。"

2. 立足高端,突出重点

在文化产业发展上,法国注重从国情和优势出发,采取了有所为有所不为的战略,主要以地方性、本土文化为重点,占领高端市场,引领时尚文化,实行差异化发展,形成了法国文化产业发展的优势与特色。法国人清楚地认识到,美国、英国和德国在高科技领域处于领先水平,而法国在设计与时尚领域则是当之无愧的世界领潮者,时尚设计一直是法国文化产业最具特色和竞争力的领域。法国时尚设计经历了 350 多年的历史,已成为法国经济中具有重大战略性地位的产业,每年收入高达 350 亿欧元,创造 15 万个就业机会。时尚产业中的时装、香水、化妆品、珠宝、葡萄酒等,不仅引领世界,形成强有力的国际竞争力,甚至成为法国的代名词。

法国在时尚设计和推广方面目标清晰,就是对本土色彩浓厚、特色鲜明的传统工艺进行符合现代社会需求的创意、创新和传播;就是以"品质、艺术、本土性、传统"作为该行业的品牌标准,注重提升价值,立足国际化;就是致力于"把决策者、大众、年轻人、未来的创意者、未来的消费者组织起来,以活力无限的方式和创意、革新,把参与这个协会的品牌在法国和全世界提升其价值,同时提升法国的艺术及促进其国际化"①。法国不仅注重时尚设计,更注重生产和销售。法国知名品牌云集,市场占有率高,且涉及众多领域,除上述品牌外,还有高级瓷器、银器、水晶、香槟、白兰地、汽车等等。香水、化妆品和时装的产销量居全球第一,香奈儿、迪奥、路易威登、卡迪尔、百乐水晶、拉里克、兰蔻等奢侈品占世界总市场的 7/15。法国奢侈品年零售额高达 120 亿欧元。法国政府长期以来从政策税收、项目支持、国际合作、金融以及研发等方面都给予了积极的扶持。

法国政府重点培育城市文化创意产业,在巴黎市区兴建了 3000 多个文化中心、艺术中心、体育中心,134 座博物馆,170 多家歌舞厅,350 个电影厅,141 个剧院和 400 多座体育设施。法国巴黎吸引了全世界最优秀的设计师,是世界级的时尚设计和时尚产业的平台,"巴黎时装周"在全球享有盛誉,奠定了"世界时尚之都"的地位。法国马赛有 2600 多年的历史,是法国最古老的城市之一。2013 年,马赛与普罗旺斯地区的近 90 个城镇联手,举

---

① 王绍强. 漫步法国设计:潮流艺术的引领者[M]. 电子工业出版社,2010.07

办了400多场戏剧、音乐、舞蹈、街头表演、电影和80多场展览会,新建十几个文化设施,开辟数条艺术专题旅游线路,将普罗旺斯地区文化推向全球。

　　3.积极倡导"文化多样性"

　　随着世界经济一体化和全球化趋势的发展,法国文化遭遇了前所未有的两个方面挑战:一是社会不再认同差异,而是更倾向于标准化和模板化;二是美国影视产品凭借其雄厚的资金实力、强大的生产能力、现代化的制作手段和庞大的发行网,挟全球化大潮之势席卷全球。

　　在欧洲一些国家,美国影片甚至占领了80%～90%的市场份额,本土电影惨遭淘汰。作为欧洲最大电影生产国的法国也在劫难逃,法国电影市场60%的份额被美国占领。不仅如此,美国人的生活和思维方式还成为年轻一代非常推崇的流行时尚。法国人最早意识到经济全球化有可能给法国文化带来危险,对法国文化构成威胁。法国勇敢地站出来,率先提出"文化例外"思想,其基本含义是,文化产品不是普通商品,虽然有商品属性,但主要拥有精神和价值观层面的内涵,文化不能屈从于商业,贸易自由化原则不适用于文化产品和文化服务。法国一直以文化大国而傲居世界,对美国文化汹涌而至感到惶恐不安,害怕厚重的文化氛围受到削弱,担心原本值得骄傲的文化历史受到冲击,更重要的是,法国人一直视文化为民族身份的象征。有了这个象征,才有认同感和归属感,丧失了这个象征,就丧失了"我之为我"的根据,也就丧失了存在的理由。

　　法国政府之所以提出"文化例外"思想,主要是反对文化市场的贸易自由化,防止美国文化的强势涌入。在1993年关贸总协定开放服务市场的谈判中,美国坚持把文化产品和文化服务纳入自由贸易范畴,引起法国坚决反对,双方代表激烈交锋,唇枪舌剑,互不相让,长达两年的谈判无果而终。欧共体以整体名义拒绝美国文化产品自由进入,拒绝让它们享受"国民待遇",发表了一份旨在保护欧洲视听工业的《共同行动纲领》,把文化产品排除在"商品"和"服务"的范畴之外,使之享有"文化例外权"。

　　然而,美法关于文化产品自由化争论并没有结束。美国指责欧洲国家对本国文化产品补贴过多,对美国文化产品采取了贸易保护主义。在乌拉圭回合的有关谈判中,美国以产品贸易自由流动原则为由,要求欧洲取消市场准入限制、扩大进口份额。美国希望通过先进的信息产业和文化产业,输出美国的文化和思想,更不会轻易放弃仅次于航空业的文化影视产品出口,美国非常清楚地知道自己的优势所在。当美国人坚持把文化产品列为自由贸易的范围之时,法国政府也意识到"文化例外"的提法授人以"文化保护主义"的把柄,于是,法国将"文化例外"提升为"文化多样性"。2001年,法国前总统希拉克在联合国教科文组织第 31 次大会上正式提出了"应对经济全球化,提倡文化多样性"的主张,认为每个民族都可以在世界上展示自己独特的声音,每个民族都能够以它自身的美丽和真理充实人类的财富。2003 年,法国和加拿大在联合国教科文组织第 32 届大会上共同提案,要求通过一个"文化多样性国际公约",大会授权教科文组织总干事起草关于保护文化多样性的国际公约。对此,美国 2003 年重返教科文组织后强烈反对这个公约,认为法国和加拿大的建议是个"坏主意"。美国赞成文化多样性,但反对对美国影视产品进行限制。法国人知道,即使教科文组织通过文化多样性国际公约,美国也不会签字。只要美国不签字,公约对美国就没有约束力。在国际事务中,为了维护自己的利益,美国总是为所欲为,我行我素,从没有签署过约束自己行为的任何公约,就是签了字的"京都议定书",美国也退了出来。

　　法国知道美国不会签字,但法国的真正目的在于,通过制定公约,让更多的国家意识到保护民族文化的重要性,保证各国政府制定本国文化政策的权利。要实现这个目标,靠一个国家的努力是不够的,需要更多国家和民族的支持,为丰富多彩的文化构建一个生存空间。法国"文化多样性"同其"世界多极化"的政治主张一样,都体现出了独立自主精神,不依附于任何超级大国,都是为了维护自身的经济和政治利益。特别是在当今美国一超独霸的时代,只有保护自己的民族文化特性,才能维护其民族利益。

第二章　西方国家高等教育

美国是世界上高等教育最发达的国家之一,各种类型大学的数量和质量世界最多,入学率世界最高,外国留学生最多,享有"世界高等教育中心"之美誉,呈现出大众化、多元化、国际化的办学特色,培养了大批的优秀人才,极大地推动了经济社会的发展。英国高等教育以其严谨与开放并蓄的特点被公认为世界上最典型的教育体制之一。德国并不是一个教育强国,国际化程度不高,没有像美国哈佛、普林斯顿大学,英国牛津、剑桥大学那样的世界顶尖大学。然而,德国却以职业教育立国,成为世界经济强国,其职业教育的成功为世界所赞誉,被称为"经济腾飞的秘密武器"。在某种程度上,上述三个国家的高等教育代表了不同的发展模式。

第一节　美国高等教育

一、美国高等教育概览

1. 美国高校的类型

对高等教育的分类,丰富多彩各种各样,仁者见仁智者见智。例如,"按教育性质分:学历教育、非学历教育;按教育时间分:全日制教育、非全日制教育;按教育对象分:职前教育、职后教育;按学历层次分:专科教育、本科教育、研究生教育;按教育形式分:在校教育、远程教育、其他形式教育"等。[①]还有的学者从"学术性、职业性、技术性、师范性"等类型进行划分。

目前,世界最具有影响和代表性的高等学校分类当数卡内基高等教育机构分类法,其权威地位一直没有被其他机构或组织所撼动或取代。该方法基于美国高等教育的发展与变化,自从 1971 年问世先后 4 次修订,为各

---

① 罗伯特·伯恩鲍姆,别敦荣译. 大学运行模式:大学组织与领导的控制系统[M]. 中国海洋大学出版社,2003

高等学校的发展状况、师生特征及整个高等教育系统运行状态进行分析提供了一个有用工具。以 2000 年为例,卡内基基金会对美国 3941 所高校进行了分类,共有博士学位授予大学、硕士学位授予学院和大学、学士学位授予学院、副学士学位授予学院、专业学院以及部族学院和大学六大类型。

高等教育人才培养必须要与社会的发展和需要相适应,必须与经济社会人才需求结构相适应,必须依据经济社会发展的要求确定自己的发展方向。因此,每一所高校首先应明确在高等教育分类中自己的位置,确立自己的发展战略,这不仅能够使高校确定各自的使命、任务和职能,找出自己与其他高等学校的差距,继而制定出切合实际的、个性化的发展目标,形成各自的办学特色,还能够使人们对每一类高等学校的内涵和外延有一个条理清楚、脉络清晰的认识。

我国高等学校主要分为三种基本类型:学术型大学、应用型本科高校和职业技术高校或多科性或单科性的院校。可以看出,这一分类参照了卡内基高等教育机构分类法。

2. 教育目标

教育是培养人的灵魂的伟大工程,必须要有明确的目标,体现它的目的性。从根本上讲,教育目标体现着国家和社会对教育的期望,反映着教育者和受教育者的追求,揭示着教育的发展方向,规定着受教育者整体素质构成,因此,它在教育和教育思想中占有重要的位置。

哈佛大学 1945 年出版的《自由社会中的普通教育》提出,高等教育的目标是培养有组织的自由人,增进他们对于自由社会的理解和忠诚。1946 年美国高等教育委员会提交的报告《美国民主的教育》认为,高等教育主要有三大目标:对个体进行培养,使他能有充分的知识参与团体生活和公共事务;帮助个体了解社会,唤起他们对于具有平等主义意义的民主制度的热烈忠诚;激励年轻人担负起劳动世界中有关的社会责任和生产职责。1957年,美国教育改革委员会在《决定性年代的高等教育》报告中进一步具体化了高等教育目标,主要有五个方面:一是为有才能者提供个人发展的机会;二是传递文化遗产;三是通过研究、创造活动,增加新的知识;四是把知识发展成为促使人类生活和社会进步的工具;五是为公共利益服务。1973 年,卡内基高等教育委员会将美国高等教育目标概括为:为学生智力的、审美的、道德的和技能的发展提供各种机会;为学生更全面地发展成长提供有益的建设性的校园环境;促进全社会人的能力的普遍提高;扩大中学后适龄人口的教育公平(机会);促进知识与智慧的传播和发展;为社会的自我更新开展对社会的批判性评论。[①] 但是,根据一些教育机构对大学生现状所做调查却是令人担忧:在职业选择上日趋商业化;价值选择上越来越务实化;利己主义思想更加严重,对社会缺乏责任感;精神空虚,道德失范。严峻的现实,要求美国高等教育必须不断完善其目标,所以,学生的思想教育、社会责任教育已经成为社会各界关注的焦点。卡内基教学促进基金会前主席博耶在《美国的大学教育》一书中明确指出:"本科生教育要帮助学生超越自己的个人利益,了解他们周围的世界,发展公民责任感和社会责任感,并发现他们作为个人如何对他们是其中一分子的社会做出贡献。"

3. 课程设置

美国高校专业课程设置遵循了一个理念,即适应社会生活,满足社会需求。杜克大学负责教学管理的专家在课程设置上,既关心学生所学知识的深度,又注重拓展学生所学知识的广度,努力将学校拥有的资源用于培养学生适应社会的能力。基于此,美国高校课程设置始终围绕人才培养和满足社会发展需求这一主题进行的,经过精心的设计,为学生安排了一系列与时俱进的课程,使学生学到了扎实过硬的专业课程,具备了很强的社会适应力,也为学生毕业后参加工作打下扎实的基础。这种依据经济社会发展需要设计专业和课程的理念,保证了美国高等教育紧密适应社会经济环境的变化,及时满足市场对人才的需求,使学生的知识结构与社会需求始终处于一种动态的匹配状态。

美国高校课程设置遵循了三种基本模式:一是学科中心模式,指高等学校的教育目的是向下一代传递人类千百年积累起来的科学文化知识,而这些知识的精华通过各门学科来体现;二是学习者中心模式,指以学生的兴趣、爱好和需要为中心进行设置课程;三是问题中心模式,指把重点放在个人与社会的生存和发展问题上。美国高校课程设置考虑到了三方面的平衡关系,在重视学生基础文化知识培养的同时,又重视学生基本技能的训练,以此提高学生的就业能力。

美国高校课程设置还非常重视"通识课程"建设,认为大学的理念应该是造就具备远大志向、高尚情操、健康人格和学有专才的人才。而高校教育只有短短的几年时间,根本不可能将某一个学科、某一门专业的知识全部教授给学生,只有加强"通识教育"才是学生最持久、最终生受用的。只有加强"通识教育",才能为学生提供知识、技能和思维习惯,使他们能够终身学习。美国高校在大学一、二年级,要求学生必须用跨学科选课的方式选修文学、

---

① 陈学飞. 当代美国高等教育思想研究[M]. 辽宁师范大学出版社,1996.06

写作、人文、艺术、社会科学、自然科学等通识课程。在三、四年级,学生才能根据个人兴趣和爱好进入专业知识领域。以哈佛大学为例,其通识课程主要包括外国文化、历史研究、文学艺术、道德推理、科学和社会分析等六个学科领域。① 这六个学科领域每年开设 200 多门课程供学生选修,要求每个本科生必须选择 8 门课程。这六个领域的课程给学生提供了一个知识广度的最低标准,保障所有学生具有教育的共同坚实基础。怀特海在其著作《教育的目的》一文中指出,没有人文教育的技术教育是不完备的,而没有技术教育就没有人文教育。

美国高校课程设置非常关注就业课程建设,将就业指导课程贯穿整个大学生涯始终,具有全程化、全员化的特点。美国高校开设就业指导课程始于哈佛大学,早在 1911 年,哈佛大学在新生入学教育中就已经增加了就业指导内容。到 60 年代,有 100 多所高校开设就业指导课程,70 年代近 30% 的高校开设了就业指导课程,有 33% 的高校进行着有关就业指导和生涯规划课程的设计和开发的研究。目前,开设就业指导课程的高校已经超过70%,而且,已经形成了一套以指导大学生进行自我评价、确定专业方向和择业目标为核心的完整的就业指导理论,产生了形式多样、内容丰富的就业指导课程体系。就业指导课程的重点是职业指导,主要向学生介绍职业的知识、性质、特点、从业要求等。就业指导课程实施的部门是就业指导中心,专门为大学生就业提供就业服务、开设课程以及进行管理工作,帮助大学生认识专业,确立职业成长目标,进行专业选择,掌握求职应聘的技能和技巧,了解国内外形势和就业情况以及帮助学生学习和探索寻求职业机会的方法。

4. 教学方式

无论是教育目标的实施,还是各门课程的学习,都离不开卓有成效的课堂教学。美国高校课堂教学方式方法丰富多彩,主要有以下几种:

第一,讲授制。美国高校开设的一些人文社会科学课程仍采取以教师讲解为主,授课的工具仍然是传统的粉笔、黑板,并辅之以现代多媒体教学手段。

第二,案例教学。美国人文社会科学课程除了讲授以外,通常以大量案例作为教学方法,特别是自从美国哈佛大学商学院首创案例教学法以来,经过 20 多年的实践应用,已经成为最主要的教学方法。一些商学院和法学院

---

① 陈均土. 大学生就业能力与高校的课程设置——来自美国高校的启示[J]. 中国高教研究,2012.03

使用的教材,大部分内容都是案例分析。美国许多高校把案例教学视为提高教学质量、深化教学改革、培养学生自主意识以及整体综合素质的重要手段。案例教学的特点是不提供现成答案,而是在案例展开过程中,采取启发式、探究式教学方法,甚至通过提问、对话、讨论,引导和启发学生,最后让学生自己总结出结论,并敢于对实际案例的发展趋势进行推测、预期和评价。案例教学有利于调动学生的积极性、主动性和创新意识,有利于提高学生分析问题与解决问题的能力,有利于激发学生认识自身的潜能、增强自信心和培养创新精神。

第三,专题讨论教学。美国学生上课,绝不仅仅是听,而是要带着自己的思考和认知进入课堂,更重要的环节是提问、讨论。教师鼓励任何形式、任何内容的提问,认为没有任何一个问题是愚蠢的问题,没有任何一个讨论是无益的讨论,任何一个问题和讨论都可能解答大家的疑问。上课教师一般根据课堂教学的重点问题组织学生进行课堂讨论,让学生各抒己见,与老师直接对话甚至辩论,在此基础上,老师进行归纳和概括,最后形成正确的看法和结论。为了鼓励学生参加讨论,许多学校还规定,课堂讨论是考核成绩的重要组成部分,一般占到总成绩的 1/3 到 1/2。不参加课堂讨论的学生,很难取得优异的成绩。

第四,实践教学。美国非常重视学生的实践能力培养,主张把实践教学放在突出位置,强调课堂理论教学要与实践教学相结合,创造出一系列富有特色的实践教学活动,如本科生实践机会方案、本科生研究机会计划、服务学习、回归工程计划、工程实习项目、综合研究项目、独立活动期计划等。[①]其他形式的实践教学还有引导大学生创业,为他们提供一定数额的创业基金;支持科研服务中心吸收大学生参加科研活动,提高他们的科研水平;倡导大学生做志愿服务,以知识回报社会,以行动服务社会;鼓励大学生走出校园,积极参加社会服务,如救济穷人、照顾孤寡老人、帮助弱智者和残疾人以及失去生活能力的人。教学实践加深了学生对课堂知识的理解,增强了运用知识的能力,拓宽了他们的知识面,加深了同普通人的思想情感,培养了实际工作能力,为他们今后走上社会、服务社会奠定了良好基础。

5. 科学研究

高等教育教学理论认为,教学和科研是高等学校两大任务,两者相辅相成,相互影响,相互促进。各国高等教育几乎都形成了这样的认识,即"以教学带科研,以科研促教学"。

---

① 赵明.美国高校的实践教学模式评析[J].教育评论,2011.01

通过教学，教师可以将科研成果转化为教学内容，把新的科学技术和先进的实验方法引入到教学实验中，让学生接触最新科学技术和成果，提高学习兴趣。通过科学研究，可以了解社会需要，把握科学技术发展方向，制定研究方案，解决教学和社会发展中出现的问题，有所发现，有所创新，进一步提高教学水平。特别是当代科学技术的发展日新月异，各学科间相互交叉、相互融合、相互渗透，更需要科研人员依靠有关学科的教师相互支持，协同合作，联合攻关，才能取得科研工作的重大突破。

在美国，高校既重视教学，又重视科研，认为如果教师不搞科研，教学就成了无本之木和无源之水，教学质量就上不去。美国高校是美国科研的重要基地之一，是美国国家创新系统中的核心机构，大量的科研尤其是基础研究工作基本上是在高校中进行的，美国高校科学研究在经济社会发展中起着举足轻重的作用。不同层次的大学对教师的科研工作有不同的要求。两年学制的社区大学主要为当地培养应用型和技术型人才，以职业性、技术性的专业为特色，教师的主要任务是教学，培养学生的实践能力与应用能力，对科研没有明确要求。四年制的本科大学，学校要求教师以教学为主，兼顾科研，争取把教学和科研结合起来。

在美国，真正以科研为主的是研究型大学，这些大学科研实力强，教师水平高，科研设备先进，科研成果突出，在校本科生人数少，研究生比例高，在全世界都有很高的声誉。美国大学的科研以基础研究为主，但许多国家科技发展的重要研究基地、政府的科研中心和国家实验室也建在高校。据美国国家科学基金会的统计，排名前 100 名的高校获得的科研经费占全部高校科研经费的 60％以上，排名前 20 名的高校获得的经费占全部高校科研经费的 30％以上，每所学校的年科研经费都超过一亿美元。

美国高校非常重视科研成果转化，转化机制很有成效，主要是通过成立科技孵化器、建立科技园、风险投资、与工商企业合作研究以及设立专门的科技成果转化机构促进成果转化。早在 1963 年，美国在费城创办大学科学中心，这实际上是第一家科技孵化器。到 1993 年，美国有 50 多所大学相继建立了科技孵化器。目前，全美科技孵化器总数已超过 600 个，已有 4000 多家高科技企业从科技孵化器里成长起来，另有 8000 家高科技企业正在科技孵化器里培育。美国于 20 世纪 50 年代初在斯坦福大学附近创立第一个科学园，即享誉全球的"硅谷"。目前，美国有 80 多家科学园。近年来，美国风险资金的投资规模越来越大，1991 年为 33 亿美元，1993 年为 45 亿美元，1996 年达 90 亿美元，这对促进科技项目产业化发挥了重要的作用。①

---

① 谷贤林. 美国高等教育体系与特点总论[J]. 高等理科教育，2003.04

6. 学校管理

美国高校董事会是高校的最高管理机构,董事会对政府和人民负责,对学校发展的大政方针拥有最后发言权,主要负责制定大学的发展规划、有关入学、实验室监管等方面的政策;维护和修订大学的规章;审核批准经费预算和投资项目;建立校外联系以及挑选或任命校长。

董事会规模不等,少则七八个,多则七八十,组成人员多由政府官员、企业家、律师、议员、工程师、社会名流、校友代表、学校教师以及学生代表组成。来自校外的代表一般有比较高的社会地位,他们进入学校董事会,可以为学校的发展提供帮助。尤其是企业界人士进入董事会后,把企业界精于管理、讲究效率、崇尚实用的经营方式以及企业人才需求信息带进了学校,为学校与社会、企业构筑了一道桥梁。以加州大学为例,其董事会成员共计26人,其中18人为州长指定,任期12年。1名学生理事,任期1年。7名理事,主要由州长、总校校长、校友代表以及公共机构的代表等组成。董事会只决定大事,不管具体事务。

董事会将管理大学内部日常事务的权力委托给由它任命的法定代表——校长,用中国人的表述方式可称之为美国高校内部管理体制实行董事会领导下的校长负责制。校长负责学校行政事务,其重要职责之一就是向政府、社会和校友筹集资金。校长还要花费大部分时间和精力用于与各级政府、各种企业、研究机构、社会团体进行联系、沟通、交流,从而为学校发展争取更多的资源。

在学校学术事务领域,主要由评议会负责,其具体职责是:制定本校的学术政策;学科建设和发展规划;教师的选拔、聘用、考核和晋升;学生的教学、课程设置、学位授予以及对外学术交流等。

7. 教育立法:高等教育两次成功跨越的保障

所谓高等教育立法,是指国家立法机关通过法律形式规定国家对高等教育发展应履行的责任与义务,明确高等学校的办学目标、办学模式、人才培养方向,是政府管理、发展高等教育的重要手段之一,是高教事业发展的保障。美国高等教育历史上有两次跨越式发展,第一次是从1860年到20世纪初,第二次是战后到20世纪70年代前后。这两次跨越都和相关法律的颁布与实施有着直接的关系。

美国南北战争一方面使美国摆脱了封建羁绊,解放了生产力,迎来了第二次工业革命,另一方面也迎来了高等教育革命,涌现出了一批研究型大学如哈佛大学、芝加哥大学等和社会服务型大学如康奈尔大学、威斯康星大学等。高等教育的迅速发展的重要原因之一归结于 1862 年联邦议会通过并实施的《莫雷尔法案》。该法案规定:联邦政府必须在每州至少为一所高校提供财政支持;有国会议员的各州,可以获得 3 万英亩的土地或等额的土地期票;可以用出售公地获得基金的 10% 购买校址用地,其余作为捐赠基金。《莫雷尔法案》的颁布为新建高校无偿提供了土地和发展基金,一大批高校趁势发展起来。

二战结束以后,大批军人复员回乡,为了尊重他们在战争年代做出的贡献,公平、合情合理地安置他们,减少可能出现的高失业率等问题,国会通过了《军事人员重新调整法案》,即《军人权利法案》。该法案规定,只要战时在军队服役不少于 90 天,每人都有机会去高校学习 1~4 年,由政府支付 500 美元的学杂费和每月 50 美元的生活补贴。法案付诸实施后,上百万退伍军人潮水般涌入高校。从 1946—1947 年,美国高校学生总数中,有 50% 是退伍军人学生。在 1945—1956 年间,美国高等教育的规模扩大了近一倍。大量退伍军人涌入高校,1958 年,《国防教育法》实施后,国会马上给高校学生发放大量奖学金和学生贷款,为高等院校师资培训和科学研究提供大量的经费资助,教育拨款达 10 亿美元之巨。可以认为,该法在美国历史上首次以法律的形式把教育置于关乎国家安全的重大战略地位,是美国教育立法的一个里程碑。1965 年,国会通过了《高等教育法》,并于 1968 年、1971 年和 1973 年进行了 3 次修订,使该法日趋明确、具体、严密和完善,为美国高等教育办学规模迅速扩大、教学科研水平不断提高,实现高等教育大众化与普及化,起到了巨大的推动作用。

二、美国高校办学特色

1. 办学体制多元,管理机制灵活

如前所述,美国高等教育根据不同的办学宗旨和培养目标,分为六个层次。这六个层次的学校既是不同的类型,又归属不同的办学主体;既适应了社会对人才的不同需求,又满足了受教育者的个人意愿。授予博士学位的研究性大学,集教学、科研、开发于一体,与新兴工业相结合,诞生了高新技术产业中心,使创新思维—科研成果—新产业—新产品高效转化,产生了巨大的经济效益和社会效益,引领着时代的发展和进步。四年制本科大学为社会各行各业培养了各类中级科技、学术及专业人才,满足了应用性人才的需求。两年制社区学院为社会各行业培养了大量的熟练的技术工人。而那些开放大学,包括广播函授大学、暑期大学、夜间或业余大学等,向社会各阶

层、各年龄层次敞开了大门。美国高校各有特点,无论是教学方针、专业设置、考试项目,还是录取分数、收报名费都各不相同。美国高校既有公立的,更有私立的;既有规模几万甚至十几万人的巨型大学,也有规模只有几百人的学院;既有以培养尖端人才为主的研究型大学,也有以职业培训为宗旨的普通学院;既有教会大学,还有非教会性质的大学,可谓办学体制多元丰富多彩。美国没有两所完全相同的大学,各州也没有完全相同的管理体制。除政府外,社会团体和个人谁都有权开办学校,且学制、办学形式、学生成分、教育内容和方法具有多样化。由于美国是一个联邦制国家,实行中央和地方分权的行政管理体制,各级地方政府实际负责本地的高等教育。联邦政府对高等教育行政管理主要是通过立法、拨款、信息服务和政策指导实现的。总体上看,美国高等教育形成了"州负主要责任,地方承担具体责任,联邦具有重要影响,公众广泛参与"的办学特色。特别是各个地方高等教育,没有统一的条条框框,没有统一的风格模式,任凭各高校、各州自己去试验、去创建,这是美国高等教育充满生机和活力的源泉。

2. 规模与质量并举,成就众多一流大学

美国是当今世界经济实力最强的国家,也是高等教育最发达的国家,高校数量 4000 多所,据卡内基教育促进基金会 2000 年的统计,具有博士学位授予权的大学共 261 所,占高等学校总数的 6.6%,具体细分为:博士研究型大学Ⅰ类,151 所,在广泛的领域开设学士学位课程,开展研究生教育并能授予博士学位,每年至少在 15 个学科授予至少 50 个博士学位。博士研究型大学Ⅱ类,110 所。在广泛的领域开设学士学位课程,开展研究生教育并能授予博士学位,每年至少在 3 个学科授予至少 10 个博士学位,或者每年授予的博士学位总数至少达 20 个。硕士学位授予学院和大学共 611 所,占高校总数的 15.5%,具体细分为:硕士学位授予大学的Ⅰ类和Ⅱ类,分别为 496 所和 115 所。Ⅰ类是指在广泛的领域开设学士学位课程,开展研究生教育并能授予硕士学位,每年至少在 3 个学科授予至少 40 个硕士学位。Ⅱ类是指在广泛的领域开设学士学位课程,开展研究生教育并能授予硕士学位,每年至少在 1 个学科授予至少 20 个硕士学位。学士学位授予学院有 606 所,占 15.4%,其中,文理学士学院共 228 所,占 5.8%,主要从事本科生教育,重视学士学位课程,在文理学科领域授予的学士学位占所授学士学位总数的 50% 以上。普通学士学院有 321 所,占 8.1%,主要从事本科生教育,重视学士学位课程,在文理学科领域授予的学士学位占所授学士学位总数的比例低于 50%。副学士学位授予学院共 1669 所,占 42.3%,主要授予副学士学位和证书。专业学院有 766 所,占 19.4%,授予从学士到博士各级学位,但至少有50%的学位集中在某一个学科领域,主要有神学院、医学院、工程和技术学院、工商管理学院、艺术、音乐和设计学院、法学院、教师学院等。部族学院和大学共28所,占0.7%。这类院校主要由部落掌管,坐落于印第安人保留地。另据2001年的一项调查,全球大约30%的科学和工程类论文以及44%的最常被援引的论文均出自美国高校,高校基础研究占全美科研成果比重的60%~70%,技术应用研究占20%~30%,在全球排名前500名大学中,美国占168所,前20名中,美国占17所。最具盛名的哈佛大学、耶鲁大学、普林斯顿大学、麻省理工学院、斯坦福大学、加州理工学院等六所大学,每次全美或全球排名都能进前10名。美国高校对经济社会的发展产生了巨大的作用,成为名副其实的第一教育大国,教育质量之高为全世界普遍公认。

3. 专业设置实用性强,适应社会需求

美国拥有4000多所各种类型的大专院校,每年培养出大批受过高等教育和专业技能培训的人才。他们当中只有少部分人报考研究生继续深造,大部分人都参加工作。因此,在读大学前,哪些专业社会急需、就业前景广阔,薪酬待遇高,哪些专业将成为热门专业,哪些将出现过剩,都成为每个学生以及他们的家长认真考虑的问题。对任何读书的人来说,专业的选择不能不与就业市场的需求联系起来,大学寒窗数年的目的之一就是为未来就业做准备。许多大学一年级的学生并不清楚自己喜欢什么、擅长什么、将来要做什么,他们选择专业时比较盲目。为了满足学生选择自己最喜欢的专业,美国高校充分考虑到学生个体发展的潜力和特点,把选择的权利交给了学生,这无形中满足了学生的兴趣,激发了他们的求知欲望,大概有超过一半的学生在一、二年级时重新选择了其他专业。美国人非常注重实用,美国的高等教育在这一问题上表现也很突出,具有很强的实用性,其课程、专业设置始终坚持适应社会需求,造就社会急需的各种人才。近些年,被美国学生通俗地称为双E的电子工程专业(Electronic Engineering)特受欢迎,主要原因是该专业涉及通讯、计算机、信息产业的众多领域,实用性强,适用面广,就业面宽,从这个专业毕业的学生既可以到与本专业相关的各类企业工作,也可以自己创业。尽管美国世界一流高校众多,但大约75%的青年学生选择的是授予学士学位及其以下的学院,尤其是那些直接为地方经济、社会、文化发展服务以及以职业教育为主的社区学院很受学生青睐。据统计,在1995年,美国高校学生在社区学院注册的就有544万人,约占全美大学注册学生数的50%。这些社区学院大量开设了应用性、实用性很强的技术类专业,社区学院还与企业合作,一方面筹集了更多的办学资金,另一方面,

为学生提供了社会实践的机会。企业非常最欢迎在校期间已接触社会、感受职业、提前上岗的学生。

美国高校专业设置有一个明确的指导思想，即一切是为了学生的就业，一切是保障学生所学课程紧跟市场需求，紧跟时代潮流。当学生所学习的课程和教材与社会脱节的时候，学校和教师都能够适时进行调整。

4. 经费来源渠道广，投资体制多元化

美国高校办学经费来源渠道非常广泛。公立大学经费来源主要是州政府财政拨款、学生学费、杂费以及民间资助；私立大学经费来源主要是教会资助、学生学费和社会捐助。进入新世纪，学费迅速攀升。为了给学生提供帮助，缓解高昂的读书费用，上至联邦政府、州政府，下至企业和个人纷纷建立了各种奖学金、助学金和贷款基金。这些捐助基金主要有：培尔基础教育机会助学金、教育机会补助助学金、州学生鼓励基金、大学工作基金以及入学贷款等。据统计，仅 2005—2006 学年，美国联邦政府向高校拨款 880 亿美元，还提供了 280 亿美元科研经费。在美国，社会捐赠已成为高校办学经费的重要来源，每年都有数千亿美元捐款，这些捐款大约有半数来自社会个人和校友，名牌私立大学吸收社会捐款最多。许多城镇和社区的民众通过创建社区高校，让自己的子女接受高等教育，过上文明幸福的生活，都非常慷慨地向学校捐款，社区民众和社区内的各种团体成为支持高等教育快速发展的中坚力量。早在 18 世纪，美国许多地方的高校，主要是由当地率先富裕起来的商人和慈善机构创建的。还必须看到，美国宗教团体在高等教育的创建和发展过程中发挥了极大的作用，甚至可以说，许多高校都是宗教团体建立的，或与宗教团体有千丝万缕的联系。美国是一个信奉宗教的社会，各种宗教派别林立，为了壮大自己教派的力量和扩大自己教派的影响而长期相互斗争。许多教派为了把更多的美国民众从竞争对手中争取过来，纷纷创办属于自己教派的学校，"一个教派创办一所高等院校，又成了其他教派创办自己的高等院校的借口"。[①] 18 世纪中叶以后，美国高等院校如雨后春笋般涌现出来，主要是各种教派的贡献。近年来，许多大学为了吸收捐款使劲浑身解数，有些高校竟动用数以百计的教职员工为拉捐款日夜奔忙。许多美国人热衷于向大学捐款，喜欢以自己的名字命名实验室、图书馆、科研中心，他们的善举极大地扩大了经费来源，同时，在一定程度上也促进了学术进步和科技创新力。

---

① 丹尼尔·布尔斯廷著，中国对外翻译公司译. 美国人开拓历程[M]. 生活·读书·新知三联出版社，1994

5. 博采各国之长,巩固强国地位

尽管美国高等教育非常发达,但美国历来把学习外国先进经验作为发展本国高等教育、培养高级人才的战略措施。从一定意义上说,美国高等教育的成功,得益于对外国高等教育制度的借鉴。

第一,学习德国经验,博采各家之长。美国是一个移民国家,建国历史短暂,创办高等教育经验不足。但美国人具有开拓创新和求真务实的精神,在建设国家的进程中,积极主动地向先进的国家学习。欧洲许多国家都是高等教育强国,美国选派大批学者到欧洲著名的高等院校和科研机关进行学习、考察、进修。据统计,从 1815 年到 1914 年的 100 年内,在德国大学进修或留学的美国学生就超过了 10000 名,其中仅柏林大学一校就接纳了近 5000 名美国留学生。[①] 这些学者经过在德国大学的学习,丰富了知识,开拓了视野,更新了理念,回到美国后,许多人都成为美国高等院校的著名学者或管理专家,极大地推动了美国高等教育的改革与发展。1869 年从德国留学回美的艾略特担任了哈佛大学的校长,大胆改造注重古典宗教价值取向,倡导柏林大学研究高深学问与社会需要相结合的办学模式,注重培养大工业社会发展所需的实用人才。1878 年,霍普金斯大学借鉴德国大学模式。从此美国高等教育开始转向注重科研。对此,我国学者王英杰先生指出,美国历来把学习外国先进经验作为发展本国高等教育,培养本国高级人才的战略措施。从一定的意义上来说,没有美国对外国高等教育制度的借鉴,就没有今日的美国高等教育。[②] 美国高等院校十分注意与国外高校的国际交流,在世界任何国家举行的各种学术讨论会,几乎都有美国专家教授参加,在美国本土举行的学术讨论会,也邀请世界各地学者莅临。就是在这种开放的教育环境中,美国博采各家之长,不断在教学、科研领域取得了巨大成就。

第二,吸收海外人才,提高办学质量。美国大学几乎集中了全世界最优秀的专家学者,创造了全世界最新的科学研究成果,培养各个领域的尖端人才。美国大学校长筹集到经费以后,不是忙于建设,更不是发放津贴奖励,而是在全球范围内聘请各领域中的领军人才,汇聚世界一流的专家、教授,提高办学水平。19 世纪 50 年代以后,许多德国专家学者纷纷到美国密执安大学、约翰霍普金斯大学任教,使得这两所大学在短期内一跃成为美国知

---

① 丹尼尔·布尔斯廷著,中国对外翻译公司译. 美国人民主历程[M]. 生活·读书·新知三联出版社,1994

② 王英杰. 美国高等教育改革与发展百年回眸[J]. 高等教育研究,2003.03

名高等学府。进入 20 世纪,爱因斯坦、费米等尖端人才进入美国高等院校。三四十年代,德国法西斯主义肆虐欧洲,美国趁机以安全的环境、优厚的待遇等条件吸引了欧洲大量科学家移居美国,大部分进入高校任教,促进了美国高校质量的提高。美国高校大量引进欧洲优秀人才,使他们能够较快地掌握欧洲高等教育理论、教育制度和教育实践的精华,不仅给美国带来了高素质的师资力量和优秀的管理人才队伍,更为美国高等教育的改革与发展提供了强有力的智力支持,使美国高等教育能够站在制高点上,并迅速超过欧洲,成为世界上最发达的高等教育强国。我国学者滕大春认为,美国在创立教育事业的过程中,从根据现实之需和自力更生之外,还善于吸取别国的先进经验,以别国之长来补己国之短,这也符合教育发展的客观规律。由于美国学者放眼世界而未拘泥自恃,充分运用别国的精华而不作狭隘自大的夜郎,美国才得以迅速摆脱教育落后之局,赶超世界教育先进之邦。"[①]

第三,招收海外学生,加快国际化。高等教育国际化已成未来发展的趋势。美国高等教育也以开放的办学理念,吸引了大量的海外留学生。20 世纪 90 年代初,在美国高校读书的外国留学生高达 40 万。1995 年,超过世界各国留学生总数的 1/3 在美国学习。2005—2006 学年,赴美国的留学生有 56 万之多,其中 40% 以上接受本科教育,45% 攻读研究生,12% 接受其他各种类型的教育,访问学者达 30 万人。美国前 10 名大学拥有全美 8.2% 的留学生,平均每所学校接近 4 000 名。2007 年,仅中国留学生在马里兰大学 College Park 分校求学的人数就已达到 687 人。2012 年,华盛顿大学招收的 5800 名新生当中,18% 来自海外,其中中国学生占据了 11%。海外学生向学校缴纳 28059 美元的学费,为华盛顿州当地学生的三倍。这些留学生,不仅给美国贡献了大量办学经费,他们毕业后有相当多的人留在美国工作,进一步提高了国民素质,促进美国经济社会的发展。依据国际教育协会统计,在美国求学的外国学生,每年为美国经济大约贡献 210 亿美元。外国学生涌入不仅影响学校财政,也在改变校园文化。

三、美国高校校园文化生活

人们往往想当然地认为,美国大学生活相当自由与开放,但实际上,也仅仅是在专业和课程选择上比较自由,在教学管理方面却非常严格,绝不是放任自流,而且,美国大学生的学习生活非常紧张,并不轻松。一是课程学

---

① 滕大春. 美国教育史显示的教育发展客观规律[J]. 河北大学学报,1995.03

习不轻松,美国大学生课堂学习通常有三个环节,即课前阅读、课堂讨论和课后作业。老师一般毫无例外地布置大量阅读文献,要求学生发言和讨论,对阅读、教师讲授和课堂讨论后的所思所想提交作业。二是考试测验不轻松,美国大学生既有期中考试,也有期末考试,而且平时测验也很多。美国实行宽进严出政策,考试测验不过关就不能毕业。三是日常生活不轻松,美国大学学费昂贵,许多学生家庭经济困难的学生通过勤工助学来赚取部分学费,即便许多学生家庭经济条件优越,但他们崇尚独立和自立,不指望家里的帮助。学校为学生提供了不少的勤工助学岗位,比如,负责接待学生家长参观校园和回答有关问题,研究生担任助教和助研等等。许多学生除了学习外,还在图书馆服务、参加社会实践活动和各种兼职,很少有闲暇时间。美国大学生校园生活尽管紧张、严格,但却五彩纷呈。

1. 学生社团活动丰富多彩

美国是一个崇尚结社的国家,不仅社会各个阶层热衷于结社,高校学生同样如此,学生社团种类之繁多、社团活动之丰富,构成了充满生机与活力的"第二课堂"。活跃于政界、商界、文艺界、科技界等领域的杰出人物,大多数都曾是大学时期学生社团活动的风云人物,如卡特、尼克松、克林顿、布什父子等。只有"当一名大学新生进入大学校园后,唯有被某一个或是几个学生社团所接纳后,他才可能是真正融入了该学校。这些学生社团通过各种演说、仪式以及制度等把本社团的文化和校园文化传递给新进的伙伴"。[①]詹姆斯·杜德斯指出,"当校友们被问及大学中什么是最值得回忆的东西时,他们几乎从未提到过课程或学习的科目,这些东西在期末和毕业以后很快就消失了。相反,他们记得的是参加过的社团,所遇到的老师和同学以及他们所结交的友谊。"[②]如麻省理工学院为学生提供了600多种活动供学生选择,如小型课程、专题研讨会、短期进修、到外地考察、旅行、出国参加研究工作等。再如,普林斯顿大学有管弦乐队、合唱队、爵士歌舞团、歌剧院、礼拜团乐队、唱诗班、福音演奏组等,有5个大小不同的戏院以及戏剧团体,有一份学生报纸,一个WPRB学生无线电台,有38个体育代表队,超过一半的本科生都参加各种体育比赛,各种学生组织有200多个。学校还经常举办丰富多彩的比赛、晚会等文体活动。哈佛大学学生社团有469个,耶鲁大学有588个,麻省理工学院有614个。耶鲁大学的"骷髅社(Skull and Bones)"已经

---

① Maribeth. Durst, E. Marilyn Schaeffer. A Culture Analysis of Student Life at a Liberal Arts College[M]. The Edwin Mellen Press, 1992

② 詹姆斯·杜德斯著,刘彤译. 21世纪的大学[M]. 北京大学出版社,2005

有 100 多年的历史了,是耶鲁大学众多学生社团中最受欢迎的,每年所吸纳的会员也是最优秀的学生。

如此丰富的社团活动并非杂乱无章、放任自流,美国各高校基本建立健全了社团管理制度,一些正式学生社团和规模较大的学生组织都要经学校的批准,并服从学校管理。学校在学生社团活动中不仅给予学术理论和组织管理方面的指导,还为学生社团活动提供各种便利条件,许多高校都为学生社团活动提供财力支持。丰富多彩的学生社团活动培养了学生的个性和特长,提高了学生的创造能力,促进了学生的道德和艺术发展,教会了学生与人交往的技巧,拓展了学生的成长空间。

2. 学习场所迅速延伸

传统的大学教育受时间和地点的限制,一般都要求 3 年或 4 年读完,学习场所集中于校园,"三点一线"成为学生学习生活的真实写照。随着通讯、计算机和网络技术的迅猛发展,扩大了传统大学的学习场所,大学校园已远远超出传统的空间、时间和地理概念,大学校园和社会的边界变得越来越模糊。学生不仅在校园内接受教育,也在企业、社会甚至世界各地接受教育。学生既可以在教室、在家中、在工作场所"上课",也可以在另一所大学上课。即便在学校,也不仅仅局限在教室,寝室正成为重要的学习场所。美国大部分学生寝室配备学习、文体、生活设施,有的学生寝室楼还配置计算机房、自修室、图书资料室以及电视房等。有些学生读了两三年就要求去工作或创业,过几年再继续读书拿学位。正如有国外学者指出,"上大学一度意味着学生连续四年在一所大学完成学业,然后进入工作领域,或接着深造。今天新的模式正在出现,获得学士学位的时间在延长,学生的平均年龄也在增长,而学习的地点也转向了校园以外的家庭、工作场所以及世界各地。大学校园正在延伸。"[①]大学摆脱了现实的地理、空间限制,正在成为"无围墙"的大学。在许多学校,寝室安排也打破了专业、地域、阶层、人种之间的界限,将不同专业、科系的学生安排在同一个寝室里,以便相互交流沟通。有些学校还配备寝室导师,负有督促学生课业学习,有的导师定期组织寝室研习课(House Seminar),对学生进行学习辅导。哈佛大学在 2～4 年级本科生住宿楼安排若干名导师动员本科生参加各种智力、文化活动,或为学生提供指导和建议。

20 世纪 90 年代以来,美国许多大学为应对全球化趋势,一方面继续吸

---

① Boyer E L. College：The Undergraduate Experience in American[M]. Harper & Row,1987

引大量的外国留学生来美学习,另一方面也积极鼓励美国大学生到国外去学习。据统计,1990—1991 学年,美国出国留学生只有 7 万人,而今天,仅以卡林顿学院这所普通高校为例,新入学的研究生中,有 70% 以上的学生在国外学习过,有 50% 的学生至少在国外学习过一个学期。过去,美国学生大多去欧洲学习,如今,大约 25% 的学生到欧洲以外的国家学习。[①] 学生以游学或游历的方式到其他国家学习,接触到了不同的文化,了解到了所在国家的经济、社会、政治和文化生活与价值观念,既开阔了视野,又培养了多元文化意识和国际意识,这已经成为美国本科教育的主要目的之一。

3. 尊重和强调个性发展

美国教育理论承认学生在智力、生理、心理、兴趣、爱好等方面存在差异,无论是初等、中等还是高等教育都要尊重这种差异,尊重学生的个性,因人施教,因材施教,鼓励发展特长,积极营造生动活泼、主动学习、有利个性发展的环境,在教育指导思想、教学内容和方法上注重发挥学生的主动性和创造性。尊重个性发展首先体现在课程选择上。美国同类型的高校开设什么课程,全国没有统一的规定,联邦政府和各州政府教育主管部门将开设课程的权力下放给学校。各学校以促进学生全面发展、培养知识面广、结构合理、发挥潜力、发挥特长为宗旨。必修课程注重形成完整的科学知识结构,以适应社会基本要求。选修课程注重满足学生的兴趣、志向和个性发展。特别是高校开设的选修课,可谓丰富多彩,应有尽有,涉及工业、农业、林业、商业、经济、法律、文秘、外语、家政、环境、通讯、建筑、驾驶、制造、时装、食品、维修等各专业、行业和领域。凡是学生感兴趣的课程,学校想方设法予以满足。其次,美国高校实行学分制,修满学分即可毕业。这既能保证毕业生质量,又能为有潜力的优秀学生提供继续深造的机会。更重要的是,学生不必按某一固定模式塑造自己,他们在学业上享有最大限度的自主权,有了很大的学习自由空间,可以自主安排学习生活、自由选择学习方式,可按自己的能力、水平、兴趣、爱好,各取所需,各得其所。其次,在师生关系方面,大家平等相待。课堂上,气氛自由轻松,教师无拘无束,畅所欲言。学生可以随时举手发言,或反驳教师的观点,或发表自己的意见,学生的任何发言都会受到鼓励。课下,学生积极参加课外活动,参加音乐课程,参与戏剧制作,欣赏歌舞,聆听报告。

---

① 白燕. 创办"全球性大学"——美国高等教育的国际教育与国际交流[J]. 国际人才交流,1999.09

4. 服务学习成为时尚

近些年,一个很时尚的词——"服务学习"(Service-Learning)在美国高校传播开来。美国高等教育协会在《学科中的服务性学习》中对服务学习作了如下界定:服务学习是学生通过精心组织的服务进行学习并获得发展的一种方法。这种服务要满足社区的需要,由高等教育机构和社区协调安排,帮助形成学生的公民责任感。同时,它必须与学生的学术课程整合,强化学术课程,并安排结构性的时间让学生来反思服务经验。服务学习的实质就是把课外活动和课程学习融合起来。服务学习不同于单纯的义工或志愿者服务,它是一种以课程为中心的服务经验,把服务活动和课程学习有意义地结合起来。[①] 美国人以做义工或当志愿者为骄傲,他们从小学开始就灌输为社区和他人提供义务和服务,到了大学便把义工服务与课程学习相结合,学生们一边当义工或当志愿者,一边拿学分。如医学系的学生在医院当医生助手或帮助病人进行康复训练,语言系的学生帮助小学生进行阅读指导,以提高他们的阅读能力等等。据统计,美国大学里有 30% 的大学生选择了"服务学习"课程,75% 的大学新生做过做义工或当过志愿者。许多人在选择高校时,除了考虑学校的办学水平、声誉外,还注重服务学习,他们认为,课程与服务与结合,有助于学生消化吸收课堂上学到的知识,加深对学科专业和课程内容的理解,真正把课外活动和课程学习融合起来,较早地学会把知识运用于实践。参加服务学习活动,既培养了大学生的社会责任感和公民技能,又满足了社区的需求。许多教师允许学生以社区服务取代传统的研究工作,鼓励有思想、有活力、实践能力强的大学生通过服务学习发现自己的兴趣点、特长,进而寻找发展机会。一些高校制定了"融合服务和学术学习"计划,甚至把社区服务列为毕业的条件之一。

第二节　英国高等教育

一、英国高等教育概览

1. 英国高校发展历程

英国是世界上创办高等教育历史最悠久的国家之一,其最古老、最著名

---

① 张爱芳. 美国大学校园文化发展趋势探析[J]. 南昌工程学院学报,2011.04

的两所大学是分别是 1168 年创立的牛津大学和 1209 年的剑桥大学。这两所大学"比英国国家还老",因为 1215 年制订的"大宪章"是英国建国的标志。这两所大学雄踞英国各高校之首超过 600 年,从 12 世纪到 19 世纪中叶,这一时段比世界性的 16 到 18 世纪大学发展的"冰河期"还要长。① 15世纪,英国又先后建立了圣安德鲁、格拉斯哥、阿伯丁等三所苏格兰大学。19 世纪 30 年代,英国在伦敦等城市建立了一些新大学。这些大学在学位授予、入学、课程设置等方面拥有高度自治权,这种学术自治的传统一直延续至今。20 世纪初,英国的高等教育仍然是精英教育,入学率只有 1%～2%,且专注于纯学术,尤其是宗教文法和古典神学。

在中世纪,英国是一个典型的宗教社会,宗教权利凌驾于世俗权利之上,所有权利都是由贵族和僧侣来把控,神学思想和宗教精神渗透到社会的方方面面,各种社会活动和政治活动都披上了神学的外衣,高等教育也不例外,宗教和封建等级色彩甚至更加浓厚。能进入大学接受高等教育的几乎都是上层社会的子弟,教学内容主要以神学、哲学等为主,正如恩格斯曾经指出的,"中世纪只知道一种意识形态,即宗教和神学"。②

伟大的工业革命不仅使经济取得前所未有的发展,而且也推动了科学技术、知识和思想文化等方面的巨大进步。为了适应不断变化发展的社会形势,越来越多的大学开始教授实用的新课程。于是,一批自由民主思想的开明学者与工业资本家一起开展了"新大学运动",建立新大学,在教学上高度重视科技和应用知识方面的研究,开设了大量的专业技能和科学技术知识方面的课程,排除教会的干扰和控制,强化与地方的联系,推动了英国高等教育的世俗化和平民化,对英国高等教育的发展产生了重要影响。

第二次世界大战以后,英国人口迅速增长,出现了所谓的"婴儿高峰期"。这也意味着受教育的人数急剧增加,由此带来了高等教育急剧扩张,大学进入了一个持续增长的时期,标志着英国高校由精英化教育向大众化教育转化。适龄青年入学率逐步上升:1963 年为 8%,1979 年为 12.5%,1986 年为 14.2%,1991 年为 20%,2000 年上升到 30%,2010 年达 50% 以上,大学的数量也从 60 年代的 5 所左右,增加到 90 年代的近 100 所。③ 这时创建的比较著名的高校主要有诺丁汉大学、东安格利亚大学、约克大学、

---

① 张建新.高等教育体制变迁研究[M].教育科学出版社,2006

② 刘亚敏等.中世纪大学:权力夹缝中的生存与发展[J].理工高教研究,2006.05

③ 王萌萌.英国高等教育大众化过程中教育结构的演变与政府的职能[J].化工高等教育,2007.02

兰卡斯特大学等。这些都是现代意义上的大学,他们主要特点是:注重实用研究和科技成果的开发转化,主张兴办新兴应用学科,开展职业教育,实行弹性学制,学生来源多样化等。[①] 目前,英国一共有大学 116 所,在校大学生有 200 多万人,其中规模较大的伦敦大学有 10 多万人,一般大学在校生为 1.5 万～2 万人。

牛津大学和剑桥大学创建最早,800 多年后的今天,这两所大学的排名仍高居英国各高校榜首,世界大学排名均在前 10 名。如今,牛津大学有 35 个学院,104 个图书馆,4 大博物馆。在教师队伍中,有 83 位皇家学会会员,125 位英国科学院院士。在科研方面,数学、计算机科学、物理、生物学、医学等领域走在世界前列。在近 800 年的历史中,培养了一大批著名政治家、科学家、哲学家、经济学家、天文学家、诗人等,为人类文明的发展进步作出了重大贡献。剑桥大学有 31 个学院,62 个系,150 个研究机构,英国许多著名的科学家、作家、政治家都来自于这所大学,其中,73 位诺贝尔奖得主出自剑桥大学。现代实验自然科学的真正始祖培根、经典力学的伟大奠基人牛顿、诗人斯宾塞和拜伦、历史学家麦考莱、现代遗传学和进化论的创始人达尔文、凯恩斯经济学派的创始人凯恩斯、数学家和分析哲学的创始人罗素、生物化学家和科学史家李约瑟等都出于剑桥大学。剑桥大学人才辈出,如灿烂群星。

2. 发展目标

尽管工业革命推动了整个英国社会跨越式地向前发展,国家也开始注意到社会发展对高等教育的需求,但是,政府对高等教育的介入较少,干预力度很小,传统古典主义仍然居于主导地位,教育的重要性被忽略了。直到 20 世纪初,当英国政府基本解决了初等教育问题之后,"人人接受平等的中等教育"才提到议事日程,而高等教育的真正发展是在二战以后。

1963 年,英国政府制定了《罗宾斯高等教育报告》,提出了高等教育的主要目的、发展目标、原则和发展方向,这就是著名的"罗宾斯原则",核心思想是"为所有在能力和成绩方面合格的、并愿意接受高等教育的人提供高等教育课程",[②]在社会上引起强烈反响。英国议会当天就接受该报告提出的发展目标,标志着英国高等教育开始进入大发展时期。2003 年 1 月,英国

---

① 李向荣. 英国高等教育状况、发展趋势与借鉴[J]. 安徽广播电视大学学报,2005.01

② 杨贤金,索玉华等. 英国高等教育发展史回顾、现状分析与反思[J]. 天津大学学报(社会科学版),2006.03

政府再次发布《高等教育的未来》白皮书,提出了英国高等教育战略目标,包括建设一流的科研和教学,密切大学与企业的联系等多个方面。时任英国教育与技能部的国务大臣查尔斯·克拉克在向议会呈交白皮书时对高等教育的发展目标进行了科学的阐释,他指出,"高等教育是一份巨大的国家资产,它对国家的经济和社会福利的贡献是至关重要的。大学的研究开辟了人类知识的新领域,拓展了知识的边境,是人类进步的基础。大学的教学为知识统治的时代培育国民,增其技能。大学给学生以个人和智力的成就感。通过和企业的合作,大学给经济以动力。大学毕业生在公共服务中具有决定性的作用。人们广泛地接受高等教育能够造就一个更加开明和公正的社会。在一个快速变化和日益竞争的世界中,高等教育在用技能武装劳动力方面、在激励创新和提高生产率方面、在丰富生活和提高生活品质等方面的作用越来越重要。一个优质的高等教育体系所带来的利益具有深远的意义"。

英国政府通过扩大高等教育招生规模为更多青年人提供入学机会,为了提高教学质量和办学标准,强化与世界上一流大学在教学、研究和技术转让等方面进行合作,并与商界保持密切联系。英国教育界认识到,教育可以使人们掌握知识、学会技能,知识和技能的增长又进一步激发他们参与社会进步事业的信心。教育是伟大的解放力量,它赋予人们更大的控制自己生活的能力、更多的就业机会和选择、更多的利用闲暇和参与社会的方式。教育有助于消除贫困和是社会分层产生的根源。[①]

3. 课程设置

英国高校开设的课程种类繁多,强调课程建设贴近实际工作,注重知识、社会与高校三者之间的联系,因而适应了社会需要,受到了社会欢迎,就业率高。一是开设大量的基础性课程。基础课程是指英国高校为学习某一专业的学生修习的基础理论、基本知识与基本技能的课程,其基本作用是为学生掌握专业知识,学习科学、技术,发展他们有关的能力打下宽厚的基础。英国各高等学校注重通识课程建设,淡化专业意识,反对时间过早、范围过窄的专业化学习。英国许多大学的教学计划规定,第一、二学年是基础学年,全校学生都要共修基础课程,要求每个学生要从所修的人文、社会和自然科学中分别选择 3 个课题,写出 3 篇论文,作为基础课程考核成绩。二是开设大量的综合性课程。所谓综合性课程,是指超越了传统的单一学科的界限,将社会生活中的综合性课题、跨学科知识以单元的形式组织起来,将

---

① 吴雪萍. 新世纪英国教育发展的目标与策略述评[J]. 全球教育展望,2002.04

理论与实践、课内与课外、校内与校外结合起来,以满足学生从宏观上、总体上把握知识的课程体系。这里的"综合"包含课程目标综合,课程内容的综合,学习方式综合,评价手段综合等四个层面的含义。在第一、二学年学习基础性课程的同时,为了扩大了学科范围,避免学科、专业过分狭窄、单一,英国许多大学还开设了大量跨学科、跨专业的综合性课程。有些高校还废除了传统的学系,设置了多种学科群,围绕学科群来安排课程,在突破学科范围的前提下获得专门知识,如苏塞克斯大学开设的"技术社会学"、"机器人的形象"、"哲学与数学"、"生理和哲学"、"经济学和工程科学"课程等等。三是开设大量的选修课程。开设大量的选修课,是目前世界各高校普遍适用的教学内容。有些选修课注重介绍先进的科学技术和研究成果;有些选修课是为扩大学生知识面;有些选修课是为满足学生的兴趣爱好,发展他们某一方面的才能。选修课可分为限制性选修课与非限制性选修课。限制性选修课是指学生须在某一学科门类的领域中选修,非限制性选修课可由学生任意选择。选修课在专业教学计划中应占一定比例。英国高校为学生开设的选修课程不受年级、科系的限制,这意味着低年级学生可以选修高年级课程,不同科系的学生也可以选修跨科系的课程。[①] 四是模块化课程。当英国高校大学生进入专业基础和专业课学习后,一些高校还推出了别具特色的模块化课程,如电子学可被分成几个模块,内容相近的两三个模块构成一个模块组,同组模块安排在不同学期讲授。如电子技术Ⅰ、Ⅱ,电磁场理论Ⅰ、Ⅱ,信号处理Ⅰ、Ⅱ等课程。[②]

4. 教学方式

概括地讲,教学特色主要包括四个方面。

一是教学内容实用性强。英国高校教师拥有先进的教学理念,通过教学培养学生的理解力、判断力和创造力,尤其是注重培养独立思考能力。在课堂教学中,教师在介绍各种相关的理论时,不是空泛地单纯讲授理论,而是以实用性、应用性内容为主,注重与现实社会的联系,注重职业导向。即便有时需要完整地讲授理论,往往也进行评判,甚至提出一些个人的观点。这样做的目的在于教会学生用批判的眼光去看待他人的理论,鼓励学生从多角度看问题,给出不同的答案,培养学生的个性。英国高校教师紧跟时代潮流,把握学科前沿,关注热点问题,更新教学内容。他们总是选择最新的、

---

①　钟阳春,赵正. 英国高校教学管理的实施策略及其启示[J]. 教育评价,2006.04

②　左宪章等. 英国高校本科教学模式分析[J]. 中国冶金教育,2012.03

最有发展前景的内容进行讲授。英国高校全国统编教材很少,无论是专业课还是公共课教师,在讲授某一门课程时,通常在第一节课对本课程作一介绍,使学生对该课程有个整体印象,接下来就按照专题讲课。一个专题所涉及的内容非常广泛,有时一个专题旁征博引,涉及许多学科和众多专家学者的见解,课后开列出一大堆参考书目让学生阅读,或写论文,或提交作业。英国高校任课教师都结合自己对所教课程的理解来设计课程,确定教学内容。

二是教学方法灵活多样。英国高校教学方法主要包括正式授课、专题讨论、个人陈述、实验、实地调查、案例分析、个别辅导等。所谓正式授课主要是教师讲,学生听,其中穿插问答环节。在授课过程中,师生也可以就某一问题展开讨论。所谓专题讨论主要是针对某些问题进行研讨,一般情况是教师拟定讨论题目,要求每个学生围绕该题目发表自己的意见,讨论后教师进行评述。专题讨论是英国高校最为常见的一种教学方式。正规的专题讨论通常是事先确定题目,学生搜集资料,进行分析和整理,确定发言提纲,然后教师把学生分为几个小组,每个小组推举代表发言。通常情况下,各小组之间也相互提问、解答甚至辩论以达到共同理解、将学习推向深入的目的。所谓个人陈述是指要求学生就某一个问题集中进行阐述。同样,正规的个人陈述也是教师事先确定题目,学生搜集资料,进行分析和整理,确定发言提纲,制作幻灯片,像教师授课一样在全班面前陈述,并解惑答疑。在某种意义上讲,该同学就是所陈述专题的“教师”。所谓个别辅导是指任课教师每星期留出一段时间与个别学生讨论,解答与课程有关的问题,以便了解学生的学习情况,这是英国课堂教学的一个重要环节,英国高校为每个学生都配备了指导教师。所谓实地调查是要求学生到政府机构、科研单位或企业就某些与课程相关的问题进行调查,然后写出调查报告。英国高校之所以教学方法灵活多样,其中一个重要条件就是以小班上课为主,教师有可能让每一个学生参与整个教学过程,回答每一个学生的插话、提问。另外,教师讲课中课堂气氛活跃,气氛宽松,师生关系平等,学生愿意参与教学过程,课堂学习效果较好。

三是善于利用图书馆资源和网络系统。英国高校图书馆藏书非常丰富,而且每年购买大量新书,各种专业学术期刊应有尽有。图书馆除重要节假日闭馆外,全年开放,从早上9点到晚上10点,周六周日也不休息,还有的学校图书馆一天24小时开放。除了学校的图书馆,各二级学院也都有一个小型图书馆,主要提供本专业书籍和期刊。任课教师开列的参考书目都能在学校或学院图书馆借到。阅读教师开列的参考书已经成为大学生进一步理解教学内容、获取知识、扩大视野的重要途径。除了阅读纸质图书期刊,进入网络几乎是世界各国大学生获取知识的另一条重要途径和渠道。英国各大学都有计算机房,学生可以免费上网,查阅、打印、下载或扫描各种所需资料。各二级学院也有计算机房,全天开放,学生可刷卡免费进入学习。

四是考试方法多样严格。英国高校考试一般有作业、论文、试卷考试、平时表现等。在英国,理工科学生的作业通常是做设计,文科学生的作业多为课程论文。学生学完一门课程后可以写一篇论文,以作为该课程的成绩。论文由一位本校老师和一位校外老师共同评定分数。试卷考试更正式正规,任课教师出试卷,校外专家审阅,一般有三个要求:一是同行之间相互交流,保证水平;二是试卷的难易度要适中;三是考试水平大体一致。学校统一组织考试,统一安排监考人员。学生考试时对号入座,前后左右拉开距离,不同系科的考生交叉安排。批改试卷时要经过一位本校教师和一位校外教师独立评阅。如果评阅结果误差较大,就要进行共同讨论,协商一致后再给出成绩。可以看出,英国教师对待考试非常严格、认真,反映了科学、严谨的治学态度。

5. 科学研究

英国高校普遍重视科研工作,认为科研是高校的主要职能之一,是促进发展的推动力量,是学校生存和发展的重要支撑,一所高校的科研水平代表了这所高校的综合实力。在英国,不论是古老大学还是新建大学,无论是研究型还是教学型大学,都始终把科学研究作为学校的重要职责,以科研促教学,用科研提升服务社会的水平,通过科研提高人才培养的质量。经过长期培养、发展、积累,英国高校形成了以人才培养为中心,教学、科研、社会服务相互支撑的良性循环局面。[①]

英国约克大学校长布赖恩·坎托认为,一所好的大学不应该区别对待教学和研究,教师既要到实验室中做研究,研究人员也要到课堂上指导学生,这会产生"教"和"研"互相促进的效果。如果教师自己处于科研第一线,讲授起相关内容来会容易得多。在上课过程中,学生总会提出各种问题,教师会因此不断地重新思考相关基本概念,反过来又会促进研究。对于现在有些大学为了追求所谓的快速发展,片面强调论文或项目等"成果"来提升所谓的层次和水平,而忽视了作为大学根本的教学,坎托不认为这种做法有帮助,教学和研究之间不能是厚此薄彼的关系,而应该协同工作。大学是社会的一部分,其研究成果可以帮助社会发展,其优异的教学水平可以为社会

---

① 苗德华.英国高校科研发展对我国的启示[J].中国高校科技,2011.08

培养人才,两者都有助于提高学校地位、名望和声誉。① 英国帝国理工学院校长基思·奥尼斯表示,一流大学应该有信心采取综合平衡的方式来评价其教师,而不是简单地唯论文数量论英雄。当然,如果研究人员能够在有很高影响力的刊物上发表文章,学校会很欣赏,但是我们不会设定以论文数量为基础的评价标准。因为唯论文数量是一种简单的评价方法,不能全面地反映情况。帝国理工学院在评聘教授时,评审专家会综合平衡地考虑他的研究贡献、教学贡献、对学校的贡献和对社会的贡献。如果只重视论文的数量而不是实际价值,容易导致科研活动与社会实际脱节。②

6. 学校管理

英国政府对高校的管理主要通过三个机构,即高等教育基金会、高等教育质量保证局和研究评估考核体系。

高等教育基金会是一个具有政府性质的非政府机构,实际上是政府与高校之间的一个中介机构,工作人员不属于政府人员,其主要责拨付政府教育资金,配置政府的权力,贯彻政府的决策,向政府提出建议和意见等。这一机构沟通了政府与学校的联系,既保证了政府对大学的宏观管理,避免政府陷入具体的事务性管理,又保证了高校办学自主权。

高等教育质量保证局既不属于政府系列,也不属于高校部门,而是起监督作用的中介组织或者叫做第三方,其宗旨是评估英国高等教育的标准和质量,监督各高校的行政管理和教学质量,为英国高校提供全面而系统的服务。质量保证局精干高效,独立性、学术性和权威性非常强,日常工作人员有50多人,聘请了一大批专家学者,按照统一的评估标准,对学校进行评估考察。

为提高英国高校教学和研究水平,鼓励竞争,基金会每四五年进行一次大学研究质量评价活动,对英国高校的研究水平分学科进行评价并排名。英国各高校对媒体报道的各种排名并不在意,但惟有对研究评估考核的排名相当重视,因为,第一,评估考核排名与高等教育基金会拨付的研究经费分配挂钩,排名最高级和最低级经费差别巨大,各高校都不敢怠慢,总是竭尽全力地提高自己的评估等级。第二,国际上一些大公司与英国高校进行项目开发,大都与考核结果优秀的大学合作。第三,评估等级

---

① 黄堃,李芮. 访英国约克大学校长:大学发展应同等重视教学和科研[EB/OL]. 新华网,2011.08

② 黄堃,李芮. 访英国约克大学校长:大学发展应同等重视教学和科研[EB/OL]. 新华网,2011.08

越高,吸引的专家教授越多,学校的学术水平和教育质量越高,学校越有发展。

在高校内部,管理体系一般分为大学、学部和系三个层级。在大学层次,一般设立校务委员会、理事会和评议会三个委员会。校务委员会是校内事务的主要决策者之一,对大学的发展有重要的影响,成员构成中包括来自工业界、商业界、地方行政当局、地方教育界和校内教职工代表和学生代表等,校外成员占主体。主要职责是商议学校的战略方向、财务规划、招聘政策;监控已制定目标和基准的实现情况;确保资金使用得当、财务控制措施充分到位、任命校长和其他重要官员、聘任教师以及受理最终投诉等。二级学院具有很强的实体性和独立性,具体负责规章制度的制定与实施、教材的选择、课程编制和一些学术决策等。二级学院的决策机构是学院委员会,成员由全体教授、非教授的系主任及其他代表组成。系设有系委员会,由全体教学人员组成,在系主任领导下管理全系教学和科研工作。

7. 教育立法:教育事业快速发展的根本

尽管英国高等教育具有悠久的历史,但无论是发展规模,还是发展速度,都较为缓慢。英国高等教育获得快速发展,只是到了现代社会,只是有了教育立法后才实现的。

二战中,英国经济社会遭受巨大损失。战后,英国政府采取一系列措施恢复经济社会发展。在教育方面,出台了以当时教育委员会主席巴特勒的名字命名的《巴特勒教育法案》,为英国高等教育的改革和发展奠定了基础。1963年,《大不列颠全日制高等教育形式》(简称"罗宾斯报告")的出台为英国高等教育注入了生机和活力。1967年的《师范教育法规》,1966年《关于多科技术学院和其他学院的计划》白皮书,1972年《教育,一个扩展的计划》,1980年《教育法》,1988年《教育改革法》以及1992年颁布的《继续教育和高等教育法》等,从立法层面确立了国家干预高等教育的合法性,构成了英国高等教育走向法治化道路的保障。这些教育法规大体涵盖以下内容:一是各级教育行政机构的设置;二是关于教育体制和义务教育的规定;三是中央和地方政府对教育资助问题;四是有关奖学金的规定;五是成人教育和继续教育的规定;六是教师的薪酬和待遇等。英国教育立法主要从宏观层面对教育发展进行规划,例如教育行政管理、教育体制设置和学校经费分配等。在微观层面管理较少,如教学和治校权限主要由学校当局和学术评议会行使,招生、考试、科研、学衔评定、聘任师资等工作由学校教育管理委员会以及校长、教授具体安排。英国教育立法是一种指导型规范高等教育的方法,适应了英国经济社会的需要,推动了英国高等教育的发展和进步。

二、英国高校办学特色

1. 密切学校与企业合作,实现双赢

高校与企业的合作,对于培养高等学校的办学实力,培养社会需要的人才,提高企业核心竞争力,促进整个经济社会发展等方面的作用越来越明显。校企合作已经成为当今世界各国高等教育的发展趋势、办学方向和特色。英国许多高校通过不断探索,形成了独具特色的校企合作模式。一是校企共同建设科技园。实际上,英国在世界各国当中是最早开始校企合作的。剑桥大学于1881年就率先创办了剑桥科学仪器公司,经过近200年的探索、打拼,到20世纪80年代,在剑桥大学周围形成了一个规模巨大的科技工业园区,拥有1000多家高科技公司,涉及电子信息、计算机、生命科学、生物医学等技术领域,科技人员近3万人,成为欧洲最大的高科技工业园区,取得举世瞩目的成就,出现了所谓的"剑桥现象"。沃里克大学与考文垂市议会、沃坦克郡议会和中西部企业集团于1994年联合组建"沃里克科学园区",这是一个股份制企业集团,四方各持股比例为35%、47%、10%、8%。园区内企业主要从事计算机软件、机械制造、电气工程、医药与生物技术等行业。由于有了政府部门的加入,社会服务功能比较鲜明,例如,园区将发挥沃里克大学在产品开发、人员培训作为目标导向,将培育和孵化高科技企业作为根本宗旨,将为具有创新能力的中小型企业服务作为主要职能。二是校企合作开展继续教育。目前,在许多国家尤其是发展中国家,企业员工接受继续教育往往是个人行为,许多员工边工作边学习,接受继续教育,或离岗自费接受继续教育。而在西方发达国家包括英国,企业与大学合作,借助大学的教育力量,为企业员工提供继续教育服务,承担起了教育责任。英国80%的公司给员工安排三年的职业教育,50%以上的企业通过继续教育解决了员工知识不足、老化的问题,许多企业每年选派中高级管理人员到大学进修或者接受研究生课程的培训。沃里克大学与300多家公司建立了长期培训业务关系,每年为企业培训5000名员工,成为开展继续教育的典范。三是校企相互支持、服务和帮助。高校为企业提供各种信息、咨询、服务、开设课程或培训,如爱克塞特大学提供的产品开发设备使300多家小公司受益。企业将大笔基金资助给学校,或将先进的仪器设备捐赠给学校。这种校企之间的相互支持、服务和帮助使大学和企业的关系日益密切,实现

了双赢。据统计,在 1992—1993 年度,企业界向英国 46 所大学提供了 1.6
亿元英镑资助,占这些大学经费总收入的 3%。向 8 万名大学生和研究生
提供了经费资助。至 2002—2003 年度,企业投向大学的科研资助已占到大
学科研收入的 6.81%。[①]

2. 实行强强联合,实现跨越式发展

随着世界经济全球化迅猛发展,为了抢占市场,占领发展的制高点,增
强自身整体实力,实现长期整体的战略目标,企业界正掀起并购、联合滚滚
浪潮。强强联合是一种带有全球战略和长期目标的投资行为,反映了当前
企业经营的新趋势。同样,高校在竞争环境日益激烈的国际背景下,为了加
快发展、增强实力,实现跨越式发展,争创世界一流,也走上了"强强联合"之
路。在英国,"强强联合"有许多成功的案例,曼彻斯特大学与曼彻斯特理工
大学进行了成功联合,卡迪夫大学与威尔士理工大学和威尔士医学院实现
联合,两次合并使该校在科学研究、学科结构和财政状况等方面得到了很大
改善,在全英高校排名由原来的 30 名很快提升到第 7 名。

曼彻斯特大学始建于 1824 年,是一所门类齐全、科系众多的综合性大
学。学校以教学严谨、学术自由、科研强大著称。英国很多重大科研成果诞
生在这里,如飞机发动机、世界上第一台计算机工作原型等。曼彻斯特大学
实现"强强联合"后的 2008 年,英国高等教育基金委员会发布的英国大学科
研水平评估中,曼大综合排名列第 6 位,科研力量排名第三。泰晤士报曾进
行了高度评价:"曼彻斯特大学几乎在所有学科都有着可敬的声望,其中又
以生命科学、工程、人文、经济学、社会学与社会科学为最"。在教学方面,曼
彻斯特大学教学质量名列英国高校前茅,在全球大学排名中叶始终位居世
界前列,诞生了 25 位诺贝尔奖获得者和众多国际著名人士。2013 年,英国
大学毕业生就业市场研究机构发布的最受顶级雇主青睐大学排名中,曼大
位居全英第 2 名,其就业服务一直被雇主评为全英第一。

卡迪夫大学既是英国老牌名校,也是世界一流大学。该校在医学领域
享誉世界,马丁·埃文斯教授获得 2007 年诺贝尔医学奖,1988 年的诺贝尔
化学奖得主罗伯特·哈博加入卡迪夫大学,标志着卡迪夫大学在医学领域
的领先成就,增强了卡迪夫大学的科研实力。卡迪夫大学有 9 位英国皇家
学会成员,10 名皇家工程院成员,5 名英国国家学术院成员,20 名英国医学
科学院成员。因卓越的科研与教育水平,卡迪夫大学于 2003 年获星期日泰

---

① 周田田,胡华秀. 英国高校与企业的合作及对我们的启示[J]. 湖北社会科学,
2008.10

晤士报年度大学的评选。卡迪夫大学科研实力雄厚,经费充足,年均收入 3亿多英镑,吸引了来自英国以及 100 多个国家的学生教师和科研人员,进一步增强了整体实力。

3. 加强与国际高校的联系和交流,形成对外开放的发展格局

进入 20 世纪 80 年代以来,英国高校将国际化纳入发展的视野,注重开拓海外教育市场,开展教育合作办学,在国际上扩大影响力。英国高校与国际高校合作办学主要有三种方式:其一,英国某高校和外国某高校共同新建一所大学,合作开展教学和科研活动;其二,英国某高校与外国某高校联合培养大学生。在授课方式上,或在国外开展全部的教学活动,或在国外读完两年或大部分课程后,最后一年或剩余课程转入英国大学继续学习。学生读完规定课程并成绩合格,即可获得英国大学颁发的学位和资格证书。诺丁汉大学共有 4 个校区,其中一个设在马来西亚,在 4 个校区毕业的学生,他们的学位证书都一样。三是吸引世界各地有智学子来英国求学。

英国高校走国际化办学道路已经成为一项方针政策。无论哪国国籍,何种肤色,何种民族,操何种语言,都一视同仁地给予精心培养,使许多出身平平的莘莘学子从英国高校展翅高飞。英国高校之所以能在长达数百年的时间内走在世界名校前列,主要靠在浓厚的历史文化传统基础上建立起来的质量和信誉,吸引了世界各地的人才,成为仅次于美法的全球第三留学大国。海外学生不仅仅在英国高校学到了知识,也带来丰厚的经济回报,这成为英国高校向全世界开放、竞争海外教育市场的动因。多元文化给英国高校带来了勃勃的生机。

据统计,英国在高等教育培训方面,每年收获高达 65 亿英镑,加上海外学生在英国的生活、学习和日常开支费用,每年创利近 100 亿英镑,占其第三产业的 3.5%,这从另一个方面为英国高校提供了坚实的财力基础。

4. 追求精英教育与大众教育的完美结合

高等教育一般都经历过精英教育和大众教育两个阶段。所谓精英教育,是由于国家经济社会发展落后,教育资源缺乏,多数人被排斥在高等院校大门之外,针对少数人的教育。所谓大众教育,是经济社会得到充分发展、教育资源比较丰富,针对多数人进行的教育。精英教育是大众教育的起始阶段和基础,大众教育是精英教育发展的一个崭新阶段。即便在大众教育阶段也存在着精英教育。这个时期精英教育,不仅有"量"的方面的差异,更有"质"的方面的区别。精英教育和大众教育各具优势:精英教育针对性

强,有利于因材施教,能够减少人才培养的盲目性;精英教育严密性强,人才培养过程比较严格;精英教育后劲足,发展潜力大,长期效应显著。大众教育是教育的进步,也是历史的进步,能够让多数人有机会接受高等教育;大众教育具有群体性效应。①

一个国家一定需要一批精英人才,他们引导着国家和民族向前发展。英国高校精英教育一般都沿袭牛顿、剑桥大学的高质量、高标准、严要求的精英培养模式,宁缺勿滥。牛津大学与剑桥大学入学考试非常严格,大学的最低入学要求是学生拥有三个"A",考生都要参加普通教育证书高级水平考试,要经过中学推荐、大学笔试、面试、并提交论文。大学甚至派人家访,以便充分了解考生的素质、能力和智力。经过综合考核,选择尖子。② 牛津、剑桥大学向来以教学严格闻名,以剑桥大学考试为例,每科课程只考一次,没有补考的机会,如果考试未能通过,只好离开剑桥。③ 牛津、剑桥大学给每名学生都分配一位或几位导师,每位导师一般只带两三名学生,每星期都要进行一对一或一对二的会面,学生可以询问课中的疑难点,或是自学中遇到的问题,或是其他任何想要咨询的问题。这种个人化精心雕琢式的教学成本十分昂贵,平均每年要为每个本科生花费约 1.7 万英镑。④

20 世纪 70 年代末,英国高校规模空前扩大,高等教育由精英型向大众型转化,入学比例逐步上升,由 1963 年的 8%,1979 年的 12.5%,1986 年的 14.2%,1991 年的 20%,到 2000 年的 30%,大学的数量也达到 100 多所,英国高等教育进入大众化阶段。⑤ 英国高等教育大众化并没有使大学变成所谓"失去的天堂",大学扩大招生也没有导致标准降低和学术水平下降,没有对精英型大学毕业生的就业构成威胁。在英国高等教育大众化进程中和大众化之后,建立了系统的、科学高效的质量监督与评估机制,加强了高等教育的全面质量管理,培养了社会所需的大量的建设人才,促进了经济社会的发展。

英国比较教育学家阿什比认为,英国高等教育大众化保持了传统大学的学术地位,使之继续实施面向少数有才华学生的精英教育。

---

① 刘守瑶. 大众教育与精英教育之比较[J]. 中国电力教育,2005.02
② 刘永主. 牛津人的辉煌[M]. 延边大学出版社,2001
③ 邓洁,刘昕昕. 英国的精英教育对我国的启示[J]. 中国成人教育,2007.10
④ 蓝建中,王一凡. 日本和英国大学名校是如何办的[J]. 教育文汇,2012.04
⑤ 王萌萌. 英国高等教育大众化过程中教育结构的演变与政府的职能[J]. 化工高等教育,2007.02

三、英国高校创业与就业

1. 创业是解决就业的重要途径

就业难是一个国际性问题,英国也不例外。英国从精英教育走向大众教育,使更多的人有更多的机会接受高等教育,但就业压力更沉重了。就社会各部门来看,企业是吸纳毕业生的主体,而在企业中,过去二三十年,大型企业相对于中小型企业而言,对就业人口的吸收要小,尤其是当经济危机来临之际,大企业往往通过裁员度过危机,把失业人口推向社会。美国《小企业政策指导报告》对 1981—1982 年,1988—1990 年两个时段的经济衰退期失业情况进行过分析,发现在 20—499 人规模的公司,吸收就业人口呈现负增长。500 人以上的大公司,吸收的就业人口更少。相反,20 人以下的小公司小企业却吸纳了较多的就业人口。因此有人认为,在经济衰退时期,中小企业对于促进就业、维护经济社会稳定和发展,起着更为重要的作用。20世纪 90 年代,中小企业特别是高科技企业对经济发展,社会稳定产生了积极地促进作用,对技术创新和管理提升发挥了推动作用,在解决失业问题上得到社会的广泛重视和肯定。但由于经济不景气,就业市场职位紧缺,英国大学毕业生的起薪大幅度降低。英国创业投资协会主席蒂姆·哈密斯2013 年 5 月刊文称,目前希腊、西班牙、意大利的失业率极高,英国稍微好一点,但是也有 100 万年轻人找不到工作。英国《独立报》同年 5 月刊文称,对于学生们来说,大公司的竞争太激烈,为毕业生设计的职位大幅缩减。

尽管中小型企业在解决就业问题上解决了燃眉之急,但也不是权宜之计、长久之计,必须寻找其他途径,而创业教育却能够对大学生就业产生深远影响。创业教育是一种新的教育理念,通过创业教育让大学生明白,必须要转变单纯的就业观念,形成既要就业又可以创业的新观念,启发大学生的创业热情,开发潜能,开拓创新,从被动求职向主动创业转变,真正懂得大学毕业生不仅是求职者,也是岗位的创造者。正如《21 世纪的高等教育:展望与行动世界宣言》中指出的,"毕业生将愈来愈不仅仅只是求职者,而首先将成为工作岗位的创造者"。在创业教育实施过程中,学生不仅学到了书本知识,还深入社会,深入企业,实地考察和学习企业、市场、管理、风险投资等方面的知识,扩大知识视野,加深了对企业运行、市场环境等方面的了解。创业教育在培养大学生的事业心、进取心、敬业精神、创业精神,解决创业意识缺乏、动手能力不足、依赖性较强等方面的缺点,将产生积极的影响。而且,创业教育能够培育大学生的实践精神、探索精神、冒险精神和创业能力,提高大学生的自身素质,增强大学生的就业竞争力。

2. 高校是开展创业教育的积极组织者

英国高校创业教育主要通过三种途径来实施。一是开设创业教育系列课程。二是举办系列创业实践活动。在英国,近50％的大学开设一门或几门创业教育课程。课程主要分两种:一种是商业基础课程,还有一种是商务原理。前者的教师绝大多数都有实际管理经验、创立过自己的企业,他们采取小组互动教学方式,更多地联系真实的创业活动,使学生获得"近似的创业经验";后者的教师商业管理方面经验相对少一些,他们更倾向于通过传统方式进行教学。[①] 三是举办创业大赛。英国许多高校每年举办创业计划比赛,获胜者会赢得2000英镑的奖金,以帮助他们实现创办企业的梦想,比赛优胜者还将参加更高层面的比赛,优胜者有机会赢取5000英镑的奖金并进入高校企业孵化器,经过孵化器孵化,优胜者的创业计划直接孵化成创业企业。但无论哪种课程,基本内容都是传承创业知识与方法,培养创业意识、创业个性心理品质、创业能力、企业家精神和企业家素质,使学生对企业的创建与管理有所认识与了解,能够像企业家一样具备将来从事职业所需的知识、技能和特质。教师通过系列课外活动和真实的创业实践,引导学生了解创业过程,亲身体验创业困难,学会如何解决问题,做好应对困难的准备,锻炼创新能力、社交能力、应变能力、创造能力,提高积极主动适应社会的发展能力、竞争能力,减轻了就业压力。英国自1999年开展创业教育以来到2006年,在190万大学生中,参加创业教育的学生达13万多人,占全部学生数的7％,学习创业教育课程的学生占学生总数的34％,参加创业实践活动的学生占学生总数的66％。根据英国有关部门的调查,高校毕业生创业比率既高于没有参加创业教育的大学生,也高于非高校毕业生,看来,高校创业教育发挥了重要作用。

3. 政府是创业教育的直接推动者

英国创业教育是由政府牵头的,通过制定并实施创业教育的政策,提供法律保障,启动创业计划等项目,开展了自上而下的创业教育。

1984年,英国国家咨询委员会和大学拨款委员会发表联合声明,要求将创业知识和创业能力作为高等教育计划的一部分,在本科生课程中加入创业教育内容。1987年,英国政府实施"高等教育创业计划",标志着政府指导下的大学生创业教育的正式开始,并要求将创业教育理论和实践纳入

---

① 英国:找工作难催生大学生创业热[J]. 新浪教育网,2013.05.26

到教学中。1998 年,英国政府启动了专门为 18 岁至 25 岁在校大学生设计的大学生创业项目。英国于 1999 年成立了科学创业中心,这是最早的高校创业教育的主管机构,旨在将全国同一地域的高校组织起来,开展创业教育,并提供了 2800 万英镑的资金支持。英国前科学大臣圣博瑞爵士认为,英国科学创业中心是英国大学文化变革的催化剂,旨在使大学与企业更相关并提高大学对经济增长、就业和生产率的贡献。创业中心主要开展创业教育,加强与产业界的联系,支持创办企业和鼓励新企业的成长,鼓励技术转化等方面的服务。

2004 年 9 月,英国政府成立了英国大学生创业促进委员会,目的在于鼓励英国高校毕业生自我创业,加强对大学生企业家资质的培养。其具体任务主要有三个方面:一是为各高校开展创业教育进行理论研究,开展创业教育调查,撰写调研报告,提出决策建议以及提供各国成功的创业案例。二是开展创业教育师资培训。三是支持大学生创办企业。2006 年,就业与技能部、贸工部下属小企业服务部出资,挑选工程学、科学和技术学、希望创办企业的学生,到美国实习,接受美国大学和企业的专家指导和培训。①

英国地方政府对大学生创业同样给予了积极支持,如作为一个半自治组织的地方发展局,对大学生创业提供资金帮助,与所在区域内大学合作开展大学生创业活动,包括课程开发、支持新创企业、孵化企业等项目。

4. 全社会参与创业是形成创业文化的重要条件

创业和创业教育绝不只是学校和政府的事情,还涉及其他许多利益相关者,比如家庭、社会、媒体、非政府组织和企业等,这些利益相关者的态度在很大程度上影响到大学生的创业活动。如果能得到政府的大力资助,学校的精心组织,企业的真诚帮助和接纳,非政府组织的积极参与,都能给大学生的创业活动营造一个良好的环境。

在英国,很多智库和非政府组织积极关注高校创业教育,积极与高校合作培养未来的企业家。工业与高等教育委员会致力于在高校和企业之间搭建桥梁,为大学生创业创造条件。

英国行业技能委员会与地方发展局通力合作为大学生创业、就业创造机会。企业参与大学生创业的形式呈现了多样化的态势,通过各种途径为高校创业提供支持和帮助,具体表现为,一是企业家到大学里开设讲座或担任兼职教师,用他们成功的创业经历启发、鼓励、引导,交流创业经验,帮助解决创业难题。二是企业家到大学生创业团队或组织中提供各种咨询、指

---

① 王娜. 英国高校创业教育研究[D]. 西南大学:研究学位论文,2010.04.15

导。三是企业家为大学生创业提供资金赞助,为创业教育的科研和教学提供便利。四是企业与大学联合举办各种活动,为大学生创业提供方便,如英国壳牌公司利用 8 周的暑期时间,安排大学生到企业实习,帮企业做一些委托项目。

英国创业教育已经走向成熟,其主要特征就是社会的参与度显著提高,而"创业远见活动"就是这个特征的表现形式。这是 2000 年 5 月由英国工业联盟、小企业联盟、社区企业、全国教育企业伙伴网络、全国创业机构联盟、王子基金、创业学会、壳牌在线以及青年创业等英国一流的商业组织和主要创业教育组织联合发起成立的,其基本宗旨是"以培育英国的创业文化、培养青年的创业精神为己任",并在下面 6 个方面作为优先抓手:第一,从基础做起,鼓励青年随时创业。第二,鼓励创业型企业,学习商业战略和公司实践。第三,大力支持教育部门,培养大学生创业技能,传授创业知识。第四,与家长建立联系,鼓励学生创业梦想,支持他们创业。第五,帮助妇女、少数民族等弱势群体,开发他们的创业潜能。第六,以创新的方式推广创业活动,经由青年的经验学习带来行为的变化从而引起深层的文化变革。[1] 21 世纪初,英国政府将创业教育提升为创业文化进行鼎力支持,帮助创业,采取各种措施营造创业氛围,努力使全社会形成一种创业文化,人人都有创业精神。

第三节　德国高等教育

一、德国高等教育概览

1. 德国高校的分类

根据高等教育人才培养方向和办学层次,德国高校可分为以下四种类型。

第一,综合性大学。科技大学、师范学校和神学学校与综合性大学一样,具有博士学位授予权,培养各种专业人才。德国综合性大学与科技大学、师范学校和神学学校构成了德国高等教育的主体。根据 2011 年统计,德国共有 105 所综合性大学、6 所师范大学、16 所神学高校,在校生 140 多

---

[1]　牛长松. 英国高校创业教育研究[M]. 学林出版社,2009

万,占德国全部在校大学生的64.8%。

德国是一个具有悠久高等教育历史的国家,最早创办的高校是综合性大学,如1385年成立的海德堡大学,1388年的科隆大学和1392年的埃尔福特大学。这些大学过多地注重纯学术研究,应用科学缺乏立足之地。1810年创办的柏林大学,标志着新型现代大学的诞生,德国高校开始追求学术自由、大学自治、教学与科研并重。特别是随着德国工业化的发展,自然科学与工程科学地位和作用愈显重要。19世纪中叶,多科技术学校升格为科技高校。19世纪末,科技高校取得博士学位授予权,与大学享有同等地位。二战后,一些科技高校增设了人文社会学科,向综合性大学方向发展。随着经济社会的发展,国家对教师无论是数量还是质量均呈现增长态势,各种师范学校应运而生。从1926年开始,一批师范学院相继创办,二战后升格为高等师范学校。此后,一些高等师范学校陆续并入综合性大学,由综合性大学承担教师教育的任务。在德国,宗教是社会和个人生活的重要部分,是一支重要的政治力量,甚至可以说是另一种形式的政党。德国宗教在社会生活中具有根深蒂固的基础,不仅主导着思想文化领域,在社会经济中也占有重要地位,遍布城乡的各式教堂随处可见,连绵不断的教堂钟声不绝于耳,①15个全国性节日中13个是宗教性的,如三圣节、狂欢节、复活节、圣体节、圣诞节等。每逢这些节日,全国都要放假。据2011年《德国统计年鉴》,德国人口有60%信奉福音新教和罗马天主教。教会名下的医院、养老院、康复院、福利院、幼儿园、学校等遍布全国,教会是仅次于政府的第二大福利机构。德国宗教学校或称作神学学校也是德国高等教育重要组成部分,承担着培养神职人员和相关领域人才的任务,大多神学学校属私立高校,有授予博士学位的资格,享有与综合性大学同等级的地位。

第二,应用科学大学。20世纪70年代初,德国高等教育迎来一个快速发展时期,大批来自不同社会阶层的青年学生纷纷踏入高校求学。而且,随着社会经济的发展和科技水平的提高,整个社会对从业者的素质提出了新的要求。那种过于偏重基础理论研究、学制过长的教育体制已经不能适应社会的需要。在这种背景下,德国政府于1968年决定创建一种新型的、以培养应用型人才为目标的高等专业学院。在这些学院中,一些是新设立的,有的则是由以前的中等技术学校升级而成,建院之初仅提供相当于本科层次的高等教育,而且只开设少数应用性学科和专业。从1998年起,高等专业学院开始提供硕士学位层次的教育,并与综合性大学一起联合培养博士。同年,德国文化部长和高校校长联席会议决定,高等专业学院对外统一使用

---

① 秦印.感受德国宗教.http://blog.sina.com.cn/qinyin4857

英文"应用科学大学",即 University of Applied Sciences。应用科技大学主要开设工程科学、经济学、信息学、艺术设计、信息与通信、健康与治疗、家政服务、营养学、管理学、社会学、数学以及法学等专业,培养学生未来职业所必需的专业知识、科学方法和进行科学研究的能力。每个专业的课程设置、课程数量以及考试形式等都有明确和具体规定。目前,德国共有 240 所应用科学大学,在校生为 70 多万,占德国全部在校大学生的 32%。

第三,高等艺术与音乐学院。这两类院校承担着培养艺术和音乐人才和教师的任务,有硕士学位授予权,部分学员还具有博士学位的授予资格。目前,德国共有 51 所高等艺术与音乐学院,在校生有 3 万多名,约占德国全部在校大学生总数的 1.5%。

第四,职业学院。德国职业学院迅速发展有两大背景,一是高等教育扩张所带来的教育需求的多样化;二是科技的现代化对技术工人提出了更高的要求。职业学院毕业只颁发助理文凭或职业学院文凭,相当于专科文凭。职业学校毕业后可获得工匠证书,进入工厂工作,也可以到职业培训学院继续接受培训,培训结束后可获得高级职业教育证书,此后可以继续升入大学或参加工作。在德国,约有 30% 的适龄青年人上大学,约有 70% 年轻人接受不同形式的职业教育,也有相当一部分人本科大学毕业后进入职业学校接受培训后再就业。

2. 课程建设

德国高校的课程设置有三大特点,第一,"宽口径"。所谓"宽口径",是指大学的学习分为两个阶段:基础课程学习阶段和专业课程学习阶段。基础课程学习需要 2～3 年的时间,主要学习通识课程,以拓展知识面。进入专业课程学习阶段后,学生可根据自己的兴趣、爱好、特长选择不同专业课程。第二,学分制。第一个学习阶段结束后,必须参加考试,取得足够的学分,然后才能进入下一阶段学习。第三,重实践。德国高校非常注重培养学生的实践能力,在培养方案中明确要求在校期间的课程要把理论与实践紧密结合起来,在教学计划中明确规定实践环节必须占到总课时的 1/4 甚至 1/3。高校提供给学生较多实习课时,鼓励学生到工厂或公司实习,如慕尼黑应用科技大学规定,学生第 5 学期都要到工厂或企业去实习,要求学生尽量将在学校学过的理论知识应用于实践。慕尼黑应用科技大学专门制定了详细的实习计划和评价程序,以确保学生实习的效果与教学要求保持一致。

3. 专业建设

大学的课程的组合构成了专业,教学活动是以专业为载体和平台而展开的。专业设置要主动适应社会经济发展的需求,根据行业、企业人才的需求,准确定位专业人才培养目标。各国高等学校为建设高水平的大学,按照优势突出、特色鲜明、新兴交叉、社会急需的原则,择优选择和重点建设一批品牌专业和重点专业。这是高校谋求发展、形成自身特色和强化办学优势的一项战略性任务,也是提高学校办学水平、增强竞争力的前提和保障。

德国传统的综合大学曾经一度只注重基础理论和纯学术问题的研究,对经济社会发展迫切需要的新专业常常不屑一顾,近些年,这种状况发生了根本性的改变,许多大学开始关注企业和社会发展的需要,强化专业建设,从建设目标、培养模式、课程体系与教学内容、实践教学、师资队伍、服务社会等方面进行了变革。以"基金会希尔德斯海姆大学"为例,该校信息工程学院研究生的硕士学位论文 80% 都与企业有关。[①] 像世界上许多国家一样,德国高中毕业上大学要参加高考,对于成绩合格者,几乎德国全部大学都向他们敞开了大门。学子们接下来要做的事情就是为进哪所大学,读什么专业费一番心思了。

在德国,一个被称为"德国高校发展中心"的机构每年对德国各大学专业质量进行评定,并对评定结果进行排名。专业评定和排名依据项目为:科研领先状况,教学组织状况,课程设置,工作学习环境设施,科研投资,实验室设备,教授知名度,实习安排,科学论文发表情况,学习指导,教授带研究生数量,教授对本专业的推荐程度,教学质量总评定等。每个项目的评定为三个等级,即顶尖组、一般组和末位组,每一个等级还可以表明该专业是在上升趋势中,还是在下降过程中。[②] 该"中心"从 1998 年开始第一次进行评定时只评选了少数几个专业,目前,已扩展到 35 个专业,占德国高校全部专业的 3/4 以上,覆盖了德国 250 多所高等学校。从 2006 年起,对专业进行评定和排名的学校已扩展到欧洲其他一些国家,如奥地利、瑞士荷兰等周边国家。专业质量评定和排名,主要目的有两个:一是为指导学生升学,提供专业选择服务;二是为指导专业建设健康发展,建设符合社会需要的学科专业体系,为经济社会发展服务。

4. 科研及其转化

德国高校云集了大批高水平的科研人员,每年都有大批的科研成果问世,对德国经济社会发展起到了巨大的推动作用。德国高校非常注重与企业的联系,高校科技人员经常到企业生产第一线,在生产实践中发现问题,

---

① 孙崇文. 德国高等教育改革新走向[J]. 中国高等教育评估,2006.02
② 梁晓. 与时俱进的德国高校专业排行[J]. 上海教育(半月刊),2007.07

解决问题,注重将科研成果运用于生产领域,极大地推动了经济社会的发展。德国有关统计表明,德国经济增长的60％是科学技术研究成果直接或间接推动的。原联邦德国首任总理阿登纳曾指出:"德国经济在过去之所以强大,首先是采用科学技术的结果。"例如,阿亨高等工业学院的机床研究所的科研成果造就了联邦德国在国际机械产品市场上很强的竞争力,为国家创造了巨额财富。有鉴于此,德国政府在高校科研成果更快、更有效转化到工业企业上采取了一系列有效措施。一是鼓励和支持高校与企业密切合作,增强科技成果创造者与使用者的联系。二是成立成果转让机构,加快转让步伐。德国高校行政部门不多,但技术转让机构必不可少,配备专职人员与企业进行联系,接待企业人士来校咨询,帮助企业寻找急需研究人员为他们解决技术难题,或帮助科技人员将技术发明推向市场和寻找买主提供具体指导。三是许多高校建立了科技情报网,为高校与企业搭建桥梁。尽管当今世界已经进入信息时代,但总会出现信息交流不畅、不对称等问题,或高校对企业面临难题不了解,不能找到自己发挥作用的关节点,或企业不知在何处、找何人解决自己技术难题。德国高校不仅建有科技情报网,德国政府也建立了课题库、数据库、科技成果目录和简介以及企业需求信息、高校科技成果等信息情报网,为各方提供了方便。四是建立科学技术园区,直接为企业应用高校科技成果打造了平台。目前,德国高校在政府有关部门的支持下,已建成60多所科学技术园区,聚集了雄厚技术实力,许多企业受益匪浅。

5. 以人为本:德国高校的教学理念

长期以来,德国高等教育一直追求"以人为本"的教学理念,突出强调以人为中心,尊重人的全面发展,把教育与人的自由、尊严和幸福紧密联系起来。应该认为,"以人为本"的教学理念是高等学校办学的根本指导思想,是持续健康发展的基本保障。尽管我们说大学承担着"教学、科学和社会服务"三大职能,但教学中的人才培养才是现代大学的根本任务。要培养人才,就必须坚持"以人为本"。首先,要办好一所大学,必须要"以教师为本",因为"以人为本"的教学理念是通过教师的教学去实现的,只有有了一支好的教师队伍,才有可能坚持"以人为本"。在人才培养目标中,德国高校明确提出"希望将自己的毕业生培养得更加接近顾客",[①]采取一系列措施积极适应社会经济发展的需求,密切关注市场对人才的需求变化,强化校企合

---

① 邵爱杰,石新龙．德国高职培养模式及其对我国的启示[J]．职教论坛,2005.29

作,注重培养学生创新思维、创新精神和创造能力,把学生塑造成"能借助科学方法,解决来自生产和生活实际中的具体问题;能完成新的科研与技术开发项目;在应用理论、科研方法的技术性生产中引进、优化和监控新方法、新工艺的使用"。① 在教学方面,一切都是教师说了算,学校领导无权干预,大学教授不仅是一种终身的荣誉,还有权决定学校和二级学院一切与教学相关的事务。教师可以根据培养人才的实际需要,组织和选择教学内容,自编讲义,自定进度,自行设计考试形式和方法。涉及学生事务,德国高校实行"自治管理",凡是学生的事情,都由学生自己或学生会负责管理。学校行政人员并不包办代替,他们都以"为学校师生服务"作为宗旨。其次,要办好一所大学,也必须要"以学生为本",在课堂教学中以学生为主体,以学生为中心,大学的课堂是学生的学堂,不是教师的讲堂。在课堂教学中,教师要注意调动学生的学习积极性和主动性,加强师生间的互动。德国大学把培养社会所需要的有用之才作为学校办学和教学的出发点和落脚点,教学活动融思想、能力和方法为一体,致力于培养和提高学生的全面素质,帮助学生在实践中发展自己完善自己;培养学生独立面对问题和解决问题的能力;培养学生将理论知识应用于实践的能力;培养学生自觉学习和独立学习的能力;培养学生的团队合作、相互配合的能力。德国高校还非常注重培养学生的自律能力。德国高校没有班级概念,大学也不设班级。同一门课,不同的专业,甚至不同的年级的可以在一起上。上课时没有严格的考勤制度,学生来不来听课没人强迫,一切全都靠学生自觉自律。这既是"以学生为本"的体现,也是对教学质量的保障,因为教师会更加关心教学效果和教学质量的提高。

6. 教育立法:德国高教事业发展的护身符

德国于 1986 年第三次修订了《高等学校总法》,在诸多方面提出了许多新思想,制订了一系列要求和规范:加强高等院校的决策机构,以扩大其自治权;高校决策机构不再是高等学校组织的唯一结构单元,要吸收专业代表参加。校级评议会要由两个层面构成,一是通过选举产生的评议会;二是要有院系专业代表。在学习领域内加强高校享有充分的自主权,教学条例不再需要国家批准,高校可以自行制定;在课程建设上,高校享有更多的自由,可以独立进行设置,以最大限度地发挥高校的优势;在决定教学和科研等问题时,教授要占绝对多数;在二级学院的行政会议上,必须要有教授参加,即

---

① 群珉,李康康等. 德国应用科技大学办学特色及其启示[J]. 职业技术教育,
2007.35

使没有领导职务的教授也要参加。德国非常重视职业教育,在某种程度上讲是依靠职业教育崛起的。为保障职业教育健康发展,德国在 1969 年颁布的《职业教育法》的基础上,于 2005 年 3 月重新修订了《职业教育法》,进一步明确和规定了相关部门的责任、权力和义务。根据《基本法》,国家文化教育部门负责职业学校的事务管理,各州实施立法管辖;为保障企业职业教育的协调和专业人才的跨地区流动,将"双元制"职业教育作为企业职业教育的统一法律基础;明确了职业教育的三个不同地点,即"企业内职业教育"、"学校职业教育"和"跨企业职业教育",并强调应在不同学习地点之间进行合作,共同开展职业教育活动。对承担教育职能的企业和教育者,《职业教育法》特别明确了应该履行的义务:一是企业要有计划地从时间和内容上系统地安排并实施职业教育,还要帮助受教育者在个性、道德和身体方面健康发展。二是企业要配合相关部门为受教育者免费提供参加职业教育考试所需要的学习用品、工具和材料;安排受教育者脱产参加职业学校及学校以外的职业教育活动和考试;向受教育者出具符合要求的职业教育书面证明。三是企业要安排受教育者的工作,为受教育者提供适当的报酬或加班补助。[①] 上述诸多方面的要求和规范,把高等教育纳入依法执教的轨道,成为高教事业发展的护身符。

二、德国高校办学特色

1. 应用性

德国应用科技大学是德国高等教育重要组成部分,德国高等教育最显著的特征就是其应用性,被誉为德国经济振兴和社会发展的"秘密武器"。德国高校应用性的内涵与本质可以概括为以下几个方面:

一是在培养目标上,应用科技大学突出强调"三个面向"和"一个能力",即面向应用、面向实际、面向未来和解决实际问题的能力。这"三个面向"和"一个能力"绝不是停留在模式或特色的设计上,更不是空喊口号,而是落实在具体的措施上。在 4～5 年的高校学习期间,最少有一年的时间"泡"在企业实习,"实打实"地深入生产一线,这种学制模式也被称为"3+1"学制。在课程设置上同样强调应用性,面向职业和实践,从实际效果出发,遵循"企业需要什么,学校就教什么,学生就学什么"的课程设置原则,合理实用,行之

---

① 刘邦祥,程方平. 解读德国新颁《职业教育法》及相关法规[J]. 中国职业技术教育,2008.06

有效。不仅如此,对教学过程的要求也非常严格,以德国兰兹胡特应用科技大学的实验课为例,该校要求学生每次实验前都要做好准备、进行预习,如果准备、预习不充分就不能做实验。如果实验不过关,就不能参加课程考试,就没有该课程的学习成绩,当然就不能顺利拿到学位、毕业。

二是在培养方式上,应用科技大学与企业进行实质合作,共同培养学生。实际上,德国应用科技大学是随着企业的发展而发展起来的,是围绕企业的需求而办学的,因而与企业建立了密不可分的联系,是一种相互支持、相互依存、共同发展的关系。学校为企业培养人才、解决技术难题。企业为学校提供资金和实践场所。学校负责理论教学,企业负责实践教学,并为毕业生提供工作岗位。例如,马格德堡应用科技大学把学生在企业实习、获得企业经历作为教育教学的重要内容。学生的毕业设计或毕业论文涉及企业、生产等题目的,一般都要有企业和学校两位教师进行指导,而且往往以企业教师指导为主。论文答辩时由校企双方指导教师共同组成答辩委员会,负责组织实施。德国许多大型企业一般都设有实训的生产岗位和企业培训中心,中小型企业为学校实践教学提供基地。

三是师资队伍的"双师"特色。德国应用科技大学要求教师不仅具有丰富的校内教学经验,而且还要具有丰富的企业实践经验;不仅能在学校承担教育教学任务、传授知识、指导实践,保证较高的教学水平,而且还能够与企业紧密合作,为企业解决实际问题,是企业技术创新的一支重要力量,为企业发展作出过贡献。德国应用科技大学对聘用教师有许多严格的规定,其中一条是要求教师至少5年的企业实践经历。

2. 国际化

德国高校在走向国际化方面迈出了坚实的步伐,积累了丰富的经验:

一是高度重视与周边国家合作项目。德国政府特别重视与欧盟高等教育合作项目,为了实现与欧洲国家高校的联系,德国2002年修订了《高等教育结构法》,改变传统的学位二级制,把学士、硕士学位专业列为高校常规专业,引入了"欧洲学分转移系统",实现学分互认,为德国高等教育走向国际奠定了基础。同时,积极参与欧盟国家的国际教育项目,先后参与了伊拉斯谟斯计划、博洛尼亚进程等项目。所谓伊拉斯谟斯计划,是欧盟从1987年开始实施的旨在支持欧盟内高等学校教师和学生交流计划。来自欧盟国家的大学生,可以通过该计划获得奖学金支付在德国学习一年或短期停留的费用。德国通过伊拉斯谟斯计划吸引了许多高质量的学生,提高了其高等教育机构的国际化程度,促进了国际学生的交流。所谓博洛尼亚进程,是欧洲高等教育领域内进行的学士和硕士两级学位改革,由于德国高校过去缺乏这种区分,在参与博洛尼亚进程后,积极进行改革,以便与欧洲和世界其他国家接轨。从 1998 年开始,德国高校改革学习结构,设立国际承认的学士、硕士学位专业,学生在三四年以后就可以获得学士学位,相比德国以前较长的学习结构,能够更早地让学生开始职业生涯,有利于德国高等教育走向国际化。

二是积极开展国际合作项目。德国政府和各高校都十分重视与世界各国高等教育机构的合作,以提高本国高等教育的国际竞争力。德国德意志学术交流中心在世界许多国家专门派驻机构,通过媒体、广告、教育展等方式,宣传德国高等教育,参加国际高等教育展,接待各国学生和学者,让世界了解德国高等教育,帮助德国高等教育走向世界。据德国有关部门统计,到 2004 年,德国高校与世界上 46 个国家和地区开展的国际合作达 1000 多万项,其中,德国与我国高校的各种合作项目就达 638 项。[①] 德国高校还积极开展跨国高等教育,与世界上许多国家建立起了合作办学关系,其中,我国的同济大学、西北大学、浙江科技学院与德国合作办学达到了较高水平。在课程设计上注重国际化。自 1997 年起,德国一些高校启动"国际课程计划"在经济、科学和社会科学等领域开发国际课程,并开始在海外合作创办国际专业,推进国际化进程。

三是加强人员国际交流。德国政府和高校十分重视国际交流。德国政府通过德意志学术交流中心推出一系列促进学生国际交流的项目,不仅方便了德国学生出去学习,也吸引了许多外国留学生。2003 年,德国吸引了20 多万外国留学生,是 1970 年的 9 倍。到了 2007 年,在德国留学生人数已达 280 万,他们来自北美、南美、亚洲、澳大利亚、非洲等国。德国高校通过设立奖学金吸引留学生,奖学金由德意志学术交流中心提供,每年资助人数约为 6.5 万人,每月最高可达 1840 欧元。德国高校积极鼓励大学生"要走出去,到国外去"的倡议。截至 2008 年底,德国大约 30% 的高校毕业生有在国外长期学习或实习的经历。[②]

3. 教授治校

教授治校制度产生于 19 世纪初的柏林大学,是德国高等教育的一大特色,也是世界一流大学的通常做法。大学自治的主要特征是决定和管理大学事务,其核心机构是教授组织。大学的自治权主要由教授组织行使。

德国法律规定,教授是高等教育的核心,教授的身份是国家公务员,其

① 刘京辉. 德国高等教育国际合作广泛活跃[J]. 高等教育国际化资讯,2006.02
② 马春苗. 德国高等教育国际化研究[J]. 海外采风,2011.09

职务是终身的,不得随意解雇,教授的教学活动、学术活动、课题选择、研究成果受到法律保护。把高校的自治权交付到最懂得学术活动的大学教授手中,政府更多的为大学的发展提供物质和政策的支持,这样,大学和政府各有所得,较好地处理了政府和大学、学术与政治之间的关系。教授治校涉及学校的所有事务:决定学校发展计划与组织计划;提出学校领导人或校领导委员会主席和校领导委员会其他成员候选人建议人选,任命各常务委员会或学校其他机构的成员;确定科学与艺术研究的重点;向州政府提出预算报告;负责为各校部机构、学校其他部门、各系分配职位和经费等等。以柏林大学为例,该校建立了主要由正教授代表组成的评议会等管理机构,校长由评议会或选举会选举产生,校长对外代表大学,对内负责有关大学自治的一切事务。评议会与总选举会由教授或他们的代表组成,负责制定学校章程及规则。学校的主要事项,包括学术事务和非学术事务都是由教授管理。在中观层面,德国高校一般都设置一个部务委员会,负责管理学部层级的事情,成员主要包括全体教授和部分非教授教师,主要是负责组织学部范围内的课程、考试和学位授予等事宜。在基层学术组织中,教授有权选择教学内容、研究项目、确定经费使用、确立学科的发展方向等事项。

德国的教授治校制度在提高学校的决策能力、办学水平、管理效率、科学研究、人才培养以及保证教育质量等方面发挥了重要作用。但教授职业终身制和长期的培养过程等问题,严重影响了许多优秀中青年教师的成长和脱颖而出,造成了学术后备人才的大量积压,使很多极有才华的年轻教师因为没有施展的机会、看不到发展前景而流向国外。另外,由于对教授的工作质量和工作业绩缺乏考核,在一定程度上产生了不思进取、学术水平停滞、创新意识不强等问题,不过,这已经引起了德国有关方面的关注。

4. 关键能力培养

应用性作为德国高等教育显著特征之一,内在地要求学生具有较强的综合能力或整体素质,德国人称之为"关键能力"。德国社会教育学家梅腾斯于上世纪70年代提出了关键能力的概念,他认为,关键能力是一种"普遍的、可迁移的、对劳动者的未来发展起关键性作用的能力,是指与纯粹的专业性职业职能和职业知识无直接关系、超越职业技能和职业知识范畴的能力,如独立学习、终身学习、独立计划与实施、独立控制与评价的能力等"。[①]"关键能力"的培养能够使学生在竞争条件下学会生存并具有创新精神,在劳动力市场变化、产业结构调整或发生个人职业变更时,劳动者可适应职业

---

① 马庆发. 当代职业教育新论[M]. 上海教育出版社,2002

流动性和职业适应性的要求。①

德国高等教育界对大学生的关键能力培养问题非常重视,一些大学建立了专门机构研究关键能力培养问题。根据德国高校的调查和研究,关键能力包括专业能力、方法能力、社会能力和自我能力等多个方面。具体讲:第一,专业能力,包括特殊专业能力和一般专业能力。特殊专业能力是指大学生应具备精深的专业知识、广博的基础知识、较强的专业理论和学术研究方法等。一般专业能力是指跨专业型思维能力、计算机使用能力、懂法律和经济学知识、会外语等。第二,方法能力,是指组织能力、独立工作能力、分析问题能力、解决问题能力、时间管理能力、批判性思维能力等。第三,社会能力,是指领导能力、合作能力、谈判能力、交流能力、危机管理能力、书面和口头表达能力、换位思考能力等。第四,自我能力,是指全身心投入工作的能力、勇于负责的能力、一丝不苟严肃认真的能力、适应环境变化的能力、将理论和研究成果应用于实践的能力以及对自然和社会的影响能力。

在如何帮助学生怎样形成关键能力问题上,德国高校也探索出自己的路径,主要包括两个方面:一是除了学习专业课程,还可以通过讲座、培训等活动培养和提高学生的关键能力,诸如开设经济学、法律学以及社会学等方面的讲座。二是与专业课的学习相结合,通过专业学习,培养学生的自主学习能力、终身学习能力、团队工作能力等。

三、德国职业教育的成功经验

1. 职业教育何以深受欢迎

德国职业教育深受广大青年学生的欢迎,大约 70% 的中学生并不想当一名科学家,而是想成为一名社会所需要的应用型人才,以谋取一份报酬优厚的职位。德国职业教育在几十年的发展中形成了自己的特点,引起了全社会的广泛关注。

德国职业教育主要由地方政府兴办、出资,为地方经济和社会发展服务。地方政府为满足自身所需建立了各种各样的职业学校,主要有高等专科学校、职业学院、高级专科学校和成人职业培训学校。德国仅高等专科学校就有 164 所,占高等学校总数的 50% 以上,学制 3 年。职业学院按照"双元制"模式为德国培养较高层次的实用技术人才,是高等职业教育的重要组成部分。学生在企业接受职业技术培训,企业按照义务教育组织实施,学生

---

① 翟法礼. 德国高等职业教育发展模式概述[J]. 英才高职论坛,2006.02

在企业接受培训要签订合同,确定双方的权利和义务。企业要保证培训质量,并付给学生一定的生活费用。高级专科学校主要对在职的专门技术人员和中层管理人员进行培养,脱产学习2~3年。成人职业培训学校主要开展晋升性质的培训,为所有需要培训人员提供机会。这些高等职业学校的教学重点不是简单地让学生掌握理论知识,而是通过对学生进行必要的基础理论教育和充分的职业训练,使他们在毕业后马上就能够成为在某一领域具有独立从事职业活动能力的职业人才,因此,在教学上十分重视实践性教学,实践教学课时至少占总课时的50%,有的高达70%,这在世界各国高等职业教育中几乎是最高的。经过3年的学习,学生不仅学到了理论,还对将来的工作岗位有了基本的了解,熟悉了实际生产组织,培养了实际操作技能,也为企业选择合适的人才创造了条件。这些高等职业学校的专业设置非常灵活,它们基于科学技术和社会发展的需求不断调整专业设置,迅速满足市场需求,所以,其毕业生在人才市场上很抢手,几乎人人都能找到较理想的工作,就业率明显高于一般大学,而且,多数毕业生基本上都能在本地就业。①

　　2. 职业教育之成功要诀

　　德国职业教育取得成功的核心在于学校与企业共同培养学生。为了明确职业学校与企业之间的协作关系和各自的责任与义务,德国制定了完备的法律法规,如《教育法》、《职业培训条例》、《劳动促进法》等,对双方的职责进行了规定,实行依法治教和依法治企。学生在职业学校接受通识教育和专业知识教育,在企业接受职业技能培训。学校和企业既有分工又有合作:学校和企业分别是两个培训教育部门,遵循各自依据的法规,接受各自主管部门领导。企业培训根据民法,由联邦政府主管。学校教育遵照公共教育法,由州政府主管。企业承担职业教育费用,各州和乡镇承担学校教育费用。学生进入职业学校,首先要找到接收企业,录用为企业的预备员工,签订培训合同,然后由企业或学生自己联系职业学校读书。学校按照政府制定的教学大纲进行教学,以理论学习为主;企业按照自己制定的培训大纲进行实训,以技能学习为主。职业教育学制一般为3年。学校理论教学一般占课时总量的30%~40%,企业实训课一般占课时总量的60%~70%。学生一般在学校学习1天半,在企业工作3天半。学生在职业学校学到的专业知识在企业可以得到生产和技术人员的现场指导,真正做到了"理论联系实际",这也是德国职业教育真正价值之所在,确保了人才教育和培训达到很高的质量。

---

　　① 　常立学. 德国的职业教育[J]. 山东商业职业技术学院学报,2001.01

德国职业教育取得成功的精髓在于政府和行业协会的监管保障。政府和行业协会依法对学校和企业进行监管,实事求是地评价一个学校和企业,奖优罚劣。政府对职业教育进行宏观管理,行业协会负责监督、资格认定、合同的履行管理、考试考核、命题主持、资格证书的制定和发放等项工作。行业协会在政府与企业之间发挥着"桥梁"和"纽带"的作用,对培训职业的更新、新职业的论证、企业培训资质的认定等方面都有很大的监管职能。

德国职业教育取得成功的保障有赖于其"双师结构"的师资队伍。德国职业学校的教师一般具有博士学位,经过两次国家考试合格,到学校任教还需两年试用期,两年试用合格后,享受国家公务员待遇,同时,还必须拥有工厂实践经历,才具备职业学校教师资格。他们大都具有良好的品质,广博的知识和精湛的技能。在企业担任实训的教师,必须要有"师傅"的资格,而且年龄在24岁以上。而如果是高等职业学校,对教师的要求则更高,即必须是具有博士学位的教授,如果没有,就要在科研上有突出成就,而且,必须有相关专业的工作经历,熟悉企业生产流程,与企业有密切的联系,能够为学生提供实践和就业机会。德国高等职业教育,采取了严格的教师资格准入、完善的师资培养政策,造就了一支高水平的职教师资队伍,为其高质量的职业教育提供了可靠保障。[①]

3. 为青年学生提供了多样性选择

德国职业学校和普通中学在校生的比例约为7∶3,换句话说,喜欢接受职业教育的青年学生人数远远高于上普通中学的人数。德国相当一部分青少年不愿意读普通中学,初中毕业生直接进入企业接受职业技术培训,同时,在相应的职业学校学习基础知识。中等职业教育结束后,他们面临多样性的选择:第一,通过结业考试合格后,留在企业成为技术工人,经过几年的实际工作,可升为技师、工程师或企业领导。第二,通过结业考试合格后,可以升入高等职业学校,企业无权干涉。第三,通过结业考试合格后,可以进入大学继续深造,取得大学文凭。中等职业教育毕业后,学生拥有多条发展渠道,且都是一路绿灯。因此可以说,中等职业教育在促进德国经济发展的同时,为高等职业教育打下了良好的基础,客观上加强了中职教育的吸引力,又为高等教育准备了具有"一技之长"的专门人才,提高了高等教育的生源质量。德国这种"条条大路通罗马"的开放体制,为青年学生提供了多样性的选择,对引导他们积极向上,推动整个教育事业的发展,起到了巨大的促进作用。

---

① 翟法礼. 德国高等职业教育发展模式概述[J]. 英才高职论坛,2006.02

第三章　西方国家体育及其产业

　　体育是人们遵循人体的生长发育规律和身体的活动规律,通过身体锻炼、技术训练、竞技比赛等方式达到增强体质、提高运动技术水平、进行思想品德教育、丰富文化生活而进行的一种有目的、有意识、有组织的社会活动。体育已经不仅仅是一项社会活动,它正在发展为一种产业——体育产业,成为经济发展的驱动力。如果说美、俄、中是体育强国、奥运金牌大国,那么,加拿大则是体育运动大国;如果说一些国家举全国之力培养少数运动精英,那么,加拿大则让全体老百姓参加体育运动;如果说奥运金牌战略可以让国民在升国旗、奏国歌之际兴奋一刻、自豪一时,那么,加拿大的群众性体育运动则可以让他们快乐一生、健康一世。

第一节　美国体育

一、美国体育概览

1. 全民热爱和参与体育

　　在美国,参加体育锻炼蔚然成风,已经成为美国人最热衷的一种休闲方式,这是美国一种独特的社会现象。第一次打棒球,第一次玩橄榄球,第一次投篮,都是美国人一生中的重要里程碑。对美国人来说,参加体育活动早已不是简单的锻炼身体,而提升为享受生活和实现个人奋斗目标的载体与动力。据调查,在美国3亿1千多万人口中,每年有高达2亿6千万人参加体育活动超过50天,这就是说,每100个美国人当中就有86个人参加体育锻炼。一场大学橄榄球比赛,能吸引3000多万观众;一场NBA比赛,在家通过电视和与到现场观战的加起来竟能达到1.4亿人次。大约有70%的美国人表示,他们在闲暇时间都会从事自己的业余爱好,而这所谓的"业余爱好"就是某项体育运动。美国人认为,参加体育活动不仅能锻炼身体、磨练意志、培养毅力、学会团结和协作,还能够催人奋进、激发民族自豪感。体育在各行各业都享有很高的地位。另学子崇拜的偶像并不是成绩优异的书呆子,而是体育明星。各类书刊杂志中,体育杂志最为畅销。不仅普通百姓钟爱体育,政府高官也忙里偷闲参加体育活动。前总统小布什在担任德州州长时,全程参加了马拉松赛跑,2012 年 65 岁高龄时,还与 29 名老兵一起,从峡谷中穿行挑战 100 公里路程。华尔街、国会山的精英们大多都是大学时的体育明星。美国的新闻媒体把体育报道当作最重要的任务之一,无论是翻开报纸还是打开电视,棒球、橄榄球、篮球、冰球等各类体育新闻迎面扑来,体育与健康资讯比比皆是,各类体育新闻、比赛应有尽有,其中尤以棒球和橄榄球为多。有线电视和卫星电视的广泛运用,进一步扩大了体育报道内容。美国拥有世界上最大的体育市场和新闻媒体曝光率。

2. 非职业化体育成为主流

在美国,除了 NBA、职棒联盟、一些职业拳击手、职业高尔夫球手等职业运动员以外,绝大部分都是非职业化运动员。以奥运会为例,参赛运动员大多是大学生、公司职员、商店售货员、农夫甚至中学生。通过相关机构向全国公开招集、选拔,然后确定参赛运动员,再经过赛前一段时间的集中训练,"国家体育代表队"就算组成了。选拔参赛运动员也比较简单,不惟资历,不惟背景,不用拉关系走后门,只看你在选拔赛中的成绩。美国也不像中国体育一样实行举国体制,运动员都是在业余或课余时间参与体育运动,即便是职业运动员,也是市场化的,即运动员的训练、参赛、差旅、食宿等费用不由国家承担。参加奥运会的"国家体育代表队"不允许任何职业运动员参加。美国政府中没有专门负责管理或领导全国体育运动的机构。1978年,美国国会颁发《业余体育法》,指定美国奥委会负责管理美国体育活动。由于这是一个民间组织,得不到美国政府的财政拨款,其运作资金主要来自个体公民的捐赠、赞助、特许使用费以及商业经营。以网球协会为例,网球爱好者要加入协会,一般都要缴纳年期约 60 美的会费,只有交了会费才有资格参加各类地区及全国比赛。目前,美国网球协会拥有 70 多万个人会员,7 千多个团体会员,每年会员费收入就超过 5000 多万美元。网球协会与政府不存在任何领导被领导关系,它组团参加或主办奥运比赛,费用自理,会务自理。

3. 体育是大学的一扇门

在浓浓的举国体育氛围熏陶下,美国青少年对体育的兴趣和热爱从小就在耳濡目染中培养起来了。

美国许多学龄前儿童,每到周末都在父母的陪伴下,身着正规棒球装,参加软式慢速棒球的培训或比赛,他们的比赛意识和战术配合,自小时候起就得到了培养。读小学、初中时,每天一节40分钟的体育课必不可少,学校有组织、有计划、有目的的开展篮球、网球、田径、曲棍球等各项体育活动。进入高中,除了文化课学习,学校每个学年都安排丰富多彩的体育和课外活动。通过测验和比赛,发现体育人才,组建学校代表队,经过训练和培养,开展与兄弟学校的校际对抗比赛,获胜者参加全市的比赛,直至更高级别的比赛。升入大学,各项体育运动更加兴盛。体育被称为大学的大门,名校往往也是体育名校。在美国,最负盛名的大学体育组织叫做"全美大学体育协会"(National Collegiate Athletic Association,简称 NCAA)。有 100 多年历史的 NCAA 由全美高校 1200 多个体育协会、体育组织组成,是一个全国性的业余体育协会,每年组织"全国性"和"地区性"赛事,决出 88 个"全国冠军"头衔。全美高校会员分为三个等级,仅第一等级就下辖 300 多所大学。在大学校园内部,还开展很多"校园体育赛事"。美国大学体育文化历史悠久,很多体育项目始于大学,许多大学在体育运动项目上创造出骄人的成绩,成为大学宝贵的精神财富。在很多名牌大学之间,体育上的竞争绝不亚于学术上的竞争,体育竞技场上的辉煌,令大学和大学生引以为荣。美国高校还是奥运体育强大的后备军。2012 年在英国伦敦举办的奥运会,美国共派出 530 名选手,其中 75 名是斯坦福大学和加州大学伯克利分校的在校学生,这 75 名学生获得 16 枚金牌。

总体上看,美国体育明星、运动员的培养走的是"学院式"发展道路。

4. 四大联盟成为美国职业体育的典范

美国四大职业体育联盟,由 NBA(美国男子篮球职业联赛——National Basketball Association)、NHL(美国冰上曲棍球联——National Hockey League)、MLB(美国职业棒球大联盟——Major League Baseball)、NFL(美国美式橄榄球大联盟——National Football League)组成。美国男子篮球职业联赛是美国第一大职业篮球赛事,代表了世界篮球的最高水平,培养出了迈克尔·乔丹、约翰逊、科比、姚明等世界巨星。美国冰上曲棍球联盟是目前世界上最高水平的冰球联赛,是全世界最高层级的职业冰球比赛,为北美四大职业运动之一。美国职业棒球大联盟是北美地区最高水平的职业棒球联赛,是美国最具普遍性的体育项目,被称为美国"国球"。美国美式橄榄球大联盟是美国一个庞大的橄榄球联盟。美国的橄榄球,又称为美式足球,因其外形像橄榄,外国人都称之为橄榄球。几乎所有美国的主要城市乃至不少大专院校都有职业橄榄球队。

在美国,棒球比赛拥有数量最多的观众,每年大约有 7000 万人次观看棒球比赛。美国有大约有 60% 以上美国男性公民与棒球有缘,甚至可以说他们是看着或参与棒球比赛长大的。每个赛季,至少有 2000 万观众到场观战现场 NBA 比赛,如果一家四口来观看,一般要消费 300 美元。现场观看 NFL 的观众历年不等,据统计,美国人平均每年有 50 多亿美元消费在 NFL 上。美国人在进行体育职业化过程中创造的联盟体制,极大地促进了美国体育事业的发展。这四大体育联盟是美国职业体育运作成功的典范,成为美国体育产业中的龙头老大。

二、美国社会体育及其法制建设

社会体育是指企事业单位职工、城镇居民以及农民自愿参加的、以增进身心健康为主要目的、内容丰富、形式灵活的群众体育活动。社会体育也称"群众体育"、"大众体育",是与学校体育、竞技体育对应的概念。社会体育在美国得到广泛普及,形成了利用社会资源和依靠社会力量办体育的具有美国特色的管理体制和运行机制。

1. 公民健康意识增强

关注身体健康、注重身体锻炼越来越成为每一个国家和人民所追求的目标,越来越成为社会进步的重要标志和潜在动力。1990 年,美国卫生福利部门提出了《美国 2000 年健康目标》,为美国全民健身提供了科学的政策依据。该目标涉及 22 个方面,其中将体育活动与健康锻炼列为一项重要内容,充分体现了美国政府和有关部门对全民健身的重视,促进了美国全民健身运动的健康发展。美国健身目标要求 70% 以上的人对提高心肺机能的运动项目、运动时间和运动量有正确知识,对特定人群提出了具体的指标,如 60% 青少年学生每天应该参加学校体育活动;60% 的成年人要参加体育活动;50% 的老人要适当参加体育活动。对企业而言,如果员工人数超过 500 人,政府要求配备可供本企业 25% 的职工开展体育活动的运动场地和设施,在税收方面给予优惠。美国农业部和卫生与福利部发布的《2005 年饮食健康指导》中专门强调学校每天要组织学生进行一小时的体育活动。美国运动医学学会经常组织有关专家学者,将最新研究成果公布于众,指导全民健身运动科学发展,为政府部门制定政策提供依据,还编写出指导全民进行健身的《健身手册》。美国新闻媒介非常重视对保持身体健康、加强体育锻炼进行报道宣传,介绍健康知识和体育锻炼项目,为人们进行科学锻炼和健身提供指导,使人们养成健康的体育观念。《体育画报》、《希望健康通讯》等期刊杂志定期发表体质运动方面的文章,大力宣传体育锻炼,倡导积极健康生活理念,增强了公民的健康意识。

2. 全民健身设施完善

美国非常重视体育设施建设,联邦政府每年拨款7.8亿美元用于大众体育设施建设。无论是城市还是农村,无论是企事业单位还是公共场所,到处都可以见到各种体育设施。尤其是在美国社区,50个州的法律都规定:修建和拥有社区体育场地设施、保龄球场、高尔夫球场、游泳池等一般都免费或低价向社区居民全天开放。每个社区都有自己的社区活动中心,体育馆、健身房、游泳池、乒乓球馆、羽毛球馆、舞厅等设施必不可少。许多社区都有两三个健身房,美国人也愿意去附近的健身房进行健身。几乎每一所大学都有设施齐全的体育场馆,在为学生提供服务的同时还免费向社会大众开放。很多著名的大公司,如谷歌和百事可乐,都为员工提供健身房,制定健康计划,聘请全职健身教练,出版健康杂志。美国人甚至还在旧金山国际机场二号航站楼候机大厅里建起世界上第一个瑜伽房,供旅客免费使用。据调查,在美国人的开支计划中,住房、食品、教育排前3,而健身则排在第4位。

3. 健身活动丰富多彩

美国人热爱体育,喜欢运动,对他们来说,除工作、吃饭、睡觉外,健身是最重要的事情。从一般百姓到美国总统,保持身体健康已经成为每个人的共识。在美国街头、公园、运动场以及健身房,到处都有运动的身影。你总能看到海边有人冲浪,广场上青少年玩滑板。清晨,人们会在街道上跑步;中午,上班族忙里偷闲散步;傍晚,更多人参加锻炼。许多健身房24小时营业;周末和节假日,全家一起出来进行锻炼,登山、打网球等就成了他们的休闲方式,太极、武术、瑜伽、跆拳道等也深受美国人欢迎。许多体育社团组织经常开展足球、篮球、网球、垒球、橄榄球、游泳、体操、溜冰、滑雪、高尔夫等比赛活动,每一个赛季都搞,一年接着一年,周而复始,从不间断。据调查,每周约有70%的美国成年人进行不同类型的体育锻炼,不仅美国社区、学校、企业开展丰富多彩的健身活动,一些旅馆、医院、甚至美国童子军、青年基督教协会、美国青年俱乐部等都有自己的健身俱乐部或体育康复中心。据不完全统计,美国注册的体育俱乐部有两万多个。在美国,如果有一块闲置的土地,他们一般不会拍卖出去建楼房,而是用来作为公共健身设施或场所。

4. 政府注重宏观指导及其法律制度建设

目前,世界各国对体育工作的领导主要有三种类型:一是社会组织主导型,二是政府和社会组织合作型,三是政府主导型。美国属于社会组织主导型。尽管美国联邦政府没有专门负责体育工作的部门,但有总统"体质与体育"委员会、卫生与公共事业部、内政部、教育部等 12 个部门参与管理体育事务,有 8 个部门与大众体育相关,其中 6 个部门负责修建与维护公共运动休闲场地设施,1 个部门制定大众健康政策和体育活动评价标准,1 个部门属专家咨询机构,地方政府则主要由娱乐公园部管理体育与娱乐活动。因此,不能说美国政府对发展体育运动莫不关系。从 20 世纪 30 年代到 70 年代末,美国联邦政府出巨资修建和完善了大量的公共运动设施,80 年代以来,这部分费用主要由州政府承担。美国卫生与公共事业部与教育部等部门先后制定了 1980 年《国家目标:促进健康/预防疾病》、1990 年《健康公民2000:预防疾病和促进健康的国家目标》,2000 年《健康公民 2010:促进健康的国家目标》。目前,正在着手制定《健康公民 2020》目标。此外,还出台了《美国人体育活动指南(2008)》等政策性文件。

自上世纪七八十年代以来,世界许多国家通过立法的形式加强对体育工作的管理。美国是体育强国,体育立法较早,法制较健全,在解决体育资金的筹集、体育市场的管理,反对不正当竞争以及保护运动员、教练员的合法权益等方面走出了一条成功之路。美国于 1978 年制订了《业余体育法》。该法所管辖的内容大都与竞技体育有关,许多学者将其视为美国竞技体育法案。美国竞技体育涵盖业余体育、职业体育以及学校体育中高水平运动员参与的竞技体育。[①] 该法赋予美国奥委会管理美国竞技体育发展的所有权利和义务,规定了国内单项体育联合会的结构和法律地位,明确了业余体育组织成为国内单项体育联合会的条件、运动员选拔和比赛办法;规定了国内单项体育联合会的责任与权力、争议解决方法;提出了美国奥委会应致力于促进业余体育运动发展、保证体育设备能有效地供业余运动员使用等要求。《业余体育法》没有规定政府要为奥委会提供运作资金,也未解决资金的来源,但却要求美国奥委会要对体育组织与个人提供帮助。尽管美国奥委会在成立之初面临资金困境,发展体育运动计划必须有资金,国会只批准了 1600 万美元的启动资金,但美国奥委会通过采取商业化运作模式,即通过在运动场上使用公司的商品吸引一些公司提供赞助。

《业余体育法》对促进美国现代奥林匹克运动的发展、规范对体育事业的管理、提高公众体育参与程度等方面起到了重大的作用。

---

① 金涛等 . 美国《业余体育法》解读与启示[J]. 体育学刊,2014.03

三、美国体育产业及其成功之道

同文化是美国软实力重要组成部分一样,美国体育也是美国软实力的重要组成部分。在美国社会发展和全球战略中,体育产业上取得的重大成就极大地提高了美国的国际地位和声望,维护了美国的大国地位和形象,增强了综合国力。美国在体育工作的许多方面都为世界做出了"示范作用"。

1. 美国体育也是"软实力"

第一,体育已成为美国的一张名片。自 1896 年在希腊雅典举办第 1 届现代奥林匹克运动会以来,美国除了没有参加 1980 年在莫斯科举办的第 22 届奥运会和因为两次世界大战三届没有举行的以外,在美国参加的 27 次奥林匹克运动会和冬季奥林匹克运动会上都获得了几乎最多的奖牌。有 15 次金牌总数占居第一位,7 次荣获金牌总数第二,两次获得金牌总数。

第二,在迄今为止的 116 年现代奥林匹克历史上,美国体育整体优势非常明显,堪称名符其实的体育大国、强国。奥运会一方面是检验和展示一个国家竞技体育实力和水平的场所;另一方面,又是塑造一个国家良好的国际形象、展示一个国家的国际威望的舞台。奥运奖牌的多寡既体现了一个国家经济、科技的硬实力,也凸显出一个国家体育文化精神的软实力,特别是运动员骄人的战绩和高尚的精神风貌,更是这个国家乃至全世界的精神财富。在奥运强项项目上,美国多年来始终保持强者愈强的态势。美国不仅奥运项目游泳、田径、三大球等相当强大,篮球、橄榄球、棒球、网球在国内也非常普及,水平也相当高。国内四大球上的统治力,很少有国家能够企及。美国体育有广泛的群众基础,完善的体育机制和联赛保障等,这都为美国体育发展提供了强大的发展动力。

第三,竞技体育圆了美国梦。美国人崇尚个人奋斗,喜欢新奇冒险,在竞技体育运动上则表现为竞争、拼搏、不甘落后,他们希望通过体育使自己的身体强壮,能力突出,凭个人的超凡能力在竞争中取胜,成为人人瞩目的体育明星,从而实现自己的梦想。Wilbert Marcellus Leonard 在《A sociological perspective of sports》中写道:"体育已经惯例地成为美国人缓解来自每天生活的紧张与问题的暂时的避难所。体育已经在数以百万计的美国人的每日生活中处于中心地位,有时甚至超过了政治、社会服务、宗教及家庭的重要性"。[1]

---

① Wilbert Marcellus Leonard. A sociological perspective of sports[M]. Benjamin/Cummings Publish,February 18,1998

另外，"运动是美国社会制度化结构的一部分，其文化反映了大部分美国文化的内涵。该内涵为社会上大多数成员所信奉，且能在美国社会的习俗中找到，以此方式，我们发现了美国的主要运动文化，已被灌输了与美国梦一致的内涵"。① 如果把美国梦上升为与国家的关系层面，那么，体育"塑造了美国奥林匹克运动队的模型以适应体育共和国思想的轮廓。他们在相当的程度上成功地创造了一种文化模式，这种文化模式使公众把国家力量与奥林匹克地位联系在一起。体育被视为国家建设、成就展示和国家认同的工具"。②

第四，体育产业拉动经济快速发展。美国体育产业起步早，发展快，可谓源远流长，成就巨大。19世纪中叶，美国已出现商业性的体育赛事。进入20世纪中叶以后，随着经济发展日新月异，美国人迅速富裕起来，成了"有钱又有闲"的中产阶级。在这种背景下，美国人开始寻求新的生活方式以提高生活质量，体育便迎来了快速发展的机遇，职业体育产业、健身体育产业、体育休闲产业以及体育用品产业形成了竞相发展的态势。体育产业营业额从1970年到1994年增长了3倍，1997年达到1520亿美元，1999年高达2125亿美元，占GDP的2.4%，位居10大支柱产业第6位。2002年美国的体育产业创造了2130亿美元的总收入，是汽车制造业总收入的两倍。2004年体育与娱乐总营业额超过4000亿美元，2008年，达到了4410亿美元，超过房地产业与国防开支。美国的体育产业已步入稳健、良性、快速发展的轨道，呈现出欣欣向荣、蓬勃发展的态势，已经成为当之无愧的经济领域的支柱产业。

2. 美国体育产业发展的成功之道

第一，广泛的群众基础。在美国，体育已经成为普通百姓日常生活中一个富有吸引力的环节和重要组成部分。从东部的迈阿密到西部的西雅图，从北面的阿拉斯加到南面的佛罗里达，你都能看到许多人在进行体育锻炼；无论是城市还是农村，到处都建设了完善的体育设施；篮球场、网球场、棒球场、田径场遍及各地。许多球迷对花几天时间、驱车数千里去看一场橄榄球赛而乐此不疲；许多家长很少把孩子送去以学习知识为主要内容的所谓的"兴趣班"，而是千方百计培养孩子对体育的兴趣。孩子过生日，家长送给孩

---

① Howard L. Nixon, James H. Frey: Sociology of Sport[M]. Wadsworth Publishing; 1st edition, July 12, 1995

② Mark Dyreson. making the American Team: Sport, Culture, and the Olympic Experience[M]. Urbana and Chicago: university of Illinois Press, 1998

子的礼物也多为体育用具或流行的体育服装。据统计,90％的男子和76％的妇女经常收看电视中的体育节目。大多数美国人通常在周末郊游或在家收看体育节目和进行体育活动,形成一种以体育为主要内容的新的生活方式。据调查,"在每周,将近十分之七的美国成年人进行各种形式的体育锻炼。估计有5600万人进行散步活动,6100万的人游泳,4700万的人骑自行车,大约2300万人打高尔夫球,4000万人打保龄球,其他体育运动也有不同的群体分布,也许最普及的运动还是慢跑,这项在近20多年来风靡全国的运动,估计有2000万到2200万坚持不懈的参加者"。[①] 广泛的群众积极参与,是美国体育产业得以支撑、发展的前提条件。

第二,成功的商业运作。所谓商业运作是指对体育赛事的策划安排、人员召集、进程监管、广告运营以及赛事转播等运作和管理。表面上看,一场赛事仅仅是运动员在场上进行比赛,其实不然,在背后,离不开精心的筹划、组织和运作。1976年在加拿大蒙特利尔举行第21届奥运会,由于耗资巨大,负债超过10亿美元。1980年在莫斯科召开的第22届奥运会,由于同样原因,更是负债累累。NBA在起步之初,只是一个自娱自乐的业余体育联赛,没有多少观众,没有几只像样的球队,也没有充足的资金作为支撑。没有球员热情的NBA比赛几乎很少有人愿意问津。1980年,萨马兰奇当选国际奥委会主席后,对商业化运作进行了探索,提出了一系列行之有效的政策。美国商界奇才尤伯罗斯对奥运会"私营模式"的运作进行了可贵的尝试。1984年,大卫斯特恩将NBA引入商业化运作,提出了NBA运作理念,制定了NBA规章条例,创新了NBA经营手段,将NBA推向市场,走向国际。奥运会和NBA已经成为体育比赛与商业化运作成功范例。有学者指出:"现代体育最明显的变化,就是逐渐并且继续将体育变成一种商业交易。也就是说,体育的社会功能、心理功能、生理功能和文化功能都被同化为满足垄断资本增长的一种商业需要"。[②] 美国发起的体育商业运作对体育的发展产生相当大的影响,不仅如此,还带来了惊人的经济和社会效益。

第三,高效的媒体转播。美国电视节目丰富多彩,但节目最多、最吸引观众眼球的是体育节目,有人做过这样一个描述:在一个周末,电视上正在直播两场MLB(美国职棒大联盟)季后赛,两场NBA(全国篮球协会)季前赛,14场高校橄榄球直播,5场高尔夫巡回赛,一场NHL(全美冰球联盟)比

---

① 中国体育信息研究所. 世界各国体育政策的研究,1999

② David Broughton & Jennifer Lee & Ross Nethery. The Answer: $213 bilhion_The question: How big is the U·S·sports industry[J]. Sports Business Journal,December 20.1999

赛,一场国际赛马比赛,4 场美国网球公开赛,两场 NASCAR(全国竞速赛车)等等。[1] 目前,美国的广播电视等新闻媒体网络在体育赛事直播、体育新闻播报、体育事件宣传等方面已经发展到相当成熟的地步。体育赛事、体育新闻、赛况分析、明星传记等都是新闻媒体报道的主要题材。美国观众还拥有有线电视、卫星电视、video games、DVD 等现代通讯设施,收看收听体育赛事更加便捷,体育观众足不出户就可以通过广播电视收看到远在千里之外的体育比赛。NBC、ABC、CBS、FOX、斯丁豪斯有线电视公司、美国公共广播公司等美国 6 家大型广播电视公司每时每刻都报道体育赛事。由于拥有名牌体育栏目,体育节目制作水平高,经验丰富,在全球享有盛誉。高效的美国广播电视公司的体育传播,不单纯是对体育节目和体育信息的转播,更重要的是直接参与美国体育产业中,成为整个体育产业链条中的重要环节,推动美国体育产业的发展。

第四,成功的体育联盟机制。美国是世界上职业体育最为发达的国家,职业体育产业已经成为美国经济增长的重要增长点,尤其是以四大职业体育联盟为主导的体育产业,不仅对美国经济发展产生重大影响,而且还融入美国民众的生活之中,改变了他们的生活方式,成为美国民族文化的重要组成部分。美国除了有棒球大联盟、全国篮球协会、全国橄榄球联盟和全国冰球联盟等 4 大超级职业体育联盟,另外,近年来又成立了一批新的职业体育联盟,如足球大联盟、全国足球协会、女子 NBA 及女子职业垒球协会等。目前,全美共有大小规模不等的职业联盟 792 个。以 4 大职业体育为代表的美国体育运动联盟,依靠一大批全球追捧的著名球星,凭借超一流的竞技水平和水准,吸引大量的加盟赞助商,在亿万美国人的欢呼和呐喊声中,极大地助推了职业体育快速发展。美国体育的"软实力",在一定程度上讲,得益于这种成功的体育联盟机制。

第二节　俄罗斯体育

俄罗斯体育基本上是在苏联时期形成并发展起来的,苏联曾是世界上的竞技体育强国,每次参加奥运会或冬奥会,金牌总数和奖牌总数都是名列前茅,运动员在田径、体操、球类、冰雪、重竞技等众多项目上都处于世界顶尖水平。从 1952 年首次参加芬兰赫尔辛基到 1996 年美国亚特兰大的十二

---

[1]　Irving R. Philip K. Ben S. The Elusive Fan[M]. New York,NY:McGraw—Hill,2006

届奥运会中,9次获得金牌总数第1名。苏联解体后,俄罗斯继承了大部分基业,尽管社会、政治、经济陷入困境,竞技体育也深受影响,但是,在1996—2008年四届奥运会上,俄罗斯金牌总数两次第2名,两次第3名,依然保持着较高的竞技体育水平,继续保持着世界体育大国的地位。

一、俄罗斯大众体育

1. 体育设施建设

在苏联解体后整个90年代的10年时间内,俄罗斯在体育基础设施上的投入几乎为零。根据《2002年俄罗斯统计年鉴》,2001年,俄罗斯1500人以上的体育馆有2106个,10000人以上的运动场54800座,游泳馆2630个,平面体育设施(操场)98700个。与1990年相比较,体育设施总数并没有增加,还有相当一部分处于关闭状态。进入新世纪,随着经济状况的好转,俄罗斯政府对体育工作重视起来,对体育基础设施的投入有所增加。2003年,政府体育预算达到40亿卢布,比2002年增加了一倍,未来10年还准备投入1000亿卢布建设4000座体育设施,成为世界上最多的国家。俄罗斯体育部部长穆特科说,目前俄罗斯平均每年建造34000处体育设施,包括游泳馆、体育场等,还将把这个辐射网延伸到一些人口数量不多的居民点,支持设立儿童体校。在中小学,体育不仅成为必选课,还从每周两节增加到3节。目前,俄罗斯人定期参与体育锻炼的有3400万人,占俄罗斯人口总数的25%左右。从2006年起,俄罗斯将体育基础设施作为优先发展的重点,政府向体育事业投资约40亿美元。截至2008年,全俄体育场馆已达22万个。

2014年俄罗斯索契冬奥会结束以后,将留下一笔庞大的遗产,索契冬奥城将成为全俄罗斯的高山滑雪、旅游、展览和运动员培训的中心,极大地提高了俄罗斯体育基础设施的现代化水平。

2. 对大众体育的新认识

二战后,体育也被"冷战思维"所笼罩,竞技体育同样成为社会主义和资本主义两个阵营角力的舞台,成为两种思想体系斗争的战场,任何一次体育竞赛的胜负都被视为国家的强弱,都牵涉到社会制度的优劣。从此,苏联体育以培养出多少运动健将、在各种大型竞技体育赛会上获得多少奖牌来作为评判体育工作成败的标准和一切体育工作的指导思想。体育运动经费中,有90%以上都被用于高水平竞技体育。尽管高水平的竞技体育曾经为苏联带来极大的荣誉,在当时的条件下有一定的合理性,但却牺牲了广大群众的体育权益,也与社会主义体育原则相背离。

苏联解体后,由于受到经济发展低迷的影响,俄罗斯上世纪 90 年代对体育事业的投入大幅度减少,大众体育事业受到严重的冲击。根据俄相关部门调查,青少年身体质量许多指标 90 年代比 70 年代下降 18%～20%;15 岁以下的人群患病率超过 20%,15 岁以上的人群患病率达到 25%;60%以上的学生健康状况不佳;超过 40%应征入伍的年轻人不符合军队服役的健康要求;有 85%的公民不能经常从事体育运动。整个国民健康状态也迅速恶化。面对严峻形势,俄政府于 2003 年专门召开总统体育委员会会议。普京强调,体育成绩能够促进一个民族的发展水平,体育成绩已经成为国家的名片,高水平竞技体育和大众体育应该是相辅相成、相互促进的。在国际赛场上只有少数人能够胜利,但是,他们胜利的基础就是大众体育。我们既要重视竞技体育,更要重视大众体育,因为大众体育是竞技体育的基础,振兴大众体育是委员会的头号任务。为了强调大众体育的地位,俄罗斯政府文件中以"大众体育"作为独立的项目出现,并得到相应的拨款。2011 年,联邦预算中的"体育运动"包括"体育"、"大众体育"、"高水平竞技体育"等几个项目。大众体育经费 125 亿卢布,接近高水平竞技体育约 287 亿卢布的一半。可以看出,大众体育已经走出被边缘化境地,也不再只是一个经费拨款"零头",正向实质性的地位迈出了决定性的一步。[①]

2014 年索契冬奥会,将对俄罗斯大众体育的发展起到巨大促进作用。自俄罗斯开始筹备索契冬奥会开始,俄国国内从事体育锻炼的人数增加了一倍。普京称,"索契冬奥会的筹备推动了大众健身的发展,尤其是儿童和青少年体育运动的发展"。

俄罗斯还将申办 2015 年喀山游泳世锦赛、2016 年冰球世锦赛、2017 年联合会杯、2018 年足球世界杯等,吸引更多的俄罗斯人热爱体育,鼓励更多俄罗斯民众加入到体育锻炼中来。

根据俄罗斯体育部大众健身方案,到 2020 年,将从事体育锻炼的俄罗斯民众人数从目前的 3200 万提升至 5700 万,达到人口总数的 40%,每周运动的时间不应低于 6 小时。

3. 大众体育发展规划

第一,制定了大众体育发展的目标。在 2006 年,俄罗斯体育、运动与旅

---

① 颜下里. 从竞技体育强国走向注重大众体育的俄罗斯[J]. 体育文化导刊,2012.10

游署等部门共同制定了《俄罗斯联邦 2006—2015 年体育运动发展计划纲要》，2009 年再度修订、完善和推出了《俄罗斯联邦 2020 年前体育发展战略》。《战略》按阶段、比例、人口数量等指标体系提高俄罗斯人进行系统化的体育锻炼。第一阶段：从 2008 年到 2015 年，参加系统化体育锻炼的由 15.9% 提高到 30%；第二阶段：从 2015 年的 30% 提高到 2020 年的 40%。在专门运动健身机构进行体育锻炼的比例，第一阶段：从 2008 年到 2015 年，由 20.2% 提高到 35%；第二阶段：从 2015 年的 35% 提高到 2020 年的 50%；残疾人参加系统化体育锻炼的比例，第一阶段：从 2008 年到 2015 年，由 3.5% 提高到 10%；第二阶段：从 2015 年的 10% 提高到 2020 年的 20%。每周系统化体育锻炼时间，第一阶段：从 2008 年到 2015 年，由 6 小时提高到 8 小时，并且每周不少于 2~3 次；第二阶段：从 2015 年的 8 小时提高到 2020 年的 12 小时，并且每周不少于 3~4 次。职业体育工作者的数量，第一阶段：从 2008 年到 2015 年，由 29.56 万人提高到 32 万人；第二阶段：从 2015 年的 32 万人提高到 2020 年的 36 万人。

2010 年 4 月 20 日，普京在政府工作报告中指出，俄罗斯系统参加体育锻炼的人数超过 2600 万，比 2008 年的预计多出 200 万。他同时呼吁，俄罗斯应借举办 2013 年喀山大运会、2014 年索契冬奥委会和 2018 年足球世界杯等大型体育竞赛的时机，大力宣传全民健身运动，倡导健康的生活方式，引导群众体育健身运动。

第二，加强体育基础设施建设，改造体育教育体系。体育基础设施建设是群众进行体育锻炼的物质保障，俄罗斯联邦政府计划将体育场地设施保障标准从 2008 年到 2015 年提高到 30%，从 2015 年的 30% 提高到 2020 年的 40%。首先是对全国各种体育场馆登记造册，摸清家底，然后研究制定体育场馆利用率相关指标，根据指标体系研究制定体育场馆维修、建设、利用等方面的技术规程、国家标准、服务和产品认证等相关规定。重点保障教育机构开展体育活动和组织体育课所需的体育场馆，新建学校必须建设一定面积的体育场馆，组建学校运动队和体育俱乐部。要求教育机构按照新的国家体育教育标准进行教学，特别是在时间上要求学生每周参加 4 小时的体育课，每周活动总量不少于 8 小时。同时，对在校学生进行健康状况、身体发育和身体素质等体能方面的调查，对体育教师进行业务培训，提高体育课的教学质量。

俄罗斯联邦政府还将在以下几方面创新国民体育教育新体系：在全俄范围内建立社区体育俱乐部网络，为社区居民提供体育锻炼场所；恢复早操和工间操，并根据国民个人特点，制定和推广有关运动量的参考性指标，跟踪调查社区群众进行系统体育锻炼的情况；根据人口密度指标重新调整体育场馆的分布和建设计划;鼓励体育协会和职业联盟积极进行系统的体育锻炼,不断提高地位;密切观察和分析运动健身服务市场的供求关系变化,不断满足社区群众运动健身之需。

第三,提升国家人力资本,养成健康生活方式。俄罗斯联邦政府之所以越来越重视大众体育,根本原因在于已经认识到人力资本在国家核心资本中的重要地位。正如普京所提出的:"在俄罗斯,发展体育运动和提倡健康的生活方式,能够改善公民的健康状况,延长其寿命,其实质就是提高国家的核心资本——人力资本","要过渡到创新发展道路上去,首先就要大规模地对人的资本进行投资。……俄罗斯的未来,我们的成就都取决于人的教育和身体素质,取决于人对自我完善的追求,取决于人发挥自己的素养和才能。"[①]2009 年制定的《俄罗斯联邦 2020 年前体育发展战略》明确提出:公民进行系统体育锻炼,养成健康生活方式是国家提升人力资本最经济、有效的投资,它将为俄创新经济发展提供人才保障。

为了培养健康的生活方式,俄罗斯联邦政府通过广播电视、互联网、印刷品等传媒不断加大对体育锻炼和健身的宣传力度,形成人人进行系统化体育锻炼的社会氛围,提高居民对健康生活方式对个人和国家社会的重要意义的认识,以实现改善俄罗斯人民生活质量的目标。

二、俄罗斯的竞技体育

所谓竞技体育,是以体育竞赛为主要特征、以创造优异运动成绩、夺取比赛优胜为主要目标的社会体育运动。

1. 尖端体育持续发展

尖端体育曾是前苏联体育事业的重点。早在 20 世纪 30 年代,苏联学者就提出:高水平竞技体育与大众体育密不可分,相辅相成,二者之间如同金字塔的塔顶和塔基的关系,大众体育是塔基,高水平竞技体育是塔顶,塔顶离不开塔基的支撑。俄罗斯对发展尖端体育情有独钟,予以高度重视。首先,体现在国家的支持力度,在 2011 年联邦体育项目预算的划拨中,"高水平竞技体育"约占"体育运动"项目总经费的近 70%。联邦政府为运动设施拨款 4 亿卢布,其中专门为优秀运动员建造 10 座训练中心、10 座优秀青少年运动员公寓、奥林匹克跳台、有舵雪橇赛道等等。其次,重视对青少年体育和高水平后备力量人才的培养。目前,俄罗斯共有青少年体育学校、奥

---

① 普京. 普京文集(2002—2008)[M]. 中国社会科学出版社,2008

林匹克后备运动员体育学校、高级运动技巧学校 5900 所,其中,专门为奥林匹克运动培养后备人才的青少年体校就用 783 所,超过 350 万 7—15 岁的少年儿童接受正规化、系统化、专业化的训练,4 万多名体育教练专门从事人才培养工作。无论是俄联邦政府还是每个共和国和地区,都建立了相关机构专司竞技体育后备人才培养的管理工作。近几年,俄全国各类体育运动学校的招生人数增加了 20%,为尖端体育发展奠定了坚实的基础。最后,强化优秀运动员的培养。俄罗斯从七大方面强化对优秀运动员的培养:一是强化体育科学研究;二是建设国际一流的训练设施;三是完善竞技体育情报网络;四是为优秀运动员建构科学的理论和技能模型;五是围绕奥运会周期制定详尽训练计划;六是以世界级水平运动员为标准构建管理模型;七是为运动训练提供物质与财政保障。俄罗斯联邦继承了前苏联尖端体育优势的强国地位,在冰雪运动项目、体操、田径、游泳、击剑、举重、国际象棋等许多项目上占有绝对优势。[1]

2. 职业体育发展开始起步

职业体育,亦称商业体育,是一种追求竞技比赛票房价值、以商业牟利为目的竞技体育,是集观赏性、娱乐性和技术性于一体的体育比赛。

职业体育曾经受到奥林匹克运动业余原则的排斥,自从 1986 年国际奥委会允许职业运动员参加奥运会某些项目比赛以来,竞技运动职业化在许多国家迅速发展起来。但当今的欧美等西方国家,职业体育已经非常发达,在足球、橄榄球、网球、篮球、拳击、田径、赛马等项目上,均处于世界前列。职业体育由政府通过立法的形式从宏观的层面上进行指导和推动,在法律上对职业体育进行扶持,一般不插手具体的体育事务,只是实施监管责任。微观层面的体育事务或赛事完全交由社团组织,发挥社会自治、市场自主的管理功能。

俄罗斯学者认为,职业化是竞技体育发展的规律、趋势和方向,首先,是因为许多项目需要运动员接受长期的教育训练,有些项目甚至长达 10 至 15 年的时间才会出成绩。其次,一些项目要求运动员从儿童时期就开始早期专项化训练,如体操、游泳、花样滑冰等项目从四五岁就开始训练,在日复一日、年复一年的单调枯燥的训练中,运动员往往要经受高度的心理紧张与体力负荷,尽管如此,只有少数天才运动员或训练非常刻苦、勤奋者才能取得优异成绩。最后,为了培养优秀运动员,还需要高水平的教练、运动医生、心理学家以及健全的保障和服务。

---

① 孙斌,李锦霞. 俄罗斯体育现状与问题分析[J]. 河北体育学院学报,2004.09

对于一个从"举国体制"走出来的俄罗斯来讲,要实现竞技运动职业化并非易事。俄专家学者认为,根本的问题是缺少法律依据。只有从法律上得到肯定,才能解决经费、运动员的社会保障、收入以及奖励等一系列问题。近几年,俄政府正在制定和建立健全各项法律制度,主要有 1993 年制定的《体育和竞技运动的立法基础》;《俄罗斯体育与竞技运动的保护政策》;1999年 4 月 29 日制定的《俄罗斯联邦体育和技竞运动法》等。有了这些法律文件,职业运动员可以通过比赛赚钱,可以获得医疗和社会保障,可以自愿加入职业联盟,捍卫自己的合法权益。

俄罗斯职业体育运动刚刚起步,俄政府仍然在一定程度上支持职业体育运动,但是体育职业化和商业化的管理模式正在形成。足球、篮球、冰球和跆拳道等项目已采用职业体育的形式进行管理,建设中的 162 个足球俱乐部正在严格按照国际足联制定的规章制度进行运作,每个俱乐部都有固定的训练基地和少年后备队。职业运动员的收入相当可观,职业足球俱乐部吸引的资金已经超过整个俄政府对体育运动事业的投入。

2013 年 4 月 24 日,俄罗斯成立了职业教练员协会,旨在促进俄体育教练的培养及其职业素养的提高,选举了该组织发起人、俄罗斯花样滑冰名宿尤里·奥夫钦尼科夫为协会主席,职业教练员协会的主要任务是教练员认证、监督,并通过举办讲座、大师班和提供法律和社会支持等帮助培养年轻教练员,这将对俄罗斯的职业体育运动发展起到积极作用。

3. 体育科学训练经验丰富

尽管俄罗斯经济曾一度出现困难,体育事业受到一定影响,但俄罗斯体育科研工作并没有停止,这为俄罗斯尖端体育的发展和体育运动训练提供了必要的支持和保障。俄罗斯的许多体育项目,如摔跤、体操、拳击、球类、击剑等,都最大限度地将体育科研运用于科学训练之中。

俄罗斯体科所舒斯金教授曾指出,在国际大赛中俄罗斯一些体育项目之所以能够长期保持优势,重要原因在于体育科研和科学训练。在竞技体操、艺术体操、花样游泳、跳水、田径、自由式摔跤、古典式摔跤、拳击、击剑等项目的训练中,能够合理地对运动员进行早期集中训练;在训练和教学中,不仅安排高水平的教练员,还配备运动训练专家,采用先进的训练方法。[①]除了具有一流的科研人员外,还拥有庞大的体育运动技术、运动器械和运动医学的研究设施和器材;在训练方法、医学生物学等方面进行科学研究;建

---

① 詹建国. 俄罗斯竞技体育发展现状及运动训练的经验与启示[J]. 北京体育大学学报,2004.06

立教练员、队医、裁判员等长期培训体系。同时,对生活、工作在国外的运动员的状况进行不间断的监控,予以科学的指导。据"俄罗斯国家队体育培训中心"主任米哈伊尔·舍斯塔科夫 2013 年 11 月接受记者采访时披露,目前俄罗斯已建立起世界上独一无二的奥运选手科学培训体系。这种体系有别于西方的体育科学家和体育教练互不联系的体系,俄国人采取了一种截然不同的方法,即体育科学家经常与教练保持接触和沟通,不间断地对运动员的训练状态进行监测,分析结果,有针对性地制定训练计划。莫斯科和索契建立的两个世界上最先进的科学实验室,能对运动员进行全方位的测试,结合每个运动员的个人特点和潜能,根据监测数据为运动员创建一个体育训练的数学公式。[1]

目前,俄罗斯已经建立起多层次、多学科相互配合的体育运动技术和运动医学的研究体系,这个体系主要由两个层次构成。第一个层次为各专业体育科研人员、教练员、运动队和随队医生组成的科研课题小组;第二个层次为各体育科学研究所和高等体育院校的科研力量。第二个层次在俄罗斯的体育科学研究队伍中发挥着主导作用。以俄罗斯国立体育大学为例,该校拥有三座体育实验和科研大楼,20 多个实验室,产生了许多研究成果。另外,在一些行业体育团体中也拥有自己的体育科研人员和运动医学专家,直接针对具体的运动项目和优秀选手进行研究和指导。

三、俄罗斯体育体制的转型

所谓体育体制,是体育工作的组织制度,是体育组织的机构设置、组织形态、权限划分和权力运行等方面的体系和制度,其核心是体育的机构设置、权力分配以及运行机制。按照组织机构设置和权力的归属,体育体制模式可分为政府为主管理型、政府与社会共同管理型和社会组织为主管理型三种。一般说来,体育体制与国家的经济体制和政治体制相适应。实行计划经济体制的国家,体育被视为国家事业而由政府统一管理。实行市场经济体制的国家,国家对体育实行宏观调控,社会组织以社会化和商业化为支柱,进行自我协调和管理。

俄罗斯体育体制转型,是指从传统计划经济与高度集权的体育体制向现代市场经济与民主法制的转变,是从"举国体制"向市场化、商业化的转变。

---

[1]　当代俄罗斯体育大观:科学培养奥运冠军 . www. tsrus. cn/30395,2013. 11. 29

1. 俄罗斯体育管理体制转型

1992 年,俄罗斯联邦政府制定了《全俄奥林匹克委员会法》和《俄联邦体育教育和运动的管理机制法》两部法律,开启了政府进行体育管理体制改革的序幕。同年 6 月,俄联邦将体育管理机构划分为国家和社会管理机构两大系统,国家体育和旅游委员会、体育运动协调委员会、国家体育教育管理机构属于国家管理机构;俄奥委会、国家运动基金会、社会体育联合会、各单项体育联合会、各体育联盟以及各类协会归属社会管理机构。组建了"体育运动协调委员会",负责制定国家体育运动政策,协调国家、社会和体育组织之间的关系。

在此后的 10 年时间内,尽管俄体育管理机构经历多次改组,但政府管理体育的职能始终没有放弃,相反,还在普京执掌俄罗斯政权之后强化了国家对体育的管理工作。2002 年,俄联邦委员会建议成立以总统为牵头的体育管理架构,将国家体育和旅游委员会改组为俄联邦国家体育运动委员会,作为专门的体育运动管理机构发挥作用。

俄国家奥委会从社会管理机构独立后,依据奥林匹克宪章精神,积极开展体育活动,在宣传奥林匹克精神、指导竞技运动、培养、组建和派队参加重大国际比赛等方面发挥了巨大作用。俄奥委会与俄国家体委既分工明确,各司其职,又相互配合,相互支持,成为管理俄竞技运动与体育的两大支柱。从职能划分上看,俄政府将体育管理大部分权力交给了社会体育组织。

2. 俄罗斯体育投融资多元化

近年来,俄罗斯联邦政府各种形式的国家公共拨款逐年减少,目前只占发展体育所需资金的 20%。俄联邦国家体育运动委员会和奥委会正致力于开辟多元化的投融资渠道,采取一系列旨在形成纯粹的体育活动市场化经营的运营机制。一是建立和完善体育彩票发行工作。1994 年 11 月,俄联邦政府颁布《关于国家整顿体育彩票和其他类型的彩票发行工作的总统令》,明确提出由国家行业管理机构和社会管理机构规划建立体育彩票发行网络。次年 9 月,俄政府再次颁布《关于调整俄罗斯联邦彩票发行工作的总统令》和《关于所有权属于联邦政府,同时正在向股份公司改造的国家体育彩票企业商业化特别程序的总统令》,正式确立了联邦彩票发行暂行章程,采取一系列措施,强化对体育彩票发行工作的宏观调控,为俄罗斯体育运动发展筹措预算外资金。二是采取减免税收政策,鼓励国内企业赞助体育。为发展体育事业开辟资金来源,俄政府规定,支持体育事业的企业可以享有降低税收标准的优惠政策。俄国家杜马颁发的《税法》规定:"利用体育设施为儿童和青少年提供的体育运动性服务均予免税"。"进入俄罗斯领土的体育、健身和旅游商品、体育器材以及体育教学、运动训练和体育用品生产所需要的设备和技术给予免税"。有了这样利好的政策,一些较大的企业积极与体育俱乐部进行合作,成立体育联合体。企业支持发展体育事业,为体育运动队提供集训、差旅、服装以及奖励等费用;体育组织和机构则帮助企业做广告、推销产品,实现了互利、双赢。三是多方引进资金,开辟新财源。许多俄罗斯著名的实业家、银行家积极投资俄罗斯体育事业,为俄罗斯体育运动的发展开辟了新财源,还将一些体育俱乐部的经营权出卖给外国,既获得了外国企业投资、经营与管理,又解决了经费困难,提高了体育运动水平。

3. 俄罗斯特色的体育"举国体制"

对体育的"举国体制",莫斯科体育文化与体育大学校长卡林金·弗拉基斯拉夫·维克多维奇有深刻的理解:"'举国体制'的精髓就是'精英化'和'唯金牌论'。在'举国体制'的保驾护航下,体育部门可以不受任何监督地投入大量资金和人力,去追求金牌。苏联将国家运动员分为健将级、一级和二级运动员,并按不同级别发放工资。为了争夺奥运金牌,国家利用垄断的、不受监督的权力,集中财力和人力,选拔培训运动员。"[①]前苏联体育曾实行了几十年的"举国体制",在其国家体制解体后,体育的"举国体制"也很快土崩瓦解。历经 20 年的阵痛和转型,俄罗斯终于找到了自己的体育发展道路,"开始出现了一种有别于前苏联又不同于西方国家社会自治型体育体制即市场经济条件下的'举国体制',在价值取向上是既希望充分发挥政府的主导作用,又积极寻求社会和市场的作用。通过政府发挥主导作用来鼓励、引导和调控社会和市场的自由自治作用,形成政府主导、社会自治、市场自主的体育体制的协调运转和有机结合。[②]

总体看,俄罗斯体育管理模式主要表现为:联邦政府制定发展体育事业的方针政策和进行宏观管理,社会或协会组织承担体育事务性工作。政府、社会或协会相互合作,政府主导与市场化进行有机结合,权利与义务重新划分并且下放,形成了良性发展的环境和机制。

---

① 迟野. 俄罗斯找到重振体育雄风之路[N]. 中国青年报,2014.02.24

② 邱凌云. 再议体育"举国体制"的转型及选择[J]. 经济体制改革,2011.06

第三节　加拿大体育

加拿大政府没有专门的体育部门,只是在健康福利部下设两个司分管体育和娱乐工作。加拿大没有职业运动员,人们都是在业余时间自己锻炼。运动员参加比赛,一般都是自己掏钱聘请教练,比赛不一定是"为了国家",多半是"为了个人成绩"。政府将纳税人的钱优先保证各社区公共场馆、体育设施的建设,让老百姓有地方锻炼身体。无论是在城市、社区,还是居民点,标准的室内外体育设施随处可见,大多免费使用,而且还配备专门的管理人员。有人发出惊叹:即便全体加拿大人同时参加体育运动,这些体育设施也是够用的。

一、丰富多彩的群众体育

加拿大群众性体育项目种类繁多、五花八门、应有尽有。体育运动在加拿大人的生活中占据重要位置,经常参加体育活动的人高达全国总人口的54%。

1. 冰球运动

冰球起源、流行于加拿大,成为加拿大的国球。大约在 1855 年,加拿大金斯顿开始流行冰球,运动员在鞋子上绑上冰刀,手持曲棍,在冰封的湖面上追逐打击圆木片制成的圆球,用两根竖起的木杆作为球门,把球击进球门就算得分。一个半世纪了,加拿大人对冰球如痴如醉的程度丝毫不减,甚至更加强烈,参加的人数越来越多。据统计,截至 2012 年底,全世界冰球运动员有 154 万,而加拿大就有 61 万,加拿大人口中,差不多 50 个人里就有一个是注册冰球运动员。加拿大的冰球馆遍及各地,大大小小的冰球馆共计 3300 座,比其他所有国家冰球馆加在一起的数量都要多。在加拿大,无论男女老少,都非常喜欢冰球运动。在冬天,只要有结冰的地面,你总能看到人们穿着冰鞋,手持球杆,尽情地享受冰球带来的快乐。

在 2010 年加拿大温哥华冬奥会上,加拿大女冰在决赛中以 2∶0 的比分击败美国队。颁奖仪式半小时后,姑娘们重新冲进冰场,躺在冰面上,抽起雪茄,痛饮啤酒和香槟,展示着脖子上的金牌,开始激情狂欢,全然不顾运动员礼仪和淑女形象,为此,还受到了国际奥委会的警告。① 北京晚报对

---

① 伊志刚. 今天,加拿大因冰球而沸腾[N]. 钱江晚报,2010.03.01

2010 年加拿大冬奥会男冰决赛进行了报道：冰球比赛馆内，近两万观众席座无虚席，放眼望去是一片红色海洋。比赛一开始，加拿大队就展开猛烈进攻，美国队全力反扑，场上攻防转换速度极快，球杆之间的碰撞声不绝于耳，身体之间的对抗让人目瞪口呆，经常是人刚把球击出，自己就被对手撞翻或顶到挡板上。离全场比赛结束还有 24.4 秒，美国队在门前混战中得手，比分变成 2 比 2，时间仿佛在这一刻停滞了。加时赛由于采取突然死亡法，加球员克罗斯比门前劲射得分，欢呼的声浪顿时炸起。加拿大队员扔掉球杆和头盔，拥抱在了一起！整个加拿大都乐"疯"了。

2. 高尔夫运动

高尔夫运动起源于苏格兰，但自十八世纪初大批苏格兰移民涌入加拿大，也把高尔夫带来了，首先在蒙特利尔流行起来。经过近三百年的发展，特别是随着加拿大经济的发展，人们生活水平的提高，越来越多的人参与到这项运动中来，高尔夫运动在加拿大基本平民化了。根据一项调查，2005年有近 600 万加拿大人打高尔夫，绝大多数是 18—64 岁的男子，占总数的70％。近些年，女性球迷数量开始急剧增加了。加拿大高尔夫球场到处可见，光是安大略省就有 650 多个，有人开玩笑地说，"在安大略省打高尔夫，就如同吃一顿便餐那样容易"。安大略是高尔夫的圣地，多伦多是世界上第三大城市高尔夫中心。在加拿大，谁都玩得起高尔夫，它已不再是贵族运动。加拿大高尔夫运动之所以发展迅速，有学者认为主要源于以下几个因素：一是加拿大经济实力强，能够提供雄厚财力支撑；二是加拿大拥有丰富的土地资源，有能力承担大量的球场建设；三是加拿大对高尔夫运动的发展非常重视；四是加拿大高尔夫运动价格低廉，吸引了大量美国高尔夫爱好者。为推动该项运动的发展，加拿大各大俱乐部纷纷举办各种比赛，从业余球手比赛到职业球手比赛，从封闭式比赛到开放式比赛等等。球手的竞技能力越来越强，球队的竞技水平越来越高。从赛事组织、球场建设、球手培养等方面，加拿大早已经建立起完整、规范、高效、成熟体制机制。加拿大高尔夫公开赛与美国公开赛、英国公开赛并列为世界三大古老赛事，其声望远远高于加拿大其他体育赛事。

3. 滑冰、滑雪、打冰壶

加拿大冬季寒冷漫长，千里冰封万里雪飘的时间达半年之久，高纬度多森林的地理环境使加拿大成为绝佳的滑冰、滑雪胜地。滑冰、滑雪以及冰壶等冰雪运动都是加拿大人的最爱。

滑冰运动深受加拿大青年青睐。穿上冰刀鞋，年轻人不仅仅可以展示滑冰的极速技能,还可以展示在冰面上那优美的舞姿。人们经常会在滑冰场看到伴随音乐翩翩起舞的漂亮女生,宛如神话水晶宫中的精灵一般。加拿大每所学校都建有滑冰馆,几乎每个学生都能上场露一手。公共滑冰馆里的收费也非常便宜,滑一下午冰,只需三块多钱,比一张公交车票略贵一些。在加拿大,只要有冰面的地方,就有滑冰爱好者在此纵情驰骋、起舞。加拿大滑冰项目中的速滑、花样滑冰在国际赛事上经常名列前茅。

滑雪是加拿大有代表性的体育活动,尤其是在加拿大的艾伯塔省,冬季的班夫国家公园是滑雪者的天堂,高山滑雪、越野滑雪、雪鞋健行、直升机滑雪、狗拉雪橇等等,让人们尽情挥洒雪上乐趣。全国大大小小的滑雪场近千处,世界级的滑雪场不下百处,久负盛名的韦斯勒布莱克考姆滑雪场连续四年被《滑雪杂志》评为北美第一。

打冰壶是加拿大的独特一景,因为绝大多数参加者都是"大妈级选手"和"大爷级选手",打冰壶是老年人最喜欢的运动。加拿大每个社区都有冰壶馆,供爱好者免费使用。据统计,仅仅在温哥华,冰壶爱好者达几十万人,是仅次于冰球的第二大体育项目。

就世界各国来看,加拿大群众体育运动最为普及,各种体育比赛最为丰富多彩。除上述提到的体育运动项目以外,一些群众性的体育活动,如长跑、慢跑、散步、自行车、狩猎等近年来都有广泛的开展。加拿大长曲棍球运动也有悠久的历史。据考察,19世纪60年代,加拿大牙科医生比尔斯写了第1部长曲棍球规则,被称为"长曲棍球之父"。在1904年和1908年的两届奥运会上,加拿大长曲棍球都获得了金牌,从此,长曲棍球在全国每个省和地区都有会员组织,登记的会员有20万以上。加拿大还积极参加泛美运动会、英联邦运动会和奥林匹克运动会。加拿大有50个主要运动项目经常进行单项的全国锦标赛,全国综合性的、多项目的比赛有全国运动会、北极冬季运动会和北方地区运动会等。北极冬季运动会于1972年首次举行,以后每两年举办1次,它实际上已经成为加拿大盛大的节日活动。加拿大于1967年首次举行全国运动会,现在每4年举办1次。北方地区运动会于1970年首次举行,现在每年举办1次。

二、特色鲜明的学校体育

1. 加拿大高校体育

加拿大高校对体育的认识有更为科学、全面的见解:体育不仅仅是强身健体,在培养学生的思想道德品质,开发智力,陶冶情操,提高心理素质以及提高学生适应社会的能力等方面都发挥着重要作用。在加拿大,衡量一所高校的办学水平和质量,往往不去评价其学科、专业和课程建设的情况,而是看体育课及其课外活动是否开展的有声有色。尽管加拿大绝大多数高校都将体育列为选修课、周末上,主要开展课外体育锻炼,但学校通过提倡"培养学生终身进行体育活动的兴趣和能力"的发展目标,开设一系列的选修课程,组织一系列的体育课外活动,学生都能够根据自己的兴趣和爱好自觉投入到体育锻炼之中,能够树立起终身进行体育锻炼的意识。

加拿大高校拥有功能齐全、先进优良的体育设施。加拿大高校学生热爱体育,积极参加各种体育活动,各高校建设了大量的体育设施以满足学生的需要。加拿大高校体育场馆装修可能相对简朴,但其内部体育设施、设备堪称全国一流。尤其是冰球场、橄榄球场和健身房设施设备最好。加拿大举办奥运会、大运会、国际国内专项运动会都得益于加拿大高校功能齐全、先进优良的体育设施。以卡尔加里大学为例,该校滑冰场是1988年冬季奥运会比赛场所之一,也是北美第一个室内速滑冰场,被誉为"世界上速度最快的滑冰场",30个长道速滑的世界记录中有17个在这里产生,短道速滑场地还装备了缓冲垫来保护运动员的安全。尽管这里是一个世界级的溜冰场,但只要没有赛事,都对在校学生、教职工和社会开放,世界上很多国家包括中国的滑冰队都曾在这里训练过。如果学校办学条件较差,学校也很会利用社会资源为学生提供锻炼场所。以魁北克大学分校为例,该校附近有两个游泳馆,一个是某中学体育馆内的游泳池,另一个是当地酒店内的游泳池。魁北克大学将这两个场馆介绍给本校学生,并给学生争取到了非常优惠的票价。

加拿大校舍宽大,体育场馆众多,但学校都善于节约利用场地资源。以羽毛球、网球和篮球场建设为例,各高校通常不会分别建设这三种场馆,而是把它们融为一体,在一块场地上规划出来,然后按照时间阶段合理使用,如周一至周五是羽毛球项目,晚上是网球项目,周末则安排篮球项目。篮球架都是悬挂式的,可以电动遥控,用的时候放下来,不用时收上去,十分便捷且节省空间。羽毛球网架和网球网架插在地上的金属洞内,网收走的时候用盖子盖好洞,[①]或将场地划分为三个不同的场区,三个项目各自使用分配给自己的场地。

加拿大高校体育赛事非常活跃,内容丰富多彩。尽管加拿大政府没有体育部,但却成立了全国性的体育协会负责相关职责,各省、高校也建立了体育协会。加拿大每年有1万多名学生运动员参加11个项目的近3000个

---

① 唐堂,程漠然. 加拿大魁北克大学体育馆考察[J]. 中国学校体育,2011.01

场次的体育比赛,每周都有不同的赛队在各地方进行预赛或是环赛。最后根据比赛成绩选出最佳赛队参加地区间的全国冠军总决赛。所以,加拿大各大学校园里,近乎每周都会有赛事活动,这些活动带动了学生的积极参与,有力地促进了大学体育运动的发展。无论是职业竞赛还是大学体育赛事,无论是比赛项目还是比赛形式设计上,都力求达到竞技与娱乐相结合,突出大学生的广泛参与和观赏的趣味性。高校之间的校际联赛还被加拿大主要新闻媒体如全球邮报、CBC新闻世界、CBC广播报道。加拿大阿卡迪亚大学体育项目历史悠久,可追溯到1875年。目前该校有15个体育俱乐部,组建了篮球、足球、曲棍球、游泳等11个校队。阿卡迪亚大学是加拿大大西洋省区举办联赛和全国锦标赛最多的大学,是加拿大校际运动和大西洋大学运动的成员之一。加拿大麦吉尔大学以体育活动丰富多彩而著称。该校建立了各种学生体育社团和俱乐部,学生可以在不同的社团和俱乐部找到与自己兴趣和爱好。每年,麦吉尔大学都要和皇后大学举行赛艇比赛。始于1884年的足球比赛,在每年一度的加拿大最古老的麦吉尔大学、皇后大学、多伦多大学、西安大略大学等四所大学中一决雌雄。麦吉尔大学女足常年独占鳌头,而西安大略大学男足往往夺取桂冠。[①]

2. 加拿大中学体育

加拿大中学同样十分重视体育工作,由加拿大健康、体育、娱乐和舞蹈联盟于1988年共同组织实施的"高质量的日常体育活动计划"在提高青少年的体育教育水平,鼓励青少年积极参与体育活动,促进健康成长,形成与发展积极的终身体育态度所需的体育知识与技能,保证每个学生有机会参加校内的娱乐活动等方面发挥着越来越大的作用。加拿大教育体育界认识到,培养学生养成健康的生活方式成为学校体育的核心目标,必须从青少年开始培养良好的生活习惯。研究表明,如果一个人从小养成积极参加体育锻炼的习惯,一般情况下长大后也会保持这一习惯。如果一个人一生养成了积极参加体育锻炼的习惯,将有利于提高学习成绩,有利于身心健康,降低心血管疾病发病率,降低肥胖和超重的水平,降低骨质疏松症,促进骨骼健康等。但如果只是简单地告诉孩子要经常参加体育锻炼,恐怕也难以养成积极锻炼的好习惯。因此,一定要引起学校、社区和家庭的重视。"高质量的日常体育活动计划"每年开展一次体育活动,要求学校自我评估和检查以下10个具体问题,来评价和衡量学校的体育工作:①学校是否提供给每个班级和每位学生每周不少于150分钟的体育指导;②体育课计划是否设

---

① 张华. 加拿大麦吉尔大学校园生活介绍. 加拿大留学网,2013.04.16

计周密,是否组织内容丰富的体育活动;③无论年龄和能力,计划是否鼓励每班每位学生参加体育活动;④是否强调快乐、成功、公平竞争、自我实现和个人健康;⑤体育课程和活动是否适合学生年龄和生长发展阶段;⑥体育课程和活动是否发展学生心肺系统机能和肌肉力量、耐力和柔韧性;⑦计划是否提供机会让学生参加校内的活动和学生组织的活动;⑧教师是否称职和有工作热情;⑨学校是否提供开展体育活动的安全的学习环境;⑩您的孩子是否对体育课和校内活动充满期待。①

加拿大对中学体育工作的重视落实到了具体的课程当中,学校体育课程丰富多样,主要有冰球、篮球、足球、排球、游泳、摔跤、舞蹈、跆拳道、羽毛球、曲棍球、橄榄球等,这些课程基本上都在体育馆或室内上课。每个教学班在20~30个学生,男女生分班上课。加拿大高中体育课为每节75分钟,运动量较大。小学体育课每节45分钟,每周两节,其余三天上午有20分钟的体育活动课,要完成大纲规定的每周不少于150分钟体育活动时间。体育老师教学认真、规范、严谨,对动作细节讲得很细,示范准确、到位,注重学生身体素质发展,充分发挥体育骨干的榜样作用,课堂气氛融洽,师生关系民主平等和谐,师生互动多,教学计划详细,考勤严格。②

加拿大中小学每天只有4~5节课,由于学生课业轻松,课余时间很多。学校组织开展了异彩纷呈的课余生活,篮球、排球、冰球、垒球、棒球、游泳、溜冰、橄榄球、羽毛球等应有尽有。一些对某一体育项目感兴趣或技术水平较高的学生,在交纳一定的费用后,还可以到社区体育俱乐部进行锻炼,在专业教练员的指导下进行系统训练,既有利于提高训练水平,又能发现优秀体育人才。

在加拿大,无论是城市还是乡村,每一所学校都有一栋体育馆,馆内各种体育设施非常完备,更值得一提的是,夏有空调冬有暖气,为学生提供了最好的体育锻炼环境。

三、加拿大体育法律制度

加拿大于1961年制定了《健康与业余体育法》,并于2003年对该法进行了修订,颁发了《身体锻炼与竞技运动法》,成为较早、较为完善依据法律法规鼓励、促进和发展体育锻炼和竞技运动的国家。

---

① 俞爱玲.加拿大学校"高质量的日常体育活动计划"的启示[J].体育学刊,2006.03

② 于斌:一个中国体育教师眼中的加拿大中学体育教育[J].体育教学,2010.11

自 1950 年代始,加拿大经济迅速发展起来,国民生产总值从 1945 年的 128 亿美元上升到 1950 年的 180 亿美元,1975 年则高达 319 亿美元。丰富的自然资源、世界各地尤其是具有高技术水平的欧洲劳动力的大量涌入和美国资本的大量流入对加拿大经济发展起到了巨大的推动作用。在加拿大国内,大量人口从农村流向城市,导致城市人口急剧增加和城市迅速发展。虽然经济增长了,城市发展了,但社会建设却处于落后状态。在社会体育方面,加拿大公共体育设施严重不足,室内室外赛场都十分缺乏,既不能给奥林匹克选手提供场地,也难以给青少年提供体育运动的场所;既没有为体育精英提高训练水平的设施,更缺乏为市民进行体育锻炼的条件。1956 年意大利冬季奥运会和 1960 年美国冬季奥运会,被誉为加拿大国球的冰球项目史无前例地两次与冠军无缘,让加拿大极为震惊和深受打击。一些议员呼吁,为了能在国际舞台上提高国家的威信,必须审议通过此法案,这样才能恢复过去的风采。不少议员指出,随着机械化和都市化的发展,体力劳动的时间大大的缩短,人民有了更多的业余时间。而加拿大的居民由于过量的饮食和缺乏运动所引起的健康问题日益突出,所以,提高国民的体力已成当务之急。

1961 年 9 月 22 日,《健康与业余体育法》在下院顺利通过。第一章明确了奖励健康的体育法;第二章对协定—审议会—委员—长官进行了解释;第三、四章规定了有关体育振兴政策的事项;第五、六章规定了联邦政府和州政府各自分担的体育费用;第七、八、九章规定了健康咨询机关的行政权限;第十至第十四章规定了有关奖励健康的事项。《健康体育法》是加拿大自 1961—2002 年加拿大发展体育所依据的法律。①

2002 年,加拿大有关部门进行的"国民身体状况与体育活动调查"结果显示:加拿大有累计 48% 的国民"适度参加身体锻炼"或"积极参加身体锻炼",居民保持了较高的体育活动参与比例,与五六十年代相比较出现了十分可喜的变化,取得了举世公认的社会效益,联合国开发署 1999 年发布《人类发展报告》,加拿大连续 6 年被列为全球生活水平第一的国家。

基于上述发展和变化,加拿大人进一步认识到,身体锻炼和竞技运动是加拿大文化和社会生活中不可分割的一个部分,必须将"提高国民生活质量"作为制定各项社会经济政策的重要指标之一,体育运动应当向以大众体育休闲为重心的方向转变。在这种背景下,《身体锻炼和竞技运动法》先后经过国会众议院、参议院讨论、审议,于 2003 年 3 月正式成为加拿大法律。

---

① 叶晓航,戚一峰. 加拿大《健康体育法》背景及内容探讨[J]. 体育文化导刊,2006.08

该法明确了政府体育政策的目标是提高人们对竞技运动的参与,支持高水平的竞技运动员,巩固体育在加拿大社会文化生活中的地位;进一步明确了政府在体育锻炼和竞技运动发展中的主导职责;强调了政府"促进国民体育参与,使其成为人们健康与福利的一个基本要素,鼓励国民将身体锻炼融入日常生活,帮助人们减少参加身体锻炼的障碍,巩固体育在加拿大社会文化生活中的地位"的核心目标;阐明了指导竞技运动的道德标准和价值观念;鼓励代表人数较少的群体的体育发展;调整联邦政府就鼓励、促进和发展身体锻炼和竞技运动的主动性,支持各省及地方政府促进和发展体育;鼓励来自私有机构对发展体育的捐献;首次对体育争议等问题提出了解决方法;等等。该法为加拿大体育事业、体育目标的实现创造了更好的法治环境。

1. 通过立法强化体育设施建设

加拿大各地各社区体育设施建设、大众体育休闲活动均列入政府财政预算,从城市税收中划拨经费,同时,政府广泛吸收其他经费来源,如登记注册费、租金、捐赠以及特许经营收入等。在新建居民区和社区,政府在进行规划、开发初期就将体育设施纳入建设规划。因此,加拿大居民社区都配备了体育健身休闲中心或体育俱乐部,免费或低偿收费向公众开放。加拿大气候和地理特点适合开展冰雪运动,每当冬季来临,高度普及化的民众冰雪运动成为加拿大大众体育的鲜明特点,也为加拿大高水平的冰雪竞技运动的开展奠定了雄厚的基础,加拿大逐渐发展为世界公认的冰雪运动王国。加拿大拥有的冰球馆比世界各国冰球馆数的总和还要多。加拿大各省有400多处条件优良的滑雪场,其中40多座是现代化大型滑雪场。其他项目如足球、橄榄球、长柄曲棍球、极限飞盘、板球、草地保龄球等在加拿大都有广泛的群众基础,普及率高,设施设备完善。

2. 通过立法充分发挥社会组织的作用

加拿大"非营利组织和志愿组织"不仅在经济生活中发挥着重要作用,在社会生活中也有不可替代的地位。据 2003 年统计,非营利组织有 16 万个之多,其经济产出占加拿大全国 GDP 的 6.8%。非营利组织中,体育娱乐类占 21%,加拿大联邦政府体育管理机构与各非营利组织和利益相关组织如加拿大各单项体育协会、社区体育组织和多系统运营商等形成了多战略合作伙伴关系,共同推进体育事业的发展。同时,通过免除经政府注册的非营利组织所得税,帮助这些社会组织得到发展。为了确保政府资助的资金得到合理使用和发挥效益,加拿大政府还于 1995 年制定了与体育资助相配套的资助模式与责任框架——"体育资助与责任框架",目的在于在建立一个更合理的体育资助和评价标准,以确定哪些社会组织能够获得联邦政府的财政资助。获得资助的社会组织需要和加拿大政府的体育机构签订合同,明确自己要完成的任务和实现的目标。在政府资助模式的引导下,极大地激发了加拿大社会组织参与开展体育活动的积极性。无论是社区体育活动中心广泛开展的冰球、田径和球类等各种运动项目,还是免费向市民开放的体育公园等户外运动,以社会体育组织为依托的运动方式已经成为加拿大的体育传统。①

　　3. 通过立法确立科学合理的体育仲裁法规体系

　　1983 年,在德国巴登召开的国际奥林匹克大会上,萨马兰奇主席提议成立一个国际体育的仲裁机构,因为体育界出现的纠纷越来越多。司法力量不会主动干涉体育纠纷,无论是商业意义上的体育纠纷还是纯粹的竞技体育相关纠纷都会由行业协会内部的裁决机构来解决。在美国,四大职业体育运动联盟内部建立了单独的仲裁机构。英国也有完整的体育仲裁制度和独立的仲裁机构。加拿大体育发展迅速,体育商业化程度不断提高,体育纠纷日渐增加。加拿大政府于 2003 年 3 月在《促进体育锻炼和体育运动法》中提出设立"加拿大体育纠纷解决中心",为涉及相关纠纷的当事人提供调解和仲裁服务,以避免体育纠纷走向普通的司法诉讼程序。"加拿大体育纠纷解决中心"于 2006 年 4 月通过了"加拿大体育纠纷解决章程",对调解和仲裁的程序、规则均做出进一步的修订,有效地解决了许多体育发展中的纠纷,为体育发展创造了平稳的环境,也减轻了司法程序的负担。② 一般情况下,首先穷尽体育主管部门内部的救济,然后才提交仲裁,以节约仲裁资源。法院对于仲裁结果通常表示支持、认可和保护,使有效的裁决结果能够得到实施。

---

① 陈玉忠. 加拿大体育政策的特点及启示[J]. 上海体育学院学报,2014.01
② 同上

第四章　西方国家社会保障制度

社会保障制度是国家和社会通过立法对国民收入进行分配和再分配，对社会成员特别是因病、残、老、失业等原因所导致的生活困难进行援助的社会安全制度。社会保障制度主要包括社会保险、社会救助、社会福利、社会优抚和商业保险等五项内容。当前西方发达国家基本上建立健全了较为完备的社会保障制度，其中最有代表性的是美国、瑞典和新加坡，它们代表了3种不同的社会保障模式。美国的社会保障制度较好地体现了效率的目标，被多数西方国家所借鉴。瑞典的社会保障制度历史最长最完备，是典型的高福利社会保障制度。新加坡保障制度有自己的显著特点，创造了独特的模式，较好地处理了公平与效率的关系。

第一节　美国社会保障制度

一、美国社会保障制度概览

在西方发达国家中，美国建立社会保障制度的时间较晚。在1929—1933年西方资本主义国家爆发经济危机以前，美国政府很少关心社会保障问题。危机给西方国家带来了灾难性的打击，经济社会发展遭受严重挫折，其中美国遭受的打击最重，有1600万工人和3400万户农民陷入失业和贫困境地。1932年的工业生产比1929年下降了463%，经济倒退18年，13万家企业倒闭，许多人尤其是失业者、老年人、残疾人、孤立无援的人处于极端困境之中，他们根本没有能力应对失业、年老、疾病、伤残这样的灾难。在全美处于一片混乱之时，罗斯福当选美国第32任总统，他力挽狂澜，采取一系列措施挽救危机，其中主要措施之一就是立刻实施社会救济，还专门成立了联邦紧急救济署，通过了《联邦紧急救济法》，帮助失业工人、生活无保障老人、无家可归者渡过难关，恢复工商业和农业，改善劳资关系。为了摆脱危机，重振经济，缓和阶级矛盾，在罗斯福总统主持下，美国国会于1935年通过了《社会保障法》，并于1942年付诸实施，为美国经济社会发展和稳定奠定了基础,甚至可以说,它所产生的影响具有里程碑的意义。在此之后,美国逐步建立健全了一套包括社会保险、社会福利、社会救济等在内的完整的社会保障体系。1946年,美国又采取一系列有关就业、失业、教育、医疗、住房等保障措施,提高了居民的福利水平,成为名副其实的"福利国家"。

美国社会保障制度是基于凯恩斯主义理论建立的。该理论主张通过政府财政支持大幅提高社会福利水平,强调政府对社会保障进行干预,政府、企业和个人共同承担责任,同为责任主体。但是,在不同的保障项目中各自发挥不同的作用,例如,在社会保险项目中,企业和个人是主要缴费人,政府是最后责任人;在社会救济和社会福利中,政府是主要责任人。

第二次世界大战结束后,发了战争横财的美国,不断为政府增加社会保险种类、扩大保障范围提供了可靠的资金来源,为美国公民享有更高水平的社会保障提供了坚实的物质基础,尤其是对不具有独立能力的鳏寡孤独者提供"保养者"资助,在社会保障制度中增加"残疾人保险项目",增加非成年儿童社会服务内容,扩大儿童福利项目的保障对象。在20世纪50和60年代,美国社会保障无论是在保障程度还是保障范围都有很大提高,几乎惠及到所有劳动者及其家庭成员,从而确保了每一个家庭不至于因为保险事件的发生而使生活难以为继。社会保障也因此被誉为"美国政府最成功、最有历史和现实意义的公共项目"。70年代以后,由于社会保障开支不断增加、人口老龄化进程加快、医疗成本和费用不断增长等问题的出现,造成了政府财政负担。从尼克松到小布什,几任美国总统都把社会保障改革作为政府工作的重要内容;都把强化对社会保障的干预作为政府的重要经济职能;都试图通过社会保障来调整各个利益集团的关系,以维护自己的统治;都扩大了社会保障的范围和对象。

进入21世纪,美国养老、失业、伤残等社会保障项目已发展成熟,医疗保障、家庭福利等项目的发展趋于完善。可以说,经过70多年的不懈努力,美国基本建立健全了包括社会保险、社会福利和私营保险这三大方面的社会保障制度,对美国经济社会的发展提供了有力支持。陈蒙蒙指出:"到2006年,美国仅老年、遗属、伤残保险基金资产达2万亿美元,年收入7450亿美元,参保人数达1.62亿人,向4900万人支付了5450亿美元的保障收益。美国还建立了发达的私营养老保险体系,2005年美国私人养老基金的资产已有12.3万亿美元,加上公务人员的补充养老基金的计划资产已有2.8万亿至3万亿美元,美国公共和私营养老资产就高达15万亿美元以上。"①2006年,有90%的65岁以上的美国老人领取了社保福利。2007年,

---

① 陈蒙蒙. 美国社会保障制度研究[M]. 江苏人民出版社,2008.08

美国有 5000 多万人领取了社保福利,总额达到了 6020 亿美元,成为联邦政府最大的支出项目之一。

美国社会保障制度主要包括社会保险、社会福利和社会救济等几大部分。

1. 三大社会保险

第一,养老保险。美国的养老保险分为国家强制性保险、企业养老金计划、个人储蓄性保险三个层次。国家强制性保险是第一层次的保险,是美国联邦政府 1935 年 8 月根据老年人社会福利法案建立的,目前,这一制度已覆盖了大约 95% 的职工。

在美国,只要达到 65 岁退休年龄,不论男女、种族、出身,都可以领取养老保险金。美国对退休年龄和领取养老金时间进行了调整,规定从 2000 年起,凡 1938 年或以后出生的人,每年延长退休年龄两个月,逐渐过渡到 67 岁退休。申领养老金的时间可提前到 62 岁,但得到的金额会相应减少,一般为全额养老金的 85%,企业和个人缴费记录要达到 10 年。如果到达 65 岁暂时未领取养老金者,可延迟至 70 岁后领取,每延迟一年,可增加 5% 的全额养老金,届时每月可领取 130% 的全额养老金。退休年龄不能完全由当事人自己做主,如果企业经营状况不佳,其雇员往往 55 岁提前退休,退休金由企业老板自行支付,社会保障机构不予承担。雇员 55 岁提前退休,其退休金待遇只达到正常养老金待遇的 50%～60%,而且还要纳税。

企业养老金计划是第二层次的保险,是具有私营性质的企业养老金计划,目前,有 55% 的员工参加了这项计划。尽管参加这项保险的员工远不及国家强制性保险的 95% 的职工,但却积累了高达 5 万多亿美元的资金。之所以企业养老金计划发展到如此巨大的规模,主要有三个因素:其一,政府给予免税政策的优惠,即指在工资 6% 以内不用纳税;其二,企业为吸引人才而实施的优惠措施;其三,工会组织为了员工的利益而努力的结果。对于如何管理私营企业养老金计划,通常情况下是由企业自己管理,另外,可以委托资金管理公司或由人寿保险公司管理养老金。发放办法主要有三种形式:一是企业承诺制,是指员工在企业工作一定年限后就具备了享受养老金计划的资格。企业规定,到退休时,按照工作年限,每工作一年,每月发给本人退休前 15 年最高 5 年月平均工资的 1.5%～2%。据此计算,工作 30 年就可以领取 45%～60%。二是基金积累制,是指员工自进入企业正式工作开始,企业就拿出一定比例的资金存入职工个人帐户,调出或退休时,可以一次或数次将这笔积累金拿走。三是企业员工购买人寿保险公司的养老保险。个人储蓄养老保险是第三层次的养老保险,是个人购买养老保险、人寿保险、股票,以及投资各种储蓄进行养老保险。

第二,医疗保险。美国至今没有建立一体化的医疗保险制度,且医疗保险也不是全覆盖,高达18％的美国人没有享受医疗保险。美国医疗保险制度由两个体系构成:一是政府为老年人、残疾人和一些穷人建立的医疗保险和医疗救助制度;二是企业为其雇员及其被供养人提供的医疗保险,这属于私营医疗保险性质。这两个体系在保险金额水平、资金来源、费用支付办法等方面存在差异。

政府医疗保险计划和医疗救助计划是由美国联邦政府及州政府共同组织的,是向低收入家庭、最贫穷的人员提供医疗及与健康有关的服务计划,主要针对65岁及以上的老年人、低于65岁的残疾人和肾病患者。

私营医疗保险计划是由部分私营企业为其员工向人寿保险公司缴纳一定的费用,人寿保险公司对员工看病制定一个报销办法和额度,结余部分成为保险公司的赢利。企业员工能否参加医疗保险主要取决于企业是否为其缴纳医疗保险费用。一般情况下,企业参加医疗保险会考虑三个因素:一是企业经济效益情况。如果企业经营状况不佳,产品竞争能力弱,则企业无力承担员工的医疗保险费用。尤其是美国医疗费用远高于其他国家,医疗保险费用是企业的一个沉重负担,如果不参加医疗保险,则可降低产品成本,提高产品竞争力;二是劳动力市场的供求状况。如果企业积极参加医疗保险计划,那么,这可以成为吸引优秀人才和保留人才的一个优惠条件;三是工会力量的强弱程度。在美国,规模大,效益好,工会力量强的大中型企业一般都会参加医疗保险,而大多小企业都不愿意参加医疗保险。

第三,失业保险。失业是社会生产力发展到一定历史阶段的必然产物,是世界各国经济社会发展过程中存在的普遍现象,同时也是经济社会进一步发展的必要条件。建立健全失业保险制度对于减轻因失业给国家、社会和个人所造成的困苦、降低对经济社会的发展能够起到积极作用。

美国1935年颁布的《社会保障法》,对失业保险本质、管理办法、发放标准等问题都做出了具体规定。一是失业保险具有强制性,即凡属于国家失业保险法所规定类别的企业和个人必须无条件地参加国家举办的失业保险。二是明确了多种渠道筹集失业保险资金的体制机制,即通过州政府向企业收取,企业依据工资税构成和雇佣人数交纳失业保险资金。所以,企业是失业保险资金的主要负担者,但有少数几个州直接向企业员工征收失业保险税。三是失业保险基金通过国家设置的专门社会保险机构进行管理,由联邦劳工部全面监督,各州设职业保障部负责管理失业保险金。四是严格规定了享受失业保险金的资格条件,主要包括:失业必须是非自愿的,因自身过失,包括没有工作能力,无正当理由自愿离职,因工作失误被解雇,以及拒绝适合的工作的人不具备领取资格;失业者愿意并且准备工作,有求职要求,愿意接受职业介绍所提供的就业机会;失业者在失业时必须符合法定要求的就业时间达到所要求的周数或季度数和应缴纳的保费数额等;失业者必须处于法定年龄段;失业者有劳动能力。五是失业保险金支付标准,要求按周支付,支付标准与原来的工资收入挂钩,一般相当于原工资收入的50%,还限定了最低和最高支付限额,以加州为例,每周失业保险金在 40 至330 美元。领取失业保险金的最长期限为 26 周,在失业率上升和居高不下的情况下,领取期限可以延长 13～20 周,延长后的保险金由州和联邦的失业保险基金负担各半。

2. 社会福利

除了上述三大社会保险以外,联邦政府建立的社会福利制度也是社会保障制度中一个非常重要的方面,在维持社会稳定和保障公民生活方面起着不可替代的作用。

第一,食品券制度。美国 1964 年颁布了《食品券法案》,这是由政府发放给低收入者用于换取食物的凭证。食品券主要发放给官方公布的贫困线以下的人口,解决贫困人群的基本生活,因此,食品券被认为是贫困的象征。在美国,一个四口之家如果年收入低于 21500 美元,就可以被归入贫困人口。2008 年 4 月 1 日,英国媒体以《美国 2008:经济大萧条》为题披露了一个惊人的事实:从 10 月开始,有 2800 万美国人将不得不依赖食品券维持生活,这一数字将打破食品券福利计划实行 40 多年来的最高纪录。英国媒体称,这是世界上最富有的国家面临经济危机的明确迹象。按规定,食品券不得用于购买酒精饮料、香烟、维生素、药品和宠物食品,也不得用于购买现场加工的食品等奢侈品,更不能出售,只能在指定的食品零售商店用于购买食品。除少数无家可归者之外,食品券也不得用于购买餐馆或快餐店的食品。其目的是确保贫困者能获得基本的食物需求。目前,在美国许多地方,使用食品券在杂货店或超市前排起长长的队伍换取日用品的日子已经消失了,食品券已经被电子借记卡所取代。借记卡并不能显示上面所附带的贫穷信息,为那些自尊心强的被救助者挽回了一点脸面。

第二,廉租房制度。美国富有家庭一般居住在建有花园、车库的独立住房,相当于一些国家的别墅,而穷人则居住在由联邦政府提供财政援助、地方政府在城郊结合部负责建造的多层或高层单身公寓、老人公寓。租住者只负担非常低廉的租住费用,这种廉租房制度是政府为低收入者、老年人和残疾人建造、维护、收取低额租金并由政府管理的住房。廉租房是美国政府的一项重要的社会福利政策,低租金租给低收入者、老人以及残疾人居住。

廉租房一般提供基本的生活设施,廉价的水电费。在联邦层面,廉租房建设和管理主要由住房和城市发展部负责,地方上则设有廉租房局负责管理本地区具体住房事务。住房和城市发展部向这些公共住房局提供资金支持以及公共住房项目规划、开发、管理等方面的技术和专业指导。联邦政府主要采取四项措施保障为低收入者提供的住房:支持具体的住房工程建设;提供租金补贴,帮助低收入家庭获得私人市场的住房;为州及地方政府提供资金,资助发展地方住房项目;为家庭购买住房提供金融和税收支持,主要包括贴息贷款、担保和贷款利息在个人所得税税基中予以抵扣等。① 批准申请人租住廉租房主要考察年收入水平、是否是老年人或残疾人、是否是美国公民或符合条件的移民。在收入水平方面,如果低于本县(或市)年收入中间值的80%,则属于"较低收入"者阶层;如果低于本县(或市)年收入中间值的50%,则属于"极低收入"者阶层。申请人提交相关证明文件,如出生、税收返还证明等,交住房局审核,如果符合条件,将把申请人列入"等待名单"。如果发现申请人有不良行为或可能对其他租户产生不良影响,则将拒绝批准该申请。对弄虚作假者,住房局将提交司法部门予以惩处。申请人得到批准后,租户需缴纳租金,租金额度主要取决于租户的家庭年收入和相关抵免项目,对于没有收入来源的家庭成员,每人每年抵免 480 美元;有老年人或残疾人的,每户每年抵免 400 美元;老年人或残疾人支撑的家庭,可以抵免一定额度的医疗费用。据统计,2000 年,低收入家庭支付的固定租金比例为家庭收入的 30%,约有 100 万户低收入家庭从该项目中获益。

第三,免费医疗制度。免费医疗制度设立于 1965 年,目的是为部分低收入个人和家庭提供医疗服务,帮助无力支付医疗保健费用者享受基本的医疗卫生服务,所需费用由联邦政府和州政府共同承担。免费医疗主要惠及两类群体:一类是绝对性救助群体,即美国联邦政府规定的绝对贫困人群;二类是选择性救助群体,即各州政府自主决策选择救助的贫困人群。免费医疗项目包括住院服务、门诊服务、产前保健、儿童免疫、医师服务、专业护理、家庭护理和 X 光服务及早期、定期检查、诊断和诊治服务等。美国还设立了两个支持弱势群体的医保计划,一是"医疗保健"计划,专为 65 岁以上的人群,也为患有长期疾病的部分 65 岁以下的人群支付医疗费用的一个联邦计划。二是"儿童保健"计划,专门支持那些父母尚无资格申请"医疗救助"计划的低收入家庭儿童。

美国法律规定,医院必须对急诊病人进行及时救助治疗,不论身份、不

---

① 陈济朋. 美国法国新加坡住房保障政策成社会稳定基石[N]. 经济参考报,
2011.10.18

管是否有保险。对于困难家庭和困难群体享受的免费医疗,医院均有专门的记录,一旦困难家庭和困难群体解贫脱困,必须向医院支付医疗费用,否则会留下不良记录。美国是个讲究诚信国家,如果居民失去诚信,有不良记录,是会受到公众指责的,在社会上也难以立足。

3. 社会救助

社会救助作为政府设立的最后一道安全保障制度,在调节收入分配、促进社会公平、化解社会矛盾、维护社会稳定、促进社会发展等方面具有重要意义,是政府社会保障体系的重要组成部分。得到社会救助必须符合一定条件。早在 1965 年,美国依据家庭人口数量和家庭总收入两个因素制定了贫困标准,但这个标准并不是固定不变的,政府有关部门每年都重新核定、测算。2005 年,美国家庭贫困标准为:单身年收入 9570 美元,两口之家 12830 美元,三口之家 16090 美元,四口之家 19350 美元,五口之家 22610 美元。如果一个家庭的年总收入低于当年联邦政府制定的标准线,则被认定为贫困家庭,就有权获得政府救助。

联邦政府主要采取项目救助方式。项目救助一般分为现金救助和非现金救助两类。现金救助包括贫困家庭临时救助和补充性保障收入两个项目。前者是一个现金救助项目,被救助的家庭主要是单亲或父母中有一人无劳动能力或长期处于失业状态。如果是三口之家,救助金额一般在 200至 700 美元。现金救助项目不仅简单地救助金钱,重点解决产生贫困的原因,并督促和帮助失业者再就业,增加被救助的家庭的个人责任,树立"以工作求自立"的生活观念。美国政府每年都花费巨额经费为下岗工人提供就业和训练服务,并补助暂时失业的人,特别是那些有学龄儿童的家庭。后者是由联邦政府社会保障局管理、监督、执行的一种收入援助计划。该计划向低收入者或无收入的 65 岁以上老人、盲人、残疾人提供现金救助,保证他们吃、穿、住、行等方面的需求。盲人、聋哑人、癌症患者、心血管病患者等不能劳动,患病在一年以上仍不能工作的人,有资格领取现金救助,甚至营养不良、贫血、身体虚弱也可申请领取现金救助。如果在 22 岁以前残疾,其父母或祖父母也可领到救助金。如果退休后残疾,可以申请领取伤残金替代养老金,伤残金比养老金数额多。联邦政府承担救助费用,州政府和地方政府负责组织实施。

非现金救助主要是发放粮食券、医疗补助、住房补助、就业培训以及免费对贫困家庭子女的教育等项目。如果低收入家庭中有老人、婴儿或孕妇,可根据收入情况按月领取奶粉、肉类、罐头、粮食等食品。

二、美国社会保障制度的功能和特点

1. 美国社会保障制度的功能

从人力资本投资的意义上来说,社会保障也是生产性投资。建立社会保障制度,在一定程度上能够解决人们的工作学习、衣食住行、生老病死以及伤残孤寡等问题。当人们领到保险金和各类津贴以后,马上就会形成购买力,从而对整个经济产生重大影响,发挥积极作用。当经济处于低迷状态,投资减少,工人失业,消费水平下降时,失业补偿支出就会急剧上升,通过提供社会保障,可以部分抵消支付能力减少,保证社会需求,缓解经济危机所造成的破坏。当经济迅猛发展之时,把一部分消费基金转化为生产基金,用于扩大再生产可以增加就业,提高利润,企业缴纳更多的失业保险金,使社会上部分资金流入政府手中,从而抑制经济的过速增长,降低经济危机爆发的可能。具体来说,美国的社会保障制度的功能主要表现为:

第一,有利于维护经济社会持续稳定发展。作为一项经济政策或手段,社会保障源于 1929—1933 年资本主义世界严重的经济危机。凯恩斯认为,造成经济危机的主要原因是"需求不足"。如果要解决"需求不足"问题,政府必须通过扩大财政开支的途径和手段,刺激需求。许多国家采纳了凯恩斯理论,纷纷把社会保障作为政府宏观调控经济的工具,通过扩大社会保障规模来增加社会需求,调节消费结构,促进经济发展。在经济危机期间,经济增长缓慢,甚至下降,企业开工不足,就业困难,失业增加,劳动者收入水平下降,在这种情况下,社会保障基金中用于失业救济和家庭补助的资金项目额度大幅增加,使处于储备状态的一部分基金进入到经济运行中,家庭收入水平提高以后,增强了购买力,促使社会总需求上升,有助于推动经济走出低谷,摆脱危机。当经济发展处于高涨时期,经济增长迅速,企业运行强劲,就业充分,劳动者收入水平提高,在这种情况下,社会保障基金中用于失业救济和家庭补助的资金项目额度大幅减少,保障基金收入大于支出,出现结余,家庭货币收入相对减少,购买能力相对弱化,社会总需求相对降低,经济增长速度受到一定抑制。另外,在经济社会发展中,经常会出现决策失误或管理不善而导致的经济失调和社会不稳,造成企业破产倒闭,劳动者失业,生活上遇到困难。为了促进经济发展,维护社会稳定,每个国家都采取各种不同的措施,其中社会保障往往是重要选择。

近半个世纪以来,美国社会福利支出一直处于不断增长态势,从 1958 到 1965 年,美国教育和社会保险开支交替处于前两位。1966 年,社会保障项目、经费大幅提高,社会保险支出升到首位。1982 年以来,社会保险项目甚至占到全部社会保障开支的一半。从 1980 到 1986 年,联邦政府提供了全部社会福利 60％以上。显然,健全的社会保障制度对社会宏观经济具有一定程度的调节作用,是促进社会经济发展正常平稳运行的重要调节力量和重要调节手段,是帮助劳动者摆脱或减轻经济和生活上的困难,消除劳动者失业的后顾之忧,安定民心的基本途径,有利于维护社会稳定。在美国,社会保障发挥着"安全网"和"减震器"作用,自美国社会保障制度建立半个多世纪以来,虽然社会危机、经济危机、金融危机接连不断,此起彼伏,失业率居高不下,但穷人遭受打击的程度已经不像 30 年代那样严重,因而社会也能相对地保持稳定。

第二,有利于提高劳动者素质和优化资源配置。社会保障政策使广大劳动者的基本生活得到了保障,体力和精力得到了恢复,他们的家属及子女也有了某些保障,从而保证了劳动力再生产的顺利进行,对美国生产力的发展起到了一定的推进作用。美国社会保障制度让老幼病残、鳏寡孤独、盲聋哑人等都得到了良好的照顾,许多社会保障项目是针对老年、遗属、伤残者的,目的在于当他们成为贫困者时予以照顾。90％以上的退休人员可以享受养老金,无权享受养老金的贫困者可以申请政府救济。抚养儿童的单身母亲家庭、盲人和伤残者可以享受食品券补贴和各类救济金等。社会保障制度的实施,使美国的贫困现象逐步减少,劳动者的生老病死得到了不同程度的保障。第二次世界大战以后,美国社会保障"福利网"范围逐渐扩大,平民百姓获得了生、老、病、死、伤、残、孤寡、教育培训、就业、失业等多方面的生活保障。母亲得到关爱保护、儿童得到呵护,这都为家庭生育、人口素质的提高提供了良好的经济条件,减缓了劳动力扩大再生产的经济压力,有力地保证了高素质劳动力资源。医疗保险事业的迅速发展改善了人们的健康状况,提高了劳动力的身体素质。政府发放失业津贴,有助于失业者解除后顾之忧,接受职业培训,从而有利于寻找新的工作岗位。据统计,自 1940 至 1979 年,美国社会福利费用由 300 多万美元增加到 2 亿多美元,增长了 66 倍,其中老年医疗保障占整个社会保障项目的首位。在上述开支中,医疗保健费用增加得最快。美国社会保障制度实施的经验表明,适当的社会福利保障是保障劳动人民最基本的生活条件,缓和周期性波动,稳定社会经济的重要手段之一,是稳定资本统治的重要途径。在社会保险的所有项目中,几乎都与保护劳动力有直接关系:医疗保险旨在恢复劳动者的身体健康;失业保险可以维持有劳动能力的社会成员的生存,并为他们再就业创造物质的和技术的条件;生育保险可以保护劳动妇女的健康,保护和培育新一代劳动力;而养老保险则是对做出贡献的劳动力资源的保护。上述种种,都有利于劳动力素质的提高,保证劳动力市场供给的有效性。作为一个国家间的经济联合体,欧盟在 1983 年的一份文件中就明确指出,"社会保险不能简单地被看作是对国家的一种负担,而应该把它看作是为了在经济中使工作能力、效率和动力保持高水平的一种手段"。

在美国社会保障制度中,教育保障占有很大比重。自 60 年代以来,美国建立了各种类型的、各种层次的、遍布各州县的教育和培训机构。从 70 年代以后,各大中型企业开始创办工科院校,一方面培养专业技术人才,另一方面也承担了普通院校对高级科研人员培训的责任,对于提高劳动者素质,开发人力资源,实现资源的合理配置起到了积极作用。失业者在申请失业救济时,如果愿意接受有关部门或企业开办的职业培训,那么,失业者在接受培训的同时,也会获得一份额外的工作。这样,失业者既可以领到失业补助金,又能够理所当然地领取一部分工资。随着科学技术的迅猛发展和知识更新速度的加快,一个美国工程师的专业知识 5 到 8 年就过时或者失效,尤其是那些处于前沿领域和掌握高新技术的专家和技术人才,必须不断学习和更新知识,否则就要被淘汰。同样,对于普通劳动者而言,如果不接受或没有条件接受有关技术或专业知识的教育和培训,更容易被社会抛弃,面临失业的厄运。为了维持一支高素质的劳动者队伍,推动经济社会可持续发展,对劳动者的继续教育和培训越来越成为美国社会保障制度的重要内容。进入新世纪,美国每年有高达近 1000 万人接受继续教育和培训。据报道,在美国,凡是重视继续教育和培训的地区和企业,科学技术的发展就比较快,生产建设搞得就比较好,经济发展就比较繁荣。相反,不重视继续教育和培训,这些地区和企业,科学技术、生产建设和经济发展就比较落后。无论如何,只有把优秀的劳动力资源合理配置到能发挥作用的环节上,实现人力资源的合理配置,才会有科技进步、生产增长,经济发展。

第三,有利于维护社会公平。自从人类产生私有制进而出现阶级以来,社会中就开始存在不平等现象,这种不平等在世界各国都曾经达到"富者连田阡陌,贫者无立锥之地"的严重程度,危及到了社会的存在与发展。在资产阶级原始资本积累阶段,其财富的增长就是以对劳动者的疯狂剥夺为前提的。17 世纪英国颁发的"济贫法"和 19 世纪德国出台的社会保险制度,从一个侧面说明了世界上许多国家出现了不平等。西方国家在 20 世纪建立的社会保障制度,为解决社会不平等现象、缓解资本主义社会的矛盾,推动社会生产力的发展等方面做了一些实实在在的事。通过社会保障,在一定程度上对全体社会成员消除社会发展过程中因意外风险,如灾害、失业、疾病等因素导致的机会不均等,从而保障社会成员在没有后顾之忧的情况下参与市场公平竞争,减少社会分配结果的不公平。美国诺贝尔经济学奖第一人萨缪尔森在新版的《经济学》中指出:"政府的具体经济职能是什么呢? 有三个作用,即效率、平等和稳定。政府促进平等的方案是用诸如收入再分配等工具来反映社会对穷人和残疾人的关心。稳定政策试图削平经济周期的高峰和低谷,减少失业和通货膨胀,并且促进经济增长"。

美国于 1935 年颁布《社会保障法》,此后,随着社会保障体系的不断充实和完备,社会保障和救助覆盖的范围、水平得到较大程度的扩大和提高,主要体现在四个方面:一是从一般企业雇员扩大到自我雇用人员或个体经营者;二是从盈利性企业的雇员扩大到非盈利性机构或事业单位的雇员;三是从美国本土人员扩大到美国附属岛屿上的人员;四是从非农业工作人员扩大到农场的工作人员或农业雇员。在美国,65 岁以上老人中获得社会保险养老金的比例,从 50 年代后期的 64% 上升到 60 年代后期的 82%。美国《社会保障法》还对以下三类群体提供保障:对 65 岁以上的退休人员或者工作者的遗属提供生活津贴的老年保险;对由各州和地方负责实施的失业保险金提供追加资金的联邦基金;对于老人年、残疾儿童、盲人和生活困难人员,提供联邦救助资金。

美国社会保障制度以较低支出保障了社会成员的基本需求,维护了社会基本稳定,支持了经济以较快的速度发展。美国社会保障制度所遵循的基本原则是"帮助自助者"原则,[①] 而不是全面的"福利国家"原则。遵循这样一条原则,既节省了社会保障开支,防止了社会保障基金成为国家财政的巨大包袱,又降低了劳动者过于依赖社会保障的懒汉心里,有利于劳动者更多地履行社会责任。

在社会保障的功能发挥中,中央、地方和民间分工明确,责任清晰,充分发挥了三个方面积极性。就联邦政府、州政府以及地方政府的关系而言,尽管对社会保障财政支出的比重在不同时期差异较大(如建立社会保障之初州和地方政府所占比重大,发展到逐步成熟后联邦政府所占的比重大,许多年份的联邦支出甚至比州和地方政府的支出总和还要多),但是,联邦政府并没有改变州政府发挥社会保障主导作用的"游戏规则",也没有干预各地的社会保障规定,而是依照法律规定,及时足额地向各地社会保障基金拨款。联邦政府、州政府以及地方社会保障部门独立和严格的审计、监督,保证了社会保障事业的顺利发展。

---

① 王诚.美国社会保障体制改革及对中国的借鉴意义.中国社会保障网,2009.12.14

2. 美国社会保障制度的特点

第一，多样性的福利保障。美国的社会保障并不是由联邦政府大包大揽，而是由各级政府共同负责。老年人、残疾人遗嘱保险和健康保险由联邦政府负责；工伤事故等项目由州政府负责；失业保险由联邦政府和州政府共同负责；一些私人团体、基金会、慈善组织等也发挥着社会保障的功能，如具有社会福利性质的慈善机构、具有非盈利性的社会福利保障组织、基金会福利保障组织、教会福利社会保障组织以及社区服务保障组织等。由联邦政府负责的保障项目多种多样，诸如就业和失业福利保障、老年福利保障、健康医疗保障、教育福利保障、住房保障、退伍军人保障以及妇幼和残疾福利保障等。另外，还有为贫困家庭提供的食品券计划、学校午餐计划、特别牛奶计划、特别学前食品服务计划、特别暑期食品服务计划等。20 世纪 70 年代以来，美国强化了地方政府、私人团体、基金会和慈善组织的作用。

第二，多渠道的资金来源。美国社会保障资金主要有以下来源：一是社会保障税，其税基由雇主和雇员共同缴纳，是职工的应税工资，由雇主和雇员各负担 7.65%，该税的税率为 15.3%，主要用于老年遗属保险、伤残保险以及老年医疗保险等社保项目。二是社会保障资金的增值收入，其增值收入主要是将结余部分存入银行或投资国债得到的利息。三是政府财政拨款，这是社会福利项目的经费来源。实际上，政府征收的企业的税收和企业为员工提供的福利经费是社会保障项目的主要资金来源。另外，一些个人、社区和社会福利组织也为不同利益集团、特定的保险项目等提供了社会福利保障的部分经费。

第三，不平衡的保障水平。美国社会保险的保障重点是老年、残疾或生活无依靠者，保障水平较低，目标是提供最低生活水平，而对其他人的保障就更少。由于经济发展的不平衡，美国社会保障水平各州和各企业之间存在较大差异。根据各州不同的经济条件和承受能力，各类社会保障待遇的标准因地区或企业而不同。经济发达的东北部地区和南部等经济后进地区相距甚远；高科技企业和大企业雇员的福利待遇远比技术含量低和盈利低的小企业福利待遇高；工会力量强的企业远比工会力量弱的企业福利待遇高。

第四，方便携带的管理体制。养老金制度设计统筹层次高，携带性强。美国的 OASDI 计划是一个强制性的社会保险计划，直接由联邦政府在全国范围内统筹，凡能获取工资收入者，必须参加 OASDI 计划，并依法缴纳工薪税。目前，美国 50 个州的 2000 多个农村县（市）都能参加 OASDI 计划，参保人员在获得第一份工作时就必须申请一个社会保障卡（SSN），联邦政府通过它跟踪工人的收入,以决定社会保障税的金额,并将积分记录在其个人账户中,以便雇员退休之后,凭借其 SSN 直接领取相应的退休金,这样,美国的养老金管理和发放具有了很强的便携性,解决了养老金区域转移的问题,有利于人才的自由流动。

三、美国社会保障制度存在的问题和改革举措

1. 存在的问题

第一,不健全的医疗保险体制。从总体上讲,美国社会保障制度对促进经济社会的发展发挥了强大的功能和作用。然而,在社会保障组成部分的医疗保险领域中,美国却是一个例外,时至今日仍然没有建立起覆盖全民的医疗保险制度。美国医疗保障机制的设计与其他西方国家不同,其保障体系以民间私营医疗保险为主,以政府公共医疗保险与救助为辅,主要针对老年人、残疾人、低收入者以及军人。美国约 40%医疗费用来自私营医疗保险计划,联邦政府的医疗保险计划也由私营医疗保险公司操作。这些私营保险公司只提供相对较低费用的医疗保险服务,而对一些昂贵的医疗服务项目,私营保险公司往往设立单项保险。[①] 美国的社会保障事业不完全是政府行为,正在变成私人或集团追逐利益的市场。

美国医疗保障并不是全覆盖,联邦政府只向 65 岁以上的老年人提供有限的医疗服务,而在职职工的医疗保险主要由企业为其购买的商业医疗保险来解决。据统计,在 1995 年,全美 2.6 亿人口中,有 3000 多万人口即占总人口的 11.5%仍然没有任何形式的医疗保险或医疗保障。2008 年,全美 3 亿人口中,有 4630 万人没有医疗保险,另外,还有数百万人医疗保险待遇不足,他们只能自己支付医疗费用。[②] 这种制度安排导致大量美国人不能享受医疗保险服务。美国是世界上卫生保健支出最大的国家,无论国家总体支出规模,还是人均卫生花费,或者占整个国内生产总值的百分比,均高居世界首位。以 2000 年为例,西方七个发达国家人均支付的医疗费用,美国为 2600 美元,加拿大 1800 美元,德国 1520 美元,英国 990 美元。2004 年美国的卫生总费用达到了 1.9 万亿美元,占国内生产总值的 16%,几乎为 OECD 成员国平均支出的 2 倍,同时人均卫生保健费用支出也高达 6280

---

① 刘克军. 美国医保制度:昂贵且不公平[J]. 中国社会保障,2005.11
② 刘翠霄. 从英美看社会保障制度在经济社会发展中的重要作用[J]. 环球法律评论,2010.04

美元。① 对于高昂的医药费问题,《华盛顿邮报》曾披露了内情:除了用于医药研发方面的成本外,还有大额的隐含成本,其中包括大规模的广告推销,贿赂医生,付给律师以设法延长药品专利权时间,以及为政客的竞选活动捐款等。②

高昂的医疗费用,不仅美国穷人看不起病,中产阶级也望而生畏。由此看来,医疗保障低覆盖、低效率、高投入、高消耗已经成为美国社会保障制度中问题最大、政府最头痛、百姓最为不满的问题。

第二,不平衡的社会福利保障机制。美国社会保险的体制最早是在各级地方政府的范围内建立的,然后再推广到全国,各个州政府根据本州经济发展的情况和社会的需要,确定实行社会保险或者社会福利实行的范围和标准。因此,美国社会保险没有形成全国统一的机制。主要表现在州和地方政府规定的社会保障福利金额有相当大的差距,经济发达的东北部地区比南部经济落后地区要高出许多;高技术、经济实力强、大中型盈利企业员工福利待遇比技术落后、实力弱、小型企业的福利待遇要好出许多。美国是一个利益集团充斥的国家,无论是社会财富的再分配,还是一项福利政策的出台,实际上是通过赋税和福利开支的方式完成的,是联邦政府、州和地方政府以及各利益集团的协商,在国会各专门小组和委员会反复讨论,再由国会参众两院的沟通,最后通过的方案与原方案相比较,已经发生了重大改变,变成了一个各方利益相互妥协的结果。美国虽然建立了对低收入和贫困家庭多样性的福利补助,但在税收、退休政策等方面却有利于高收入者阶层。联邦政府为政府工作人员、官员、职业军人等制定了优惠的退休政策,主要体现在,其工作时间相对其他阶层的雇员要短,退休的年限也早,退休后在享有退休金的同时还可以从事另一份职业,再获得一份收入,形成了双重退休金现象。又如,富有者的红利、利息、租金等非劳动收入是免税的,他们捐赠的福利基金也是免税的,这对于低收入家庭来说实际上是一种事实上的不平等。黄安年教授在其《当代美国社会保障政策》一书中指出,美国的社会保障制度面对的是全体国民和不同居民群体,它是国民财富的再分配。它不可能实现收入均等化,也不可能真正体现全民福利国家。不能把美国的社会福利保障和美国人民收入均等化画上等号。斯科尔尼克曾质疑,在美国,为什么贫穷仍然是如此顽固的问题呢?他认为,福利开支中针对穷人的很少,政府用于援助低收入的抚养未成年子女、食品券、医疗补助和低收入的老人、盲人、残疾人的社会补助保障项目只占整个社会福利开支

---

① 陈蒙蒙. 美国社会保障制度研究[M]. 江苏人民出版社,2008.08
② 美国药费为什么贼贵?[N]. 北京青年报,2003.08.24

的 13％,而且社会福利开支因通货膨胀而下降。1978 年的人均公共援助金364 美元,到 1982 年则降为 344 美元。从 1981 年到 1985 年,穷人的纳税额升到原来的 5 倍,而中产和上层人群的纳税额则下降了。[①] 一位德国记者在评论美国 1991 年公布的 1978 到 1987 年统计数字时也提出,占美国人口 20％的最穷人群的收入下降了 8％,而同期占美国人口最富的 20％的人的收入却上升了 13％。

第三,不堪重负的财政负担。自二次世界大战以来,在美国政府财政支出项目中,社会保障、教育和国防位居前三甲,尤其是社会保障,已达到政府开支的近 50％。根据美国政府公布的 2010 年数据,美国联邦、州和地方三级政府财政 65320 亿美元,其开支大体情况如下:

医疗保健:占总支出的 17％;

教育保障:占总支出的 16％;

养老保障:占总支出的 15％;

国防开支:占总支出的 14％;

社会福利:占总支出的 11％;

债务利息:占总支出的 4％;

其他各项:占总支出的 23％。

需要说明的是,在其他支出中,有一些实际上也应该归为社会保障范围,因为它们实际上也是社会保障,只是名称不同而已。

美国政府之所以大量举债,重要原因是为了社会保障。换句话说,如果美国社会保障没有消耗财政收入的 50％,美国政府的债务就会减少许多。巨大的社会保障数额直接造成了美国政府的财政负担。仅以养老金为例,2002 年社会保障养老金已经占到国内生产总值的 4.2％,估计到 2030 年,它所吸收的国内生产总值的比例有望达到 6.5％以上,联邦政府每年支出的 4 美元中,其中就有 1 美元用在了社会保障养老金上。医疗保健费用正扶摇直上:1965 年保健费用占 GNP 的比例为 6％,1985 年达到了 10％。贫困救助问题更为突出,目前全美有 500 万个家庭每月领取 350～400 美元的救济金,2700 万人领取食品券,这两项开支就达 450 亿美元。另一个问题也难以解决,即社会保障机构繁多,管理费用开支巨大。从联邦政府到州和地方政府以及私人、团体共同举办社会保障机构,全美就有 1300 多个,管理人员 65000 多人,这使得社会保障制度运行的成本进一步增大,财政负担进一步加重。

---

① 埃·卡瑞和杰·斯科尔尼克.星条旗下的阴影[M].东方出版社,1994

2. 改革思路

针对社会保障制度中存在的种种问题,美国最近几届总统都非常关注,克林顿、布什、奥巴马等都先后进行了改革,也取得了一定的成效。但是,美国社会保障问题成堆,积重难返。

第一,克林顿政府的改革。尽管美国社会保障是以私营商业保险为主体的医疗保障体系,政府的介入相对较少,但仍不能抑制以惊人速度增长的医疗费用。庞大的医疗费造成了三方面后果:一是增加了政府的财政压力,财政出现困难;二是成为美国企业的沉重负担,影响了企业的竞争力;三是提高了百姓的生活成本,影响了生活质量。正是在这样的背景下,克林顿1991年当选美国总统后,开始了社会保障体制的改革。

首先,改革医疗保险计划,目标是建立全民医疗保险制度,降低医疗费用,使每一位美国公民都能够得到医疗保险照顾。克林顿于 1991 年 10 月 3 日在阿肯色州议会发表竞选演说时明确指出,我们的医疗费用是世界上最昂贵的,而我们得到的医疗条件不如人家。他保证,上任第一年就将向美国国会和人民提出一项计划,让所有的美国人享受负担得起的高质量的医疗。1992 年初,他又在新罕布什尔举行的一次卫生保健会议上进一步指出,结束现行医疗体制的行政浪费,控制不必要的过高技术的使用范围,制止药品价格的上涨势头,减少每年达 750 亿美元之巨的医药费账单舞弊,保证每个人都能享受医疗保健,具体措施:一是把预算盈余的 60％用于社会保险信托基金,使该基金可以支持到 2055 年;二是把政府公债从占国内生产总值的 45％降低到 10％,使社会保障制度能够支持到 2075 年;三是把 15％的预算盈余用于医疗保险,使医疗保险信托基金能够支持到 2020 年;四是鼓励个人进行投资和储蓄,政府从预算盈余中拿出 10％帮助建立个人"储蓄账户";五是提高老年妇女的福利金,逐步降低她们的贫穷比例。

其次,改革福利计划,根本点在于由救济福利向工作福利转变,基本思路是,任何有劳动能力的人都不能长期靠政府救济生活,必须参加工作,将福利与工作联系起来。地方政府为低技能的居民提供教育和培训,帮助他们提高劳动技能。克林顿正式担任总统后,组建了福利改革小组,出台了改革方案,要求受益者与公共救助机构签订协议。他提出,能够工作的人均不能永远靠福利生活,有工作的人不能生活在贫困中。我们将继续帮助不能自助的人,为他们提供所需要的儿童照顾和卫生保健,使他们能够去工作,并获得长期的自给自足。我们要求能工作的人在两年内找到工作,或者到私人企业做工,或者参加社区服务,以满足生活需要。

克林顿推行的社会保障改革坚持了以下三方面的基本思路:"一是在改

革的指导思想上，由国家干预下的自由竞争，转变为在联邦政府主导下，发挥地方政府的能动作用；二是在改革模式上，由过去大政府、小社会、高税收模式转变为小政府、大社会、低税收模式；三是在改革内容上，从扩大社会保障范围到相对收缩，从以失业、老年为重点到解决医疗保险为重点，从单纯救济性福利转变为工作性福利"。[①] 1996 年 8 月 22 日，克林顿正式批准了美国《福利改革法案》，结束了自 1935 年联邦政府实行的对穷人没有任何限制的福利补助。据统计，在克林顿执政时期，进入劳动力市场就业人数有了明显的增长，失业率呈明显下降态势，家庭贫困率迅速减少，尤其是西班牙裔的贫困率与女性为主导的家庭贫困率下降尤为迅速。

克林顿专门委派他的夫人希拉里筹建和领导了医疗改革小组，起草了《健康保障法案》，试图建立起惠及全民的医疗保障体系，但最终方案未能被国会通过，迫使他在福利改革上作出妥协，最终使他的社会保障"改革梦"遭受严重挫折，最后被国会否定。究其原因，一是《健康保障法案》本身有许多不尽合理的内容；二是巨额的补贴缺乏可靠的资金来源；三是中产阶级则担心《健康保障法》将导致医疗服务的配给制；四是《健康保障法》涉及到大量的收入再分配问题；五是强制雇主和雇员共同支付保险费用招致他们的反对。另外，就社会福利而言，也有"上去容易，下来难"的社会心理。在《健康保障法》失败后，克林顿政府还是通过渐进改革的方法扩大了医疗保险的覆盖面，制定了儿童医疗保险计划，在残疾人的医疗政策方面，克林顿政府同样做了努力并且取得了成功。

第二，布什政府的改革。据测算，第二次世界大战结束"婴儿潮"时期出生的近 8000 万人即将加入"白发潮"大军，开始大量退休，美国社保压力已上升到前所未有的地步。到 2020 年前后美国社保基金将入不敷出，2040 年前后社会保障基金将彻底用光，社会保障的信任危机将导致社会保障体制的崩溃。因此，美国各界有识之士普遍认为，社保制度已到了非改不可的地步了。美联储主席格林斯潘就多次警告，除非采取有力的措施，否则社保基金将"难以维持"。乔治·沃克·布什于 2001 年 1 月就任美国总统，他在第一任期内，社会保障制度改革无重大举措，第二任期将社会保障制度改革作为重要工作，改革的中心议题就是使养老保险私有化，即现有雇员通过建立"个人投资基金账户"，将他们从工资收入中支付的部分社会保险金转入到这个账户，而个人原来交纳的其余 4.2％和雇主负担的那部分社会保障税仍按原来的渠道用于支付社会保障金。当一名工人退休时，基金的资产

① 张桂琳等．七国社会保障制度研究[M]．中国政法大学出版社，2005

将成为个人财产,个人可以选择对其如何处理。[①]

　　为强化对社会保障制度改革的领导,布什于 2001 年 5 月下令成立了一个由 16 人组成的"强化社会保障总统委员会",负责研究改革计划,提出了社会保障改革必须坚持的六条基本原则:制度的变革不能改变退休或行将退休人员的给付水平;全部的社会保障盈余不能挪作它用;不能提高社会保障税;政府不能将社会保障基金投资股市;新制度必须保留伤残和遗属保障项目;新制度应包括个人控制的、自愿的个人退休账户,以便增大社会保障安全网。该委员会于 2001 年 12 月 21 日提出了一份《强化社会保障,为所有的美国人创造个人财富》的正式报告,为美国社会保障私有化改革勾画了一幅蓝图。个人账户是核心因素,剔除通货膨胀因素影响后,退休者未来可获得的退休津贴至少不低于今天退休人员的水平;引进自愿性个人账户,允许参保人积累财富,其津贴水平会高于今天的退休者;通过个人账户,参保者增强了自身对退休津贴的控制能力。报告认为,建立个人账户是社保改革的核心内容,有利于提高资金保障的能力,有利于实现基金积累,能够为社会弱势群体增加额外的保护,可以使其持有者有机会寻求回报率更高的机会,以及增加国民储蓄等积极意义。

　　布什政府的改革举措遭到在野的民主党和一些专家学者的强烈反对,认为私有化改革将使社会保险制度的整体支付能力受到严重削弱;不仅难以改善现有社保体制,反而会增加居高不下的财政赤字,极大地拖累经济的发展;将社会保障基金中的一部分投入资本市场使之增值本身带有相当大的风险,既有可能使资本增益,也有可能使资本缩水;改革成败难以预料,搞得不好几千万老年人的生活保障金打了水漂。民主党甚至指责布什政府允许社会保障税投资金融市场是对华尔街特殊利益集团对布什提供巨额选举资金的"投桃报李"。美国的劳工组织也反对布什的改革计划。《华盛顿邮报》和美国广播公司进行的一项民意调查显示,近三分之二的美国人表示反对,超过 5 成的美国人不赞成在社会保障制度中设立个人投资账户的计划。

　　布什政府社会保障改革计划于 2005 年共和党掌管国会时被迫停止,但他仍建议将社会保障体系改革推迟至 2011 年或 2012 年进行。

　　第三,奥巴马政府的改革。奥巴马入主白宫后,再次举起医疗改革大旗,乘着民主党成员在第 111 届国会参众两院都占多数、各委员会领导人都由民主党人担任的时机,及时推动医疗改革立法。2009 年 12 月 24 日,奥巴马的医疗改革法案在参议院以 60 票赞成和 39 票反对的结果获得通过。

---

　　①　林俏.美国社会保障法律制度及其对中国的借鉴意义[J].石家庄经济学院学报,2012.02

2010年3月21日,众议院经过激烈辩论,在共和党成员全部投了反对票的情况下,最终以219票对216票获得通过,随后,奥巴马总统签署成为法律。

奥巴马政府提出的医疗改革法案之所以能够获国会批准并成为法律,主要取决于以下几方面因素:一是充分利用了民主党在参众两院都占有利地位的优势,这是取得成功的政治保障。二是选准了医疗保障制度改革的突破口。美国医疗费用处于失控状态,最关键原因在于保险公司和药厂所形成的利益联盟,这些企业共同推高了医疗服务的费用,并进而影响国会的医改法案。奥巴马政府以切断保险公司和药厂的联盟关系为切入点,强化政府在医疗保障中的主导地位,利用高收入人群、药厂和保险公司三者之间的关系来相互制衡,避免一方独大,抓住了医疗保障制度改革的突破口。三是出台了渐进性改革举措。奥巴马医改方案由三个时间段构成:2010年为初期阶段,主要任务是以拓宽医疗保障范围,向小企业主提供税收减免优惠政策,出台具体条例规制保险公司的拒付行为;2011—2012年是第二个阶段,主要任务是向高收入群体、保险公司、药厂征收"医改税",筹集公共医疗保险基金,同时加强乡村和社区医疗机构建设;2013—2015年是第三阶段,确立政府在整个医疗保障体系中的主导地位,强制个人加入公共医疗计划,实现95%的医疗保障覆盖率;四是制定了公开透明的管理机制。奥巴马医改的最大创新在于,创造了一个新的透明、公开的医疗保险市场,引入民间资本,明细产权归属,加强监管力度,控制医疗费用,提高医疗服务效率,培育公平的医疗市场体系;五是明确了政府在医疗保障中的责任。美国政府统一为无力购买医疗保险的个人提供统一的公共医疗保险,为中小企业、老年人、残疾人提供不同程度的公共医疗补贴,为大约3200万没有任何医疗保障的人免费提供公共医疗保险,满足这些群体的基本医疗诉求,提高医疗保险与服务水平;六是解决了医改经费来源问题。整个医改实施需要9000亿美元,这笔巨额费用主要通过向高收入群体、保险公司、药厂征税和减少医疗保险管理费用来筹集,不会增加普通的民众医疗成本,也不会增加财政赤字,相反,还会在未来10年内削减1380亿美元的财政赤字。①

包括医疗保障体系在内的整个社会保障体系十分复杂,对其进行大规模的改革并非简单的政策选择,它既是一个政治问题,也是一个经济问题,还受到社会、文化、传统习俗以及价值观念等诸多方面因素的影响。尽管奥巴马医改获得批准,但仍有26个州认为"奥巴马医改"中的"强制医保"条款"违宪",美国最高法院以5:4的微弱优势支持"强制医保"条款,令"奥巴马医改"涉险过关。今后一个时期,奥巴马政府仍有两大问题亟待解决:

---

① 张文燕.2010美国医疗十大动态[J].卫生科学,2010.04

一是雇主为雇员支付的保险费范畴并未写入医改条文中；二是根据强制医保条款的要求，许多州尚未建立保险交易所。奥巴马签署医改法案两年多来，围绕医改法案的纷争从未停止，医改仍然是美国政治生活中的一个"烫手山芋"。

第二节　瑞典社会保障制度

一、"瑞典模式"的主要内容和特点

20世纪60年代以来，几乎所有的西方发达国家都宣称自己建成了福利国家，而瑞典作为福利国家一直被看做是普享型福利模式的楷模，它集社会公益服务和社会保障于一身，同时，它还以"慷慨的福利国家"而著称。瑞典国民生活质量在世界可以说是最高的，绝对没有乞丐，居民拥有汽车、游艇、家用电器列世界前茅，人均住房50平方米，几乎所有家庭有夏季别墅，平均每千人拥有3名医生，16张病床，婴儿死亡率是世界最低的国家，人均预期寿命78岁。每周工作40小时，上下午均有1个小时休息，全年有近100天休息日。[①] 社会保险覆盖指数在西方发达国家是最高的，以1970年为例，瑞典为122，美国98，法国89，德国84。瑞典成为典型的"从摇篮到坟墓"的福利国家。

1. 瑞典社会保障的主要内容

第一，养老金和老年照顾。瑞典养老制度覆盖面非常广泛，几乎包括瑞典所有的老年人口。瑞典公民自退休之日起，就可以在当地的社会保障机构领取养老金。养老金分为三类，即基本养老金、补充养老金和一般养老金。基本养老金是为工龄超过三十年退休后所有瑞典公民提供的，是对每位退休人员提供的生活基本保证，所有人领取的基本养老金的金额是一样多的，与退休前的收入水平没有关系。补充养老金是瑞典政府规定从1966年起工龄超过30年退休人员领取的薪金，这部分养老金与退休前的收入水平相关，体现了退休者以前的工作技能、劳动性质、贡献大小等方面的区别。一般养老金是专门为无资格领取养老金的退休人员设立的。一般而言，退

---

① 何玉长，余红. 关于瑞典、美国、新加坡社会保障制度的比较[J]. 社会工作，1996.04

休者的收入高于本人工作时收入最高的 15 个年头的平均收入的 1/3。[①] 在生活中遇到各种不幸的退休人员,基本养老金系统还提供了附加部分的补贴,包括养老金补贴、市政住房补贴和残疾津贴等。对于鳏寡孤独者,瑞典政府还给予一些特别照顾,如提供家庭服务,建立社区养老院,为失去自理能力的老人修建养老院等。

　　第二,育儿津贴和儿童福利。瑞典对孕妇和产妇的照顾可谓无微不至。一是全国各地都有保健中心,负责孕妇和产妇的保健工作;二是孕妇分娩前一个月就可以开始休产假并领取有关孕妇的补贴;三是婴儿出生后,父母可以享受半年的护理婴儿假期并可以领取不高于原工资 90% 的津贴;四是没有工作的父母可以从社会保障机构领取补贴;五是从孩子出生到入学,父母可以享受 6 个月的假期并可以领取补贴,前三个月领取原工资的 90%,后三个月领取原工资的 25%～50%。上述假期和补贴同样适用于养父母。如果收养 10 岁以下的儿童,养父母可以享受 6 个月的假期照顾孩子。如果未满 12 岁的孩子生病,父母任何一方可向当地社会保障机构申请超过 90 天的公假,在家里照料孩子并可以领取津贴。如果父母没有时间照顾孩子,可以申请相应的照看服务。生孩子越多,所得儿童津贴越多。如果孩子在 8 岁以下,其父母的工作时间可由每天 8 小时减为 6 小时。如果家有 16 岁以下的孩子,可以享受政府给予的免税福利,孩子越多,免税越多。半岁至 6 岁的儿童可入托,如果家庭收入低或孩子多,托儿费可少交或免交。小学到中学教育完全免费,课本、作业本、笔记本、纸张以及文具等均无偿提供,并可在学校吃一顿免费午餐。学校为寄宿的学生提供住房补贴,为走读生购买月票,如果离学校超过 6 公里以上,学校提供车辆或发给交通补助。孩子自出生到中学毕业,在儿童保健中心和学校医务室看病完全免费。16 岁以下儿童住院治疗费用全部免费。18 岁以下孩子的父母一方或双方去世,可以得到儿童抚养金。[②] 7—16 岁儿童必须接受义务教育,每名儿童都能得到妥善照顾,听障儿童或具有严重学习障碍的儿童可以进入特殊学校就读。所有学生有权进入独立的私立学校学习,不用交学费。教育费用由各地市政府承担,近一半的市政预算用于教育。2006 年,瑞典颁布法律,禁止歧视和贬低学生。无论学生性别或宗教信仰如何、是否身有残疾,学校都要平等对待学生,要制定出如何确保学生受到平等对待的计划。瑞典的中小学教育的重点是培养学生的学习兴趣。1—5 年级的学生没有考试,没有任何成

　　① 王亚萍. 评瑞典福利制度模式[J]. 世界经济与政治论坛 2004.04
　　② 孙莉娜,张景兰. 瑞典社会保障体系及其对我国的启示[J]. 财经问题研究,1997.05

绩评定,课程设置以培养孩子们的兴趣为主,参加各种各样的活动,学编织、学烘烤、学棋、学画画等。课时也很少,一星期大概只有 20 节课。瑞典完善的福利和教育制度,提高了人民的生活质量,保证了青少年儿童安全、健康成长,获得了百姓的广泛支持和拥护。

第三,工伤和医疗保险。瑞典工伤保险最早于 1901 年立法,现行工伤保险遵循的是 1962 年制定的社会保险法和 1991 年的疾病支付法令。根据两部法律,受伤者可以享受暂时伤残补贴,一旦被确认为工伤以后,就享受工伤保险待遇,包括医疗费、病假津贴、终身年金和抚恤金。所有的雇员和自我雇佣者,包括预计在国外工作不超过 1 年的瑞典人,以及受雇于国外雇主的外籍人员中打算在瑞典工作 1 年以上的,都被包括在内。政府不负担工伤保险费用,只提供疾病保险补贴,由雇主从工薪总额的 1.8% 和自我雇佣者按照收入的 1.4% 缴纳工伤保险费用中支付。受伤者可以享受完全的免费医疗,因公受伤可以享受疾病补贴。丧失劳动能力的,可以享受终身年金补贴。造成残疾的,政府给予补助,还帮助伤者购买轮椅、助听器、拐杖等设备。因工死亡,家属可以领取一份补贴,以帮助死者家属的生活和孩子的成长费用。

瑞典的医疗保险始于 1955 年,目前遵循的是 1982 年瑞典政府通过的卫生立法。该法规定,瑞典公民在患病、生育期间均有资格领取"医疗费用补助",公民生病应按规定到相应的医疗单位就医。根据瑞典的社会保障法有关规定,一个家庭成员只要把自己正式收入的一部分缴纳社会医疗保险,全家可以享受公费医疗待遇:一是医疗保健费用包括医生治疗费、住院费、药费、往返医院的路费等;二是疾病津贴,是指患者生病期间的收入损失,从病后的第 4 天起可以享受疾病津贴。疾病津贴一般无时间限制,但在 3 个月后,需要进行检查,以确定能否改做其他工作。如失去劳动能力,疾病津贴便由残疾年金来代替;三是产妇津贴,是指产妇除享受一般医疗保健待遇外,还可领取一份产妇津贴。根据瑞典 1974 年的立法,产妇在 180 天内每天发 37 克朗,如父母为雇佣人员,这期间可获得一份相当于每天劳动收入的 90% 的现金津贴。还有一些省市规定,每一年只须缴纳 5 次挂号费用,就可以享受医疗保险,即使在检查过程中需要做化验,病人也无须再额外缴费。需要住院治疗者,医疗和治疗的费用由地方医保机构承担,病人的住院费和伙食费全免,甚至陪同人员的路费也可以到社会保障局报销。瑞典医疗保险基金来源于雇主、雇员和政府,三方分担的比例为:雇员缴纳的医疗保险费的标准为其工资的 2.95%,雇主承担的费用为雇员工资总额的 6.23%,政府承担全部医疗保险所需费用的 15%。

第四,住宅福利。从 1950 到 1960 年的 10 年间,瑞典政府大规模推进公共住房建设,总共给中低收入者建造了 100 万套廉价住房,一举缓解了当时住房紧缺状况,具有重大意义。瑞典政府的住宅政策目标是给每个人提供一套宽敞、舒适和环境优美的住所,使居住质量达到现代化标准。

瑞典的住房建设资金主要来自以下几方面:一是政府直接投资,占总量的 21%;二是合作社投资,占 15%;三是私人投资,占 42%,租用私人所有的房屋占 22%。一般来说,公寓等多户住宅由政府房地产公司建造,独户住宅绝大多数由私人或私营公司建造。到 2003 年,新建住房平均面积达到128 平米,2005 年平均每人有二个房间,人均住房使用面积 45 平方米。全国 95% 的住房有洗澡设施、独立卫生间和集中供热系统。按照任何国际标准,瑞典人民的居住条件都是一流的,更可贵的是住房分配的公平性也是国际领先的。在瑞典政府的住房保障体系中,面向所有中低收入者的住房津贴所起的作用越来越大,不论是他们租房还是买房。2002 年,瑞典有15.3% 的家庭获得了不同程度的住房津贴,政府提供的住房津贴支出高达146 亿瑞典克朗,占到 GDP 的 0.61%,有孩子的家庭、单身母亲或父亲获得住房津贴资助额度最高。18 至 29 岁的年轻人,如果工资收入比较低也可以获得津贴。老年人、残疾人可以享受特殊住房补助,以确保他们住进合理标准的住房。目前,瑞典在住房津贴以及住房补助方面是财政最大支出项目之首。

第五,失业救济。在瑞典,失业人员向公共就业服务机构登记并开始寻求新的工作,才被认定为失业。申领条件:一是完全失业或半失业:每周至少能工作 17 小时;每天至少能工作 3 小时;准备接受合适的工作;已在公共就业服务机构登记为求职人员;已与公共就业服务机构协商并制定再就业计划书;积极主动地寻找工作。二是求职人员必须在失业前的 12 个月内工作 6 个月,而且在每个月至少工作 80 小时,连续在 6 个月内至少工作 480小时。三是加入失业保险基金的持续时间达到 12 个月以上,并缴纳会员费。瑞典 90% 的蓝领工人和 88% 的白领职员基本都参加了工会,加入工会也就意味着加入了这一行业的基金。失业保险基金的会员资格将在 65 岁后终止。[①] 满足上述条件后可以领取失业救济金,数额多少根据工作时间长短而定。被正式雇佣一年以上的人,每天失业救济金为 500 瑞典克朗;不满一年但超过 6 个月,每天可领取 240 克朗;6 个月以下 5 个月以上,每天103 克朗。如果在失业期间创立了公司,可以向公共就业服务部门申请创业补贴,其补贴额度相当于从失业保险基金获得的失业救济金的数额。失业救济金主要来源:一是雇员缴纳的失业保险基金会费。失业保险基金大

---

① 人力资源和社会保障部. 瑞典失业保险考察报告,2009.12

部分是由国家资助,雇员所出的比例仅占到 30% 左右。二是雇主向政府缴纳工资税或劳动力市场费。三是政府对失业救济金出现的资金缺口承担的部分。通常情况下,95% 的失业救济金是政府从雇主征收的。政府对失业者会给予帮助:介绍失业者与用人单位会面,向失业者提供就业情况与指导;鼓励失业者迁移到需要劳动力的地方去,并为他们提供迁移费、安置费;为失业者举办各种技能培训班,以利就业;举办以工代赈的公共工程,为失业者创造就业机会。[①]

2. 瑞典社会保障的主要特点

第一,覆盖面宽,保障水平高。根据瑞典法律规定,凡是工作和居住在瑞典的居民,无论其国籍如何,都可以享受社会保障提供的福利待遇。社会保障的范围非常广泛,涉及到"从摇篮到坟墓"生命全过程的各个阶段和方方面面,是一种全方位的社会保障。特别是在养老金、医疗和福利方面,设计了大量项目和许多具体规定,做到了"全面覆盖、事无巨细"的程度。不仅如此,瑞典还以"高福利"的美名成为当今"福利型"社会保障制度的缩影,其财政支出和国民收入支出中用于社会保障方面的比重很高。以 1994 年为例,该国用于养老保险、疾病和残疾保险、家庭补贴及其他津贴的四项支出分别占国内生产总值的 10.1%、5.7%、3.5% 和 1.1%,总计占当年国民生产总值的 20.4%。

第二,雇主是社会保障基金支付的主体。瑞典社会保障之所以长期健康运行,根本原因在于充足的资金来源。瑞典从多元化的渠道筹措社会保障基金,主要包括政府、雇主和国民个人三大来源。当然,随着瑞典经济社会发展变化,社会保障制度更加完善,支付主体不断变化。20 世纪 90 年代初,瑞典经济发展放缓,企业效益不好,支付比例随之下降,中央和地方财政成为社会保障基金支付的主体。而随着经济发展的加速,企业效益增长,雇主支付比例扩大,逐渐成为社会保障基金支付的主体,政府更多提供服务职能。如 2005 年,在中央和地方财政资助、被保险人个人缴费、雇主纳税、各种社会保障基金投资收入等五个方面社会保险资金来源中,雇主纳税所占比例由 5% 上升 40%,中央和地方资助所占比例均下降 27%,雇主纳税居于资金来源的第一位。基本保障项目和补充保障项目投保的保费也主要由雇主承担,雇员基本上不缴纳保费。

第三,无所不包的社会福利。瑞典社会保障体系内容广泛,周到全面,

① 孙莉娜,张景兰. 瑞典社会保障体系及其对我国的启示[J]. 财经问题研究,1997.05

可以说"无所不包"。从广度上看,儿童服务、老人保护、残疾人照顾、医疗保险、最低生活补助、工伤津贴和失业保险等等,形成了一个完整、横纵交错的网络。从深度上看,生儿、育儿、补贴、疾病、伤残、医疗、护理、失业、遗属、住房、教育、养老、鳏寡孤独等等,既有现金补贴,又有较为完善的社会服务,且无微不至,应有尽有。

第四,完善的法律法规。瑞典社会保障立法早,于1890年就制定了疾病保险法,20世纪30年代又颁布了第一部《休假法》,1982年颁发《就业保障法》,1991年《就业机会平等法》等,建立了一套完整的社会保障法律体系。总体看,这些法律的主要特点是,在责任主体方面实行国家责任原则和全面责任原则;在保障范围方面实行全员保障原则和全面保障原则;在保障支付方面实行高福利原则和无差别原则;在管理方面实行国家管理原则。具体讲,这些法律规定了相关机构及其管理需对所有瑞典居民的医疗卫生服务和生存负责,确立了郡议会和市议会负责提供服务的整体框架,明确了地方各种医疗服务机构、福利服务均可由私人公司承担和实施。进入新世纪,瑞典社会保障法律制度进一步完善,形成了由养老金制度、健康保险制度、工伤事故保险制度、住房补贴制度、失业保险制度、各种家庭与儿童补贴制度等组成的综合性保险制度。确立了社会保障管理体制由中央、地方社会保障管理机构和各种社会保险团体等组成的管理体系,并通过了审计制度、社会保险基金理事会报告制度、保险基金年度财政平衡制度等,加强了对各项社会保险制度的监督和管理。

二、"瑞典模式"的利弊分析

1. 利

第一,以公平正义为价值取向。瑞典政府制定和实施的一系列覆盖全体国民且内容广泛的社会福利制度,使全体公民都享受到了国家提供的无差别的福利和服务,其公民无论种族、性别、出身、贫富、贵贱,不管是居住在城市还是生活在偏远的农村,人人都能够得到从生老病死到教育、住房等各方面高质量的保障和服务,体现了在福利面前人人平等和公平正义的价值取向。而且,这种全民共享的社会保障和服务也与个人收入和个人对社会的贡献没有直接关系,只与国民经济发展水平和状况以及社会总收入的增减等宏观因素相关。

第二,以税收调节为根本手段。瑞典政府为全体国民提供的全方位高水平的社会福利和服务,是建立在雄厚的财力基础之上的,其财力的来源主要包括个人所得税、财产税、遗产与赠与税、养老金税和印花税等方面的税收。由于瑞典经济长期企稳和发展,且这些税收具有强制性、规范性和稳定性的特点,为社会保障提供了充足的资金,也为社会保障发挥对收入再分配的调节提供了条件。

第三,缓解了贫困,缩小了贫富差距。尽管瑞典政府在社会保障实施过程中坚持人人平等的价值取向和原则,但这与向低收入者、老人和儿童、病残者倾斜并不矛盾,实际上这也是坚持了公平正义的价值取向。瑞典以转移支付的形式直接向与低收入者相关的家庭及儿童保障支出和疾病与残疾保障支出,提供各种补贴,较大地提高了他们的收入。根据 2004 年统计,从部门、地区、职业和性别来看,瑞典国民收入分配中,最高收入和最低收入的差距在 0.2—1.0 倍之间,10% 最富有的人的收入下限与 10% 最穷的人的收入上限相比较差距仅为 3∶1,[①]老年贫困人口的比例仅为 0.5%。进入新世纪,瑞典将 30% 的国内生产总值用于社会保障支出,换句话说,50% 财政总支出用于社会保障,与低收入者相关的家庭及儿童保障支出和疾病与残疾保障支出占社会保障总支出的 40% 以上,这就在较好地保障全体居民过上体面有尊严生活的同时又有效调节了社会成员之间的收入差距,缩小了社会贫富差距。[②]

第四,促进了经济发展,维护了社会稳定。瑞典社会保障制度通过向低收入者、老人和儿童、病残者提供保障和服务,以转移支付的形式提供各种补贴,不仅提高了这些弱势群体的收入,缓解了社会贫困问题,而且,还缩小了居民之间的贫富差距,促进了社会公平,为经济社会的发展创造了有利的条件。2008 年,全球爆发金融危机,许多国家负债累累,危机四伏,有些国家甚至濒临破产。瑞典经济虽然遭受重创,但却强势复苏,成为欧盟各国经济复苏最快的国家之一。根据有关研究,从 2008 到 2011 年,瑞典国内生产总值增长率分别为 2.5%、−3.1%、7.2% 和 4.9%,[③]在欧盟经济体中可谓"一枝独秀"。瑞典经济之所以能够在全球金融危机中"独善其身",与该国完善、有效的社会保障制度密切相关。

2. 弊

第一,高福利带来高支出,超过经济承载能力。瑞典社会保障福利项目

---

① 粟芳,魏陆. 瑞典社会保障制度[M]. 上海人民出版社,2010

② 谢勇才,王茂福. 瑞典社会保障制度调节收入再分配对我国的启示[J]. 西安财经学院学报,2013.11

③ 周艳. 我国居民收入差距:现状、成因及财税调控对策[J]. 消费经济,2011.04

"无所不包",造成了巨大的财政支出,社会福利开支的增长超过了财政增长的速度和经济承载的能力,给国家财政造成了沉重的压力,财政赤字逐渐严峻。根据有关统计资料,从 1950—1960 年,瑞典财政赤字增长了 1 倍;1960—1970 年增加了 4 倍;1970—1980 年增加了 12 倍。70 年代以前赤字在 GDP 中的比重一般不到 5%,而 1986 年竟高达 13%。为维持庞大的福利支出,瑞典政府被迫借债,1985 年国债达到 5956.3 亿克郎。巨额财政赤字造成了较高的通货膨胀率,到 1986 年,瑞典通货膨胀率达到了 812%。①2012 年 7 月,瑞典国家债务局统计,巨额赤字和政府预测的支出金额为 2.3 亿瑞典克朗,全年财政赤字 253 亿瑞典克朗。有人开始把瑞典戏称为"赤字之国"。福利增加超过了经济增长所能提供的现实能力,20 世纪八九十年代,瑞典经济增长速度下降。

第二,高福利带来高税收,导致经济缺乏活力。在瑞典,高福利和高税收成为一对孪生兄弟。瑞典的税收体系分为直接税和间接税,直接税包括个人所得税、公司雇用税、财产税、馈赠税等,间接税包括增值税、消费税。既有中央税又有地方税。瑞典的税收在 GDP 中所占的比例非常高,1988 年达到了 54.8%,而其他一些国家一般水平为 40%左右。个人所得税征收面广,累进级别多,边际税率高。以年薪 8 万克郎的雇员为例,他需要向中央上缴 4536 克郎所得税,向地方缴纳 21665 克郎所得税,还有其他 1128 克郎的税收,最后只剩下 42519 克郎,将近一半的工资上缴了各种税费。沉重的赋税负担让瑞典人逐渐产生了厌恶情绪甚至逃税行为,一些著名专家、学者、导演、球星、影星纷纷移居国外。

瑞典不仅对个人所得税征收得多,企业也被严重拖累。瑞典对企业的利润实行双重征税,即在征收了企业利润税后,还要对股东的分红再征收个人所得税。一些股东甚至被征收高达 70%的所得税,极大地影响了股东们的投资热情,更导致经济缺乏活力,结果大量的企业纷纷到国外投资办厂,导致了大量资金外流。②

第三,高福利带来劳动生产率下降。一是高福利助长了"大锅饭"现象,干和不干、干多干少差不多一个样,因为两者之间的收入相差不到 20%,病假、失业各种津贴繁多,加在一起的收入几近达到正常工资的 90%。二是削弱了人们的工作积极性,导致劳动纪律松弛,出勤率低,劳动生产率下降。如果一个瑞典人病了不想上班,请病假一周之内无须医生证明,只需要给社会保险局打个电话就可从该局领取疾病补贴。即便身体没病,也时常请假

---

① 王亚萍. 评瑞典福利制度模式[J]. 世界经济与政治论坛,2004.04

② 同上

干私事。有的人请了假则照常上班,这样既可以从社会保险局领取补贴,又能够从雇主那里领取工资。瑞典人请病假远多于德国人、法国人、英国人。瑞典职工的缺勤人数剧增,欠勤率达到20%,是西欧国家的2倍,是日本的10倍。[①] 三是严重消磨了人们进取精神。从总体上看,最终降低了劳动生产率。四是满意度越来越低。70年代之前,瑞典民众对社会保障制度的满意度达到64%。进入80年代,不满意的人数不断上升。到了90年代,瑞典及其普享型福利政策陷入了混乱状态。失业人数惊人地膨胀,导致失业津贴和各种劳动力市场项目支出激增,[②]瑞典的社会保障制度应该进行改革了。

第四,现收现付制度在一定程度上有利于克服通货膨胀的影响,但也存在着一定的局限性。首先,表现在所缴税率不断上升。其次,现收现付制也将增加政府和社会的负担。由于税率的提高空间是有限的,它在财政上是一个很大的潜在危机,即当政府收不抵支时,唯有增税,这反过来对政府和社会又造成巨大的负担。第三,现收现付制缺乏稳定性。当年轻人多缴税后,待到退休时,必然要享受较高水平的福利,以补偿过去的高税率,这样运行的结果必将是恶性循环。第四,现收现付制对后代存在着不公平,即时惠及的只是现在的老人,而负担和风险却落在了年轻人的身上。现收现付制既然存在许多弊端,那么发展中国家就应该扬长避短,尽量减少社会保障制度运转过程中的棘手问题。

三、瑞典社会保障制度改革

1. 修改社会保障法案,减少社会福利支出

修改社会保障法案,减少社会福利支出是瑞典社会保障制度改革的基本着力点和措施,主要包括三大方面:一是对"社会保障金自动指数化调整"制度(即社会保障金发放标准随着物价上涨指数、工资增长幅度和生活费上涨比例等自动调整的办法)进行改革,改为按社会保障金只与物价增长适当挂钩的调整办法。[③] 1980年,瑞典政府提出社会保障支出紧缩法案,拟将社

① 孙莉娜,张景兰. 瑞典社会保障体系及其对我国的启示[J]. 财经问题研究,1997.05

② 斯温·霍特. 20世纪90年代瑞典社会保障改革综述:从"慷慨"到"吝啬"[J]. 郑秉文译,国外社会科学,2004.04

③ 蔡社文. 瑞典社会保障制度及其改革[J]. 财政,1996.04

会保障津贴标准、健康保险、养老金和失业保险等社保内容进行修改,并采取了一系列的措施。1981 年,将部分养老金津贴标准从以前工资的 65％降到 50％,将领取养老金的比例由 27％降到 20％。1982 年,将健康保险日现金补贴的工资替代率由 97％降低到 87％,取消养老金领取者住房补贴。二是实行弹性退休制,自 1993 年,将原退休年龄由 60—65 岁,延长至 60—67 岁,并取消补充养老金制度中有关 15 年工资为基础的规定,用工资指数替代物价指数作为确定基数标准,将养老金制度与经济发展联系在一起。部分养老金改革将最低资格年龄提高到 61 岁,津贴标准由 65％降到 60％。①三是把效率与公平有机统一起来,效率优先兼顾公平,鼓励人们积极工作,勤奋劳动,多交保费,并把领取养老金多少与个人交费多少挂起钩来。四是开源节流,增收节支,如把失业救济金、疾病津贴和产妇津贴从占最低工资的 90％减至 75％,以此来减少社会保障的支出。一系列措施出台后,社会保障支出不断增长的势头得到初步遏止,社会保障水平增长的趋势也停滞下来。

2. 调整收支结构,合理确定比例分配

瑞典社会保障的投资方实际上是政府和企业两大方面,个人负担比例很小,这就造成了中央政府的投入过大,财政压力过大,既影响到整个社会保障制度的实施,政府又缺乏足够的资金来源把握宏观经济和社会发展。对此,瑞典政府一是进行了积极调整,合理划分中央政府和地方政府投入比例,让地方政府在社会保障工作中承担一定的责任,确立财政支出地方化的框架。在 1983 年颁布实施的瑞典保健法中确立了各郡政府应该承担起所有保健服务的主要责任。1990 年,地方政府还承担起了各种有关老年和残疾人长期性健康关怀和社会服务的责任。二是减轻企业负担,给企业的发展创造宽松的条件,使企业有较强的实力参与国内外市场的竞争。三是充分发挥个人在社会保障体系中的作用。以前的高福利一方面造成了"享乐性失业",即异化出对福利政策的严重依赖,当事人心安理得地泡病号,吃福利;另一方面挫伤个人劳动的积极性,互助、关怀、同情心等美德相应消失。正如一些学者指出的,不能也不应该把人民和风险分开,接受风险是繁荣的前提条件。②所以,瑞典政府开始注重充分发挥个人的积极性和主动性,让个人承担一部分社会保障的成本,既降低了社会保障的成本,也培养了公民的社会责任感,维护了个体的自尊。

① 王明海. 瑞典的社会保障制度改革与新养老金体系[J]. 劳动保障世界,2006.04
② 黄安森,张小劲. 瑞典模式初探[M]. 黑龙江人民出版社,1988

3. 引入竞争机制,进行市场化改革

瑞典政府在整个社会保障制度改革的第一步就是减少国家的干预,更多强调市场机制对社会保障的调节作用,将社会保障逐步从"国有化"向"市场化"方向转变,最终实现"私有化"和"私营化",让私有企业在社会保障体系中发挥关键作用。瑞典斯德哥尔摩大学国际经济研究院教授,著名经济学家阿瑟·林德贝克极力主张瑞典社会保障制度应该实行市场化,鼓励社会保障提供者之间能够形成合理竞争的局面,对一些社会保障项目进行私营化。市场化改革的第二步是政府通过减少税收支持和鼓励发展商业性保险,并积极为居民创造便利条件,吸引和鼓励国民参加到商业保险中来,例如,在健康保险和医疗保健方面,瑞典也开始引入公共与私人医疗机构之间的竞争机制。市场化改革的第三步是提倡企业自办保险。政府积极支持企业补充保险、私营保险和行业保险,鼓励社会保险向"私有化"、"资本化"、"市场化"发展,逐步摆脱和减轻国家负担。鼓励和支持有条件的私人企业自己搞养老保险项目,为雇员设立更优越的养老保险。

概而言之,瑞典通过市场调节,基本上建立起多层次、多方面、市场化和私营化的社会保障体系,使社会保障制度进一步科学化和合理化。

第三节　新加坡社会保障制度

新加坡中央公积金制度是一种独具特色的社会保障制度,政府通过强制性的长期储蓄,解决职工养老、住房、医疗、保险、教育等多方面的社会需求,对经济社会发展产生了积极影响。

一、新加坡社会保障制度的形成与特点

1. 形成

新加坡社会保障制度始建于 1955 年。当时,新加坡国力衰弱,人民生活困苦,居住条件更差,对于失业者、失能者、鳏寡孤独者等弱势群体,缺乏基本的社会保障。为了解决这些问题,政府在缺乏财力的情况下,建立了一种自助性的社会保障制度——中央公积金制度。1965 年,独立后的新加坡政府继承了这一制度模式,并不断放宽对公积金的使用限制,逐步扩大公积金的社会保障功能。新加坡社会保障制度从始创到成熟,大体经历了以下

几个时期：

从 1951 年到 1955 年为初创期。1951 年 5 月 17 日，新加坡两名立法议员首次提出公积金法案，在议会进行了讨论。1953 年 10 月，英殖民地政府特选委员会就公积金的性质、用途、缴纳率以及管理等问题提出了实施计划和具体意见。1953 年 12 月 11 日，公积金法令在议会获得通过。1955 年 7 月，政府成立了中央公积金局，作为负责管理公积金的政府法定机构，标志着中央公积金制度正式建立并开始实施。同年 7 月，国会通过立法，强制雇主和雇员按各占 5％的比例缴纳退休养老储蓄金。1955 年，参加中央公积金的会员仅 18 万名，公积金缴纳率只有 10％。中央公积金制度创建之初并不是一种社会保障，只是一种强制性的储蓄，换句话说，它是一种职工退休养老的自我保障制度。

从 1956 年到 1964 年为磨合期。这一时期的主要工作有两个方面：一是理顺各方面的关系；二是统一社会各界对公积金制度的认识，为公积金制度的顺利实施营造积极氛围。

从 1965 年到 1994 年为发展期。1965 年 8 月 9 日，新加坡与马来西亚分离，获取正式独立，新政府开始在公积金的范围和用途上进行积极探索。1966 年，公积金制度成就初现：缴纳公积金的职工人数 26.9 万人，公积金的缴纳额 5150 万新元，公积金的提取额 1290 万新元，公积金的累计结存余额 4.159 亿新元。1968 年 9 月 1 日，公积金存款购买政府建造的公共住房计划开始实施，标志着新加坡中央公积金的使用范围开始放宽；1978 年 4 月巴士有限公司股票计划、1981 年 6 月私人住宅产业计划、1982 年 1 月家庭保障计划、1984 年 4 月保健储蓄计划、1986 年 5 月非住宅产业计划、1986 年 5 月投资计划、1987 年 1 月最低存款计划、1989 年 5 月家属保津计划、1989 年 6 月教育计划、1990 年 7 月健保双全计划、1992 年 7 月自雇人士保健储蓄计划以及 1993 年 10 月基本投资和增进投资计划开始实施。到 1993 年，缴纳公积金的职工人数增至 110.7 万人，公积金的缴纳额增至 104.27 亿新元，公积金的提取额增至 109.349 亿新元，公积金的累计结存余额增加到 523.343 亿新元。公积金的缴纳率也经历了演变过程：1968 年，公积金缴纳率为 13％，1983 年提高至 46％，1985 年高达 50％。由于新加坡 80 年代出现了严重的经济衰退，政府和社会各界均认为过高的公积金缴纳率尤其是雇主缴纳率过高削弱了企业竞争力，于是，从 1986 年—1987 年，公积金缴纳率降低到 35％。1988 年，新政府提出，55 岁以上职工的公积金缴纳率将逐年递减，以此鼓励他们继续工作。1992 年以后，公积金缴纳率保持在 40％。此后，新加坡政府还陆续推出了一系列诸如退休、保健、住屋、家庭保障、增进资产收益等项目，使最初仅仅是一项简单的养老储蓄制度发展为一个具有多功能的社会保障体系。

从 1994 年至今为完善期。这个时期的主要工作是不断提高员工服务素质,改进服务质量和水平,大量应用现代化的技术和设备,为广大公积金会员提供快捷和高效的服务。1994 年,国家公积金管理局为会员提供一站式服务,并与建屋发展局、相关医院、银行以及国民登记处建立了电脑联系网络,为会员提供住屋买卖、缴纳医疗费用、提取公积金存款、进行投资和买卖股票等多项服务,每半年向会员发出个人公积金帐户存结单,会员可以通过电话查询其有关公积金帐户的资料。从 1994 年 7 月 1 日起,公积金缴纳比例再次进行调整,确定为雇员月薪的 40%,由雇主和雇员各支付一半。为了减轻企业负担,雇主支付的部分计入企业生产成本,而雇员缴纳的20%在发薪前扣除,还规定雇主和雇员每月缴纳额均不超过 1200 新元。对公积金款项的管理业进行了分类,即将公积金分别存入普通户头、保健储蓄户头和特别户头等三个户头。普通户头的存款可以用来购置房屋、投资、保险、教育等,保健储蓄户头的存款可以支付住院和医药费用,特别户头的存款可以用作晚年和应急之需。

2. 特点

许多西方国家社会保障制度最鲜明的特征在于其福利性或保险性,新加坡社会保障制度则是通过职工长期的强制储蓄,为职工自己提供退休养老费用。相比较而言,新加坡社会保障制度实际上是一种自我保障制度。尽管有人对这种制度提出种种批评,认为没有体现出任何形式的统筹,不具备社会再分配的功能,不能很好地体现社会保障的公平性和互济性,但谁都不能否认,中央公积金制度降低了政府的社会福利开支;减轻了政府的财政负担;促进了国民健康与福利,维护了社会稳定,有利于建立良好的社会秩序;有利于政府搞好国家宏观经济调控,控制高消费,抑制通货膨胀;有力地推动了新加坡经济的持续快速发展。新加坡的中央公积金制度历经 40 年沧桑演变,人们对这一制度从开始时的不理解到普遍接受、积极参与,目前呈现出健康发展的态势。换句话讲,只要人民支持和拥护,就适合这个国家的国情和民情,就能够健康发展。而且,从效果上看,新加坡社会保障制度通过国家立法,动员社会各方面资源,保证无收入、低收入以及遭受各种意外灾害的公民能够维持生存,保障劳动者在年老、失业、患病、工伤、生育时的基本生活不受影响,随着经济社会发展状况和水平,逐步增进公共福利水平,提高国民生活质量。新加坡中央公积金局隶属于劳工部,是一个独立的、具有半官方性质的行政管理机构,全权负责公积金的行政管理,对公积金进行统一的企业化管理,确保了公积金的保值增值和良好信誉。公积金从汇集、运营、储存、结算到雇员利益的获得,都独立于政府财政,以一个独立的身份进入资本市场。

二、新加坡社会保障制度的基本内容

新加坡的社会保障体系由中央公积金制度和社会救助制度两部分组成。[①] 40年来,新加坡的社会保障体系不断发展和日臻完善,涉及退休、养老、购房、教育、医疗保险、家庭保健等方面,且社会保障功能日益凸显出来。

1. 中央公积金制度

第一,老有所养。老有所养是新加坡中央公积金制度设立的最初动因,也是这一制度最基本的功能。1955年7月,中央公积金局首先推出养老储蓄计划,规定:当公积金会员年满55岁,或终身残废,或永久离开新加坡,会员可以提取其公积金存款。1987年1月,中央公积金局实施最低存款计划,要求公积金会员在年满55岁提取存款时,必须保留3万新元存款作为最低存款,目的在于确保会员在60岁退休后仍然享有固定的退休收入,作为保障养老费用,保障晚年的生活。1995年7月,公积金局将最低存款额提高至4万新元,也可用最高为3.6万新元的产业作抵押,其余为公积金存款,会员也可以为配偶填补最低存款额,或由其子女从各自的公积金账户中转拨填补,这样,会员退休后每月可以从最低存款中得到307新元养老保障。据有关资料,目前新加坡养老保险覆盖98%的劳动者,基本上完全可以说做到了老有所养,且养老保险基金的积累十分丰厚。

第二,病有所医。20世纪80年代以来,新加坡中央公积金局先后推出了"保健储蓄计划""健保双全计划"和"保健基金计划",使新加坡医疗保障制度发展为世界上最完善的医疗保障制度之一。首先,公积金局于1984年4月推出保健储蓄计划。保健储蓄账户存款限额为19000元,超过这个限额就会自动转入普通账户。这项计划还因年龄不同缴费比例有差异,35岁以下的会员,每月存款的比例是其月薪的6%;35—44岁的会员每月存款的比例是月薪的7%;45岁及以上会员每月存款的比例是月薪的8%。会员可以支配保健储蓄计划账户的存款,为本人或直系亲属支付医疗费用,可用于病房费、医生费、外科手术费、各种治疗检查费等费用。但是,"保健储蓄计划"难以应对重病和慢性病患者的巨额支付,因为该账户资金较少。为了解决这个问题,公积金局于1990年7月推出了"健保双全计划",这实际上

---

① 汪朝霞,史巍. 新加坡政府的社会救助计划[J]. 国外社会科学,2009.03

是一项大病医疗保险计划。该计划将所有 75 岁以下会员"保健储蓄计划"账户的存款进行投保,以确保每一个会员都有能力支付重病治疗和长期住院的费用。公积金局还在 1994 年 7 月推出了"增值健保双全"计划。这项计划缴纳的保费较高,享受的待遇也较好。前两项计划覆盖了绝大多数人口,但仍有少部分人因贫困等原因无力支付医疗费用。1991 年,新加坡政府提出建立《医疗基金法案》专项基金的设想,并于第二年 1 月获议会批准。1993 年 4 月,"保健基金计划"正式实施,对无法支付医药费用的贫病者进行医疗救济。

需要指出的是,新加坡实行的"保健储蓄计划""健保双全计划"和"保健基金计划"这三大医疗保障制度所遵循的基本理念是培养国民对自己的健康承担责任的意识,而不是让国家和社会无条件地承担医疗费用。但政府并非置身事外,而是通过设立专项基金为贫穷和需要帮助的人提供救济,以体现"公私兼顾和公平有效"的基本原则。

第三,住有所居。第二次世界大战期间,新加坡被日军占领,1945 年日本投降后,英国恢复对新加坡的殖民统治。一直到 50 年代,新加坡 200 万人口中的 40%居住条件恶劣,或居于贫民窟,或栖身于用木板和铁皮搭建的窝棚之中。1959 年 6 月,被英国统治 140 年后,新加坡成为自治邦,实行内部自治,英国保留国防、外交、修宪和颁布紧急法令的权利。6 月 5 日,李光耀成为首任总理。在"居者有其屋"住房建设上,李光耀指出:"我们将全力以赴去达致我们的目标:使每一个公民的家庭都拥有自己的家"。[①] 1960 年,新加坡政府成立建屋发展局,1964 年又推出"居者有其屋"计划,大规模开启了住房建设。

住房开发与建设是政府行为,由政府主导,具体实施由国家发展部下属建屋发展局负责,发展局直属一个独立、非营利性机构,既代表政府对住房进行管理、制定房屋发展规划,又负责住房的施工建设、出售和出租,是新加坡最大的房地产经营和管理者,其财政预算纳入国家计划。

为开发与建设住房,新政府在土地、资金等方面提供了坚强保障。1966 年,政府颁布了《土地征用法令》,根据该项法令,政府有权征用私人土地,有权调整土地价格,确保国家住房建设以低于市场的土地价格获得建设用地,从而保证了大规模建设所需的土地资源。

新加坡政府还以低息贷款的形式给住房开发与建设提供资金支持,对住房出售实行优惠政策。房屋出售价格的确定,既不是根据成本价,更不是市场价,而是政府根据中低收入阶层的承受能力来确定价格,目的很简单,

---

① 联合早报. 李光耀 40 年政论选[M]. 现代出版社,1996

就是让普通老百姓买得起住房。而国家建屋发展局由此造成的亏损,政府核准后从财政预算中给予补贴。由此可以看出,新政府在住房开发与建设上给予了强有力的财政支持。

中央公积金在住房建设中发挥着重要作用。一方面,国家充分利用了国民公积金储蓄积累,以贷款和补贴的形式注入建屋发展局,为住房建设提供了取之不尽的建设资金。另一方面,公积金会员以现金支付或抵押支付房款的方式用公积金储蓄购买建屋发展局建造的住房,由此形成了政府、建屋发展局和公积金会员购房者三者之间的良性循环。1968年,中央公积金局推出了"公共住屋计划",目的在于帮助低收入公积金会员可以动用其公积金普通账户的存款支付首期付款,如果存款不足,可用将来的公积金向该局偿还贷款,有效地解决了困难者无力购房的问题。

新政府出台法律严格限制炒房行为。政府颁发的法律和制定的政策所遵循的基本准则就是"以自住为主",具体规定:第一,新房购买5年内不得转售,不能用于商业性经营。如确实需要出售,只能由国家回购,不得在市场上出售。第二,一个家庭只能拥有一套住房,不允许以投资为目的的买房。目前新加坡组屋主要以四房式和五房式为主,且设施齐全,功能结构合理,居住环境优雅。第三,申请购房者必须持有有效期内的新加坡工作许可证或相关签证等。

在新加坡,没有"炒房"和"投资"行为,整个房产市场健康、有序,政府通过几十年的努力,集中了大量人力、物力和财力,最终解决了住房问题。如今,新加坡92%的居民居住在政府兴建的公共住宅里,并拥有私人产权,实现了"居者有其屋"的愿望。

第四,学有所教。1989年6月,中央公积金局推出"教育计划"项目,会员可使用公积金存款为自己或子女支付高校学费费用,可使用的最高限额为扣除最低存款额之后总公积金存款的80%,毕业后一年还本付息。如果要分期付款,最长年限为10年。"教育计划"项目产生了三方面的意义,一是扩大了公积金的支付范围,有利于盘活储蓄资金;二是促进了新加坡教育事业的发展;三是有助于提高了国民教育水平。

2. 社会救助制度

新加坡社会救助制度主要包括社区关怀计划和社会援助计划。社区关怀计划主要有两个方面,即照顾贫困家庭儿童健康成长;帮助弱势群体自立自强融入社会。社会援助项目主要有住房、教育以及就业援助。

第一,社区关怀计划。一些家庭由于经济困难,不能支付孩子在幼儿园各种费用。由新加坡社会发展、青年和体育部负责制定和实施的社区关怀计划解决了这些家庭的燃眉之急。符合条件的家庭经过申请被批准后就可以获得每月幼儿园费用的 90% 的津贴。例如,一个儿童在幼儿园一个月的费用是 40 新元,社区关怀计划将负担 36 新元,最高不超过每月 82 新元。儿童进入幼儿园时还能够得到一次性 200 新元的补助,用于支付注册费、保证金、制服以及保险费用等。

由于工作原因,一些家庭需要将孩子送到托管中心,但因家庭经济困难无力支付这一费用。符合条件的家庭可直接向学生所在的托管中心申请,经托管中心审查符合条件,即新加坡公民或具有永久居住权;年龄在 7—14 岁;父母从事全职工作;家庭月收入在 2500 新元以下等,学生托管中心免费提供上学前及放学后的照顾。社区关怀还包括儿童成长辅助计划,帮助低收入家庭减免社区家庭服务中心开设的育儿课程,学前教育费用等。符合条件的家庭经过儿童成长辅助计划服务中心的评定后方可得到照顾。新加坡注重对儿童教育进行投入,充分体现了其福利政策人性化关爱。

在新加坡,那些未就业家庭的成员可以通过社区"就业扶助计划"找到工作。根据申请人的家庭状况,就业扶助计划可以为未就业家庭的成员提供以下一项或多项援助:一是房屋租金或水电费;二是每月生活费补助;三是儿童和学生津贴;四是职业培训补助;五是参加正规教育学习津贴。在新加坡,由于年老、患病或残疾不能参加工作,也没有其他经济来源和依靠的人,社区关怀计划依据其家庭困难程度给予一定的补助,保证他们每月基本生活开支,或提供免费医疗援助,或解决子女上学费用等。

第二,社会援助计划。一是住房援助计划。该计划为低收入家庭提供 5 万新元的房屋补助,帮助他们支付住房贷款,补助款按每年 2500 新元汇入母亲一方的公积金账户中。基本条件有两个,即配偶必须是新加坡居民或拥有永久居住权,家庭月收入低于 1500 新元。二是教育援助计划。该计划为低收入家庭的孩子提供从学前到大学阶段的助学金。具体额度为:学前教育每年 250 新元;初级教育每年 400 新元;中等教育每年 800 新元;专科、艺术和职业学校每年 1200 新元;大学每年 2000 新元。基本条件有三,即必须是已婚夫妇,配偶必须是新加坡居民或拥有永久居住权,家庭月收入低于 1000 新元。三是保健基金计划。该基金计划于 1993 年建立,目的在于为贫困者、重病患者提供医疗救助。这些患者自己和家人都负担不起医疗费用,并已用尽自己与直属家人的保健储蓄存款。患者可以直接向所在医院提出申请,医院进行核实,保健基金委员会进行审议,然后确定救济额度。

三、新加坡中央公积金制度评析

总体看,新加坡中央公积金制度取得了显著效果,对推动经济社会发展发挥了重要作用。

1. 强制性的自我积累机制,为国家经济建设提供了大量资金

西方多数国家的社会保障制度属于福利型或保险型,即政府通过财政或保险机构为国民提供失业、医疗、住宅、养老等社会福利。巨额的社会福利费用支持给国家带来了沉重的负担。新加坡政府从实际出发,逐步建立和完善了中央公积金制度,即政府通过强制性储蓄,新加坡国民为自己提供退休养老、医疗保健、家庭保险、教育费用等社会保障。这种自我积累机制不仅降低了政府的社会福利开支,政府还通过积累起来的巨额公积金,为国家经济建设提供了大量资金,促进了经济与社会的迅速发展。

基于以薪金为基数的公积金制度,产生了公积金储蓄与个人工作和收入紧密相联的激励机制,带来了职工努力工作取得更高的报酬,进而积累更多公积金储蓄,获得更多的社会保障利益。随着个人收入的提高,政府扩大了公积金的社会保障功能,进一步增强了这种激励机制,使政府获得了取之不尽用之不竭的财源。新加坡政府利用这笔稳定的、可靠的、源源不断的资金逐步完成了住宅、道路、机场、港口等基础设施的建设。从 20 世纪 80 年代起,政府又用这笔钱向海外投资,获得了更高的回报收益,进一步加快了经济社会的迅速发展。

新加坡中央公积金由中央公积金局统一管理。公积金局将国民缴纳的公积金一方面用于保障支付公积金费用开支和利息,另一方面将结存款项用于购买政府的有价证券,公积金局成为新加坡政府多种有价证券的最大持有者。新加坡政府通过中央公积金局,汇集民间财力为政府所用,为新加坡政府在经济起飞的年代无须大量依靠国外贷款,减轻了国家的负担,在快速发展时期保证了国家有大量资本可以投资于公共基础设施建设,对新加坡经济的长期持续快速发展起到了积极的推动作用。

2. 减轻了政府财政负担,加强了宏观调控能力

新加坡社会保障制度以"低供给"为基本原则,换句话说,政府的财政支出用于社会保障方面所占比重较小,政府只对真正的贫困者才发放津贴和救济金。即便公务员是国家公职人员,但政府也只承担公务员公积金的50%,自己要承担另外部分,企业主和公民个人成为公积金的主要来源。与

西方其他高福利国家的福利制度相比较,新加坡社会保障制度使政府摆脱了巨额的社会保障费用,最大限度地降低了政府的社会福利开支,减轻了政府的财政负担,节省了大量的财政支出。政府还可以根据经济运行情况,通过调整公积金缴费率,引导个人消费,影响有效需求,进而抑制通货膨胀,[①]保障国民经济的稳定和持续发展,成为政府对国民经济进行宏观调控的有效手段,加强了调控宏观经济的能力。

以20世纪70年代为例,新加坡经济发展迅猛,国民收入显著增加,但严峻的通货膨胀不期而至。为了减轻和降低通货膨胀的压力,新加坡政府提高了公积金的缴费率,从70年代初的8%,提高到25%。这实际上是把新加坡国民收入显著增加部分以公积金的形式进行强制储蓄,促进货币回笼,节制个人消费,有效控制社会购买力,同时扩大住房消费,把可能影响通货膨胀的社会支出引导到住宅消费上。新政府通过简单且有效的金融手段,顺利地解决了通货膨胀问题,通胀率由70年代的5.2%,下降到80年代的3.7%,1995年降为2.6%,1997年到2.0%,确保了经济稳定发展。在20世纪80年代中期,新加坡经济曾一度遭遇困难,增长速度放慢,企业效益下降。为摆脱困境,新政府大幅度降低了企业承担的公积金,缴纳率由25%下降到10%,极大地降低了企业成本,增强了企业的竞争力,激发了企业的活力。同时,政府还通过刺激消费需求等手段,推动了经济复苏,保障了国民经济健康发展。

3. 促进了社会稳定,提高了国民生活质量

2013年新加坡人口政策白皮书显示,新加坡总人口为530万,其中329万属本地公民,申领公积金会员人数有250万人,缴纳公积金的职工有110万人。后两组数字在新加坡人口和劳动力总数中均占相当高的比重。

新加坡社会保障制度几乎涵盖了社会生活的各个领域。退休养老金保障了职工在退休后有较高的收入安享晚年;医疗保健储蓄为职工及其家属提供的医疗费用保障了新加坡国民能够做到病有所医;购房计划满足了广大中低收入阶层买得起房,91%的人拥有所住房屋的所有权,且居住条件不断改善;家庭保障计划为职工的意外事故提供了保险福利,保证了家庭和社会的安定;教育储蓄计划促进了职工及家庭的智力投资。另外,据1993年统计,有150多万人利用政府的优惠条件购买了新加坡电信公司的股票,享受到了另一种形式的社会福利。由此来看,新加坡为国民提供了多层次、多

---

① 郭伟伟. 新加坡社会保障制度研究及启示[J]. 当代世界与社会主义(双月刊),2009.05

样化的社会保障。所谓多层次，是指社会保障制度覆盖了所有受雇的新加坡公民和永久居民，是面向全体民众的，使各个阶层的人都得到保障，不但会员获益，其配偶、子女、父母也受益。所谓多样化，是指社会保障制度涉及退休养老、购买住房、医疗保健、家庭保险、教育、投资理财等社会生活的各方面，公积金已成为新加坡人民生活中一个不可或缺的部分，促进了国民健康与福利，有效解决了医疗、养老、住房等危及稳定的重大社会问题，分散了社会风险，保障了社会稳定。

在全世界，尤其是在亚洲，新加坡居民的生活质量处于前列。根据新华每日电讯 2006 年 4 月 23 日报道，世界知名的美世人力资源公司对全球350 个城市生活品质进行评比，评量基准包括政治局势、社会条件、经济状况、医药和卫生水准、教育设施和水平、公共服务与交通、公共娱乐设施、生活必需品供应、住屋安排及个人安全等 39 项，评比结果显示，新加坡在亚洲各大城市中名列第一，生活质量最好。

4. 培养了勤奋工作、助人为乐的美德

新加坡的社会保障指导思想涵盖四个层面：一是通过个人勤奋工作增加自己的储蓄金额，提高社会保障的份额；二是鼓励家庭成员集中财力，相互资助，增强家庭的凝聚力；三是通过推行社会保障计划，统筹资金，以富帮穷，减轻社会的负担；四是对真正的贫困者由政府按照一定标准发放津贴和救济金援助。① 从新加坡社会保障制度的精神实质和运营原则看，它不仅鼓励国民勤奋工作、艰苦创业，还提倡履行对家庭和社会应尽的义务，努力倡导助人为乐的传统美德。新加坡社会保障制度成为促进和维护国民自力更生、勤俭持家、助人为乐等基本价值观和提高国民整体素质的重要手段。

在分析新加坡社会保障制度具有积极意义、取得重大成就的同时，也应该承认其存在的弊端，主要表现在：一是公平性、共济性欠缺。由于中央公积金是强制性的个人储蓄，缺乏国家统筹，换句话说，是公民自己进行自我保障，是个人在工作期间的积累。存款越多，工资越高，他所享受的社会保障待遇越高。而存款越少，工资越低，他所享受的社会保障待遇越差。因此，许多低收入者或年轻人在相当长的时间内难以享受到公积金所能够带来的益处，造成了待遇悬殊、"富者更富，贫者更贫"的社会现象，不能很好地体现社会保障的公平性、互济性特征。二是过高的储蓄比例，造成了企业和个人的沉重负担。如前所述，自 1994 年 7 月 1 日起，公积金的缴纳比例确定为雇员月薪的 40%，尽管雇主和雇员各支付一半，尽管雇主支付的部分

---

① 王韬. 新加坡的中央公积金制度[J]. 中国软科学，1997.02

计入企业生产成本,尽管雇员缴纳的 20％在发薪前扣除,但过高的缴费水平造成企业负担过重,产品成本过高,国际市场竞争力比韩国、中国香港分别弱 35％和 50％。对雇员而言,他们只能享受单一的基本养老保险,年轻人和低薪工人的老年保障被弱化了。而且储蓄过高,自由支配的资金减少,会让消费者丧失消费热情,导致消费需求不足,供求失衡,不利于经济发展。三是公积金数量庞大,保值增值存在风险。一个国家的经济发展不可能总是一帆风顺,一旦经济发生波动,出现货币贬值等问题,中央政府就很难兑现社会保障的承诺,保护企业和劳动者的利益,因此,确保保值和增值是新加坡公积金制度成败的关键。

总体看,新加坡社会保障制度的利远远大于弊,从 20 世纪 50 年代初创至今 60 多年了,基本满足了国民多样化的社会保障需求,保持了社会的和谐稳定,促进了经济快速发展,解决了许多重大社会问题,具有重大的积极意义和作用。

第五章　西方国家就业政策和服务

　　西方发达国家把就业问题始终作为制度建设的一项重要内容,在为劳动者提供就业机会、合理分配就业机会、解决失业问题以及保护劳动者权利而制定了一系列法律、法规。近半个世纪以来,西方发达国家形成了一套较为成熟的制度和做法,已经形成与市场经济基本相适应,比较成熟的管理体制和运作模式。对大学生就业更加关注,探索出了行之有效的方式方法,引导学生在校期间作好充分就业准备,逐渐突破传统的就业观念和思维定势,建立一个完整的、有效的职业指导体系,学校、政府和社会各界通力协作,促进就业,推动了经济发展,维护了社会稳定。

第一节　美国就业政策

一、美国就业政策的历史变迁

1. 罗斯福新政时期的"直接救济"政策

　　20世纪30年代,美国爆发经济危机,将近1700万人口失业,2500万人衣食无着,六分之一的家庭需要救济。1933年,富兰克林·罗斯福就任美国总统后实行了一系列经济政策,其核心是三个R,即救济(Relief)、改革(Reform)和复兴(Recovery),因此有人称之为"三R新政"。罗斯福新政的主要内容包括:第一,举办救济和公共工程。第二,整顿银行业,克服金融危机。第三,恢复工业与农业的生产。第四,保护劳工权利,制定最低工资和最高工时规定。第五,成立联邦紧急救济署,解决失业问题。第六,建立社会保障体系,制定并通过了《社会保险法》《联邦紧急救济法》《全国劳工关系法》《公用事业法》《公平劳动法》《税收法》等系列法规。罗斯福新政将解决失业问题作为重点,拨款5亿美元作为救济金,直接救济失业者。罗斯福新政通过实施一系列大规模公共工程,以促进恢复经济,扩大就业,解决贫困问题。罗斯福政府还制定了一项解决失业问题的长远规划,即"救济、减少和预防未来失业",这就是促使美国走上福利国家道路的社会福利保障制度。1935 年,《社会保障法》正式生效,该法案使当时美国 3000 万公民直接从政府失业补贴、养老金制度中得到救济,保障他们不受失业、疾病和潦倒之苦。

罗斯福新政实际上是凯恩斯主义理论的一次有益探索和尝试,其主要手段是用国家直接干预经济生活的办法来调节生产,在扶植、保护垄断资本并对某些方面进行必要抑制的同时,向工人阶级提供就业机会,改善人民生活做出的必要让步,以阻止危机的蔓延,减轻危机的影响。罗斯福新政在处理失业问题上的政策,对于美国经济发展是具有划时代意义,对于稳定美国社会、发展美国经济起到了重要的作用。到 1936 年,美国工业生产接近危机前的水平,失业人数比 1932 年减少了一半。人民生活有所改善,国民经济得到初步恢复,社会矛盾得到缓和。

2. 战后至 20 世纪 70 年代的"就业培训"政策

美国战后面临两个就业问题:一是上千万专业军人的就业;二是 20 世纪 60、70 年代美国经济快速发展之后由于产业结构调整而产生的大量工人失业。

第二次世界大战期间,美国军队兵力总数(包括各国驻军)大约在 1200~1500 万。战争结束后,退伍军人卸甲归田,如潮水般涌回国内,此时,摆在美国面前的一个最重要的社会问题就是要及时安排复原转业军人。《哈泼斯》杂志在胜利前夕曾发表一篇文章说,如果解决不好这个问题,"法西斯主义有可能在美国兴起"。有些人担心,1000 余万美国退伍军人在二战后突然涌入美国劳动力市场,会造成比 30 年代初更为严重的退伍军人骚乱问题。因此,对美国来讲,必须采取有效措施安置好退伍军人,保障他们的基本生活并对其在二战中作出的巨大贡献给与回报,这是一个关乎到民心向背、社会稳定的重大问题。

1944 年,美国国会通过了《退伍军人权利法案》,1945 年又通过了《退伍军人就业法》,这两部法律规定,政府对退伍军人的医疗卫生、教育、住房、就业和商业资产购买贷款等诸多方面进行了具体规定,尤其是对转业军人的生活保险、抚恤金、生活津贴等基本生活给予保障之外,还对他们进行就业培训,帮助转业军人自主创业,确保了联邦政府制定的对退伍军人各种保障措施得以在实际工作中有效地贯彻实施,奠定了美国退伍军人安置工作的法律基础,促使美国退伍军人的安置工作走上了法治化轨道,不仅帮助了退伍军人接受职业培训、安家立业,还造就了几百万专门人才,保证了美国社会各项事业的健康发展。

20 世纪 60 年代是美国经济发展的"黄金时代",而劳动力的职业培训起到了锦上添花的作用。联邦政府于 1962 年颁布的《人力开发训练法》授权劳工部、卫生部、教育和福利部强化职业培训计划,以提高失业人员的技术培训,并在财政上大力支持就业培训,扩大就业培训范围,使教育对象涵盖了所有年龄和所有地区的公民。根据这一法案,联邦政府 3 年内投入了近 4 亿美元,约 100 万人接受培训,使失学者、失业者通过培训获得了合适的职业。

到 20 世纪 70 年代,美国经济出现"滞胀",失业率攀升,通货膨胀恶性发展。此时,大量缺乏基本职业技能的高校毕业生进入就业市场,进一步加剧了失业问题。1972 年,尼克松连任美国总统之后,着手改革社会福利政策,提出家庭援助计划,把就业培训作为克服经济滞胀、解决就业问题的重要措施,并于次年通过了《就业培训综合法》。该法案有两个鲜明特征,一是改变了以往单纯的救济性质,代之以工作性质的福利法案。二是除了必要的援助,还主张对失业人员进行培训,提高自身的职业技能,鼓励失业者再就业。

3. 20 世纪 80、90 年代的"合作培训"政策

20 世纪 80 年代,全球迎来"第三次产业革命",第三产业的诞生,带动了世界各国的经济迅速发展。在美国,制造业加速萎缩,信息业、服务业的地位日趋攀升,美国经济迎来转型。这一时期,美国放松了对各行业的监管,鼓励在经济发展中展开自由竞争。面对新形势,就业政策也需要及时调整。里根担任总统后,于 1982 年签署《职业培训合作法》,该法案加强了政府、培训机构、企业间的合作关系,首次规定了职业培训的主体,即由联邦政府、各州政府和企业共同承担;明确了职业培训的目的,即为无业人员、低收入者、缺乏职业技能者进行职业培训,帮助他们获得再就业所必须的基本知识和技能;提出了职业培训重点在于发展经济。另外,对职业培训的对象还扩大到了社会各个阶层,包括受过高等教育、具有良好专业知识和技能的大学毕业生。合作培训在实施过程中出现了各自为政、缺乏配合、种类繁杂等问题,既造成了资源浪费,又因为严格执行资格标准而限制了许多有需求的人接受就业服务,而且,合作就业培训的内容事先拟订,脱离实际,难以满足消费者和管理者的需要。

1998 年 8 月,克林顿总统签署了《劳动力投资法案》。该法案继承了美国政府此前制定的有关就业、培训等各项法案中科学、合理的因素,同时,在许多方面提出了新思想和新观点。一是整合、完善劳动力就业服务体系,改变了此前各种就业培训计划分散、混乱的情况。地方委员会和企业充分发

挥各自作用,积极负责制定符合当地需求的就业计划、挑选一站式服务体系的合作对象、选择合格的培训机构、发挥企业在培训体系中的导向和监督作用以及提供针对企业需求的服务。二是充分满足参加培训人员的就业培训需求。美国在 90 年代创造性地建立了一站式服务体系,为参加培训人员带来了便利,使他们可以在当地或通过互联网接受到所需要的服务。同时,他们还可以利用就业劳动力市场提供的信息自己进行生涯规划和生涯发展设计。三是关注青少年培训。各地方委员会建立了青少年委员会,专门划拨青少年机会资金,为各地区、企业、团体吸纳青少年长期就业提供了条件。

4. 新世纪"从福利到工作"的就业政策

"从福利到工作"(from Welfare to Work)这种表达方式产生于美国,运用于欧洲,丹麦、瑞典、英国基本完善了"从福利到工作"的政策。

近些年来,一系列经济社会重大问题困扰着西方国家:一是经济增长速度大幅度下降,有些国家甚至出现负增长;二是失业大军不断增加使福利支出迅速攀升。福利支出与经济增长之间出现了严重的失衡;三是财政赤字不断增长,一些国家面临破产;四是就业不稳定已经成为日益突出的社会问题;五是对救助福利的依赖使贫困者落入"贫困陷阱",即越依赖救济,越不愿工作,越贫困。在这种情况下,西方各国政府开始考虑削减社会福利支出,改革社会福利制度。

进入新世纪,美国经济增长速度放缓。特别是"9.11"事件以后,经济受到进一步冲击,投资大幅下降,2011 年 GDP 仅增长 1.2%。伴随经济低速增长,失业率呈明显上升趋势,由 2000 年的 4.1%,2001 的 4.8%,2002 年的 5.9%,2003 年的 7.7%,到 2010 年高达 10%。对此,美国政府一方面提出了迅速提高就业率应对之策,如奥巴马政府三管齐下,一是通过减税、奖励和信贷优惠等措施促进小企业发展;二是加大对桥梁、道路等基础设施建设的投资力度;三是加大对新能源和节能领域的投资,通过这一系列举措,创造更多就业岗位。另一方面,对长期执行的就业政策进行了反思,在吸取和继承的基础上,提出了新的就业政策,这种政策的核心思想被一些学者称为"从福利到工作"的就业政策,它主要包括四个内涵:第一,企业不能强迫劳动者离开工作岗位,相反还要尽可能创造新的就业机会;第二,劳动者要有一定的就业竞争能力,能够做好现有的工作,不会由于知识缺失和老化成为新的失业者;第三,贫困者要有工作可做,不能因为报酬低而放弃工作去申领贫困救助金;第四,特定范围内的就业收入不影响政府同时发放贫困救助。

二、美国就业服务

1. 职业教育与职业介绍服务

美国不仅经济技术发达,其职业教育也成就斐然,在职业教育规模、层次、质量和效益等方面,均走在了世界前列。

美国政府非常重视职业教育。尽管高等教育在教育体系中处于重中之重的地位,但并不是每一个学生都能够进入金字塔的顶端,而且高等教育学费越来越昂贵,增加了家庭的负担,尤其是对那些来自贫困家庭的学生,他们最迫切的需要是找到一份能安身立命的工作,能够养家糊口。就一个国家人力资源发展战略而言,经济社会的发展当然需要大量的研究型人才,但合格且优秀的一线员工才是发展的基石。如果过多地培养尖端人才,必定会造成社会资源的巨大浪费。相对于高等教育而言,职业教育具有学制短、学制灵活、专业性明确、目的性强、收费低的特点,对科技创新和生产率的提高有着不可替代的作用,能够为美国经济提供新的人力资本来源。

美国职业教育越来越受百姓的欢迎,一方面是随着科学技术的飞速发展,美国无论在高科技企业例如飞机制造业、计算机技术、电子、全球定位等领域,还是在一般性职业例如烹饪、建筑、邮政等行业,对普通技术工人的需求不断增长。美国全国职业发展联合会主席达瑞尔·卢佐曾指出:"美国职业教育正在被重新界定的原因是美国和世界经济发展的需要正在改变。各级教育者都逐渐认识到全球的企业主越来越需要技能培养,而不是传统的四年制高等教育就能给予的。"另一方面是随着经济和科技的发展,在生产、加工、制造等职业领域,对技术含量的要求越来越高,人们必须不断更新知识和技能才能跟上形势的发展。据美国劳工部推测,人的一生,可能要四五次改变职业。正是这种社会背景和需求,为职业教育的发展提供了外部条件。

美国哥伦比亚大学人力资本理论学者明赛尔认为,从某一层次的学校毕业并不意味着学习过程的完结,它通常是一个一般性和"预备性学习阶段"的结束以及一个人进入劳动力市场后,接受更专门化并且经常是"持久性地获得职业技能"过程的开始。也就是说,学校的学历教育只是一个人学习中的预备阶段,而非学历教育则是学历教育的继续,是获得职业技能的开始。因为这种非学历教育像学历教育一样颁发不同等级和种类的证书,雇佣者更能够准确识别各类劳动力,满足雇主不同的需求。

正是因为职业教育的上述优势,美国正在积极探索建立三位一体的职业教育体系。首先,在国家宏观层面,联邦政府通过立法确立了职业教育的地位,通过行政手段建立起了课程体系、技能标准体系和劳动力技能规范化体系,通过经济手段加强对职业教育的财政投入。从综合高中、职业高中、社区学院、成人教育学院到大学,全美各类职业学校近3000家,每年毕业生高达1500至2000万。其次,在地方中观层面,地方政府积极筹建职业教育委员会,鼓励相关社会组织参与到对员工的继续教育中来,培训符合当地经济社会发展实际需要的地方性人才。再次,在企业微观层面,许多企业以员工福利形式定期对员工进行在职培训,以各种奖励形式激励员工积极参加学习培训。根据2010年美国劳工部开展的调查,近50%的企业承担起了对员工进行培训的责任,约90%的企业为员工支付培训费用,80%的企业为员工支付培训期间的工资,40%的员工参加过与工作相关的职业培训。另外,行业协会、职业教育学校、营利性的职业教育与培训学校以及非营利性组织都积极参与职业培训。通过培训,员工提高了自身知识水平和技能素养,为企业创造了更多的物质财富,促进了生产力的不断发展。李青在《美国职业教育的历史与现状》一文中对美国职业教育的特点和存在问题进行了分析,认为,美国决策者对职业教育极其重视;以立法手段促进职业教育发展;职业教育与经济发展科技进步特别是劳务市场的需求密切配合;职业教育高移化,即逐渐向高等教育方向转移和发展。存在的问题主要是资金匮乏,课程陈旧,师资不足以及如何实现职业教育与人文教育相结合。

从联邦政府到各州已建成网络的各职业介绍机构承担着把近2000万毕业生推向市场的艰巨任务。联邦政府劳工部专门成立了"美国职业服务局",这是全国公共职业介绍机构的领导和协调部门,其主要职责是向国会申请资金,向各州提供就业服务拨款;对各州的工作进行监督检查和提供指导;帮助各州解决职业介绍中遇到的各种问题;协调各州间的工作关系等。各州均设有"职业服务局",个别州在不同地点甚至设有2~3个"职业服务局"。各州"职业服务局"将就业信息全部存入计算机,为求职者提供大量的就业信息,或由计算机将所有的资料数据进行加工和整理,帮助求职者分析是否符合某项任职要求。"职业服务局"还负责对应聘人员进行考试,并将考试结果输入计算机。根据相关规定,只有考试合格者才能向用人单位进行推荐,而且必须同时推荐三名以上候选人,以便用人单位挑选。在用人单位初步选定应聘者以后,用人单位会将任职条件、工作时间、薪酬待遇等向应聘者交待清楚,双方达成协议后便正式录用。美国还建立了"职业银行",为全国各州之间的人才交流提供了条件。在"职业银行"里,每一个职工有两个编号,一个是专业分类号,另一个是提供职业的地区号。求职者打开计算机就可以了解到全国职务空缺的情况。"职业银行"为求职者提供了方便,使他们不再需要为了寻找适合自己的职业而跑遍全美。企业也不必到美国各地招聘人员。

2. 就业岗位创造服务

许多国家解决就业问题通常采取的做法一般为组织失业人员进行技能培训,为他们推荐就业岗位,鼓励他们自谋职业或从事社区服务等。尽管这些措施是有效的,但解决就业问题的关键在于创造就业岗位。在美国,由政府部门投资基础建设项目增加就业岗位一直是美国政府解决失业问题的一项重要政策。据新华网华盛顿 2011 年 8 月 31 日报道,代表全美 300 多万家企业的利益,美国最有影响力的商界组织之一的美国商会拟向美国总统奥巴马和国会提交一项创造就业的计划,在不恶化美国公共财政赤字的情况下解决高失业问题。该计划将在六个方面采取措施创造就业,其中包括扩大贸易、加强能源开发、增加基础设施投资、吸引旅游、减轻企业监管负担以及进行税制改革。许多经济学家也纷纷献计献策,提出政府应该在公共支出、公共建设银行、延长薪资税负优惠及失业救济、鼓励企业投资、鼓励节能投资及联邦直接雇用等六个方面创造就业机会。

概括地讲,第一,公共支出。经济学家布鲁斯卡指出,美国需要"更多公共建设型、而非糊口型的振兴措施",像在部分城市推出以工代赈方案。布鲁斯卡强调,这类计划属劳力密集型,能让许多人有工作。尽管公共财政对公共就业服务给予了支持,但许多国家公共就业服务仍面临资金压力。目前越来越多国家的公共就业服务正在为雇主提供超过一般就业服务的额外或较高的服务。第二,设立基础建设银行。华府智库美国进步中心的库柏认为,美国需要类似于欧洲投资银行的融资机构,带头推动大规模的及跨州的基建计划,如修补桥梁与道路、挖深港口、改建机场等。他估计,联邦政府未来 2 年投资 650 亿美元,可带动州政府及民间 1350 亿美元的对应投资。第三,延长薪资税假期及失业救济领取期限。穆迪分析公司的资深经济学家桑迪表示,延长这 2 项措施将是条捷径,在 2012 年就能让 GDP 成长率增加 0.9 个百分点及创造 80 万个工作机会。第四,奖励企业投资。国际经济研究所的罗森认为,投资愈多,创造的就业也愈多。第五,鼓励能源投资。美国未来 10 年将斥资 1500 亿美元以提高能源使用效率,将帮助创造 500 万个就业岗位。[①] 美国克里夫兰市场咨询公司最近的调查报告说,绿色技术已经成为新的最具吸引力的风险投资方向之一,目前每年已经吸引了超

① 刘林森."绿色就业岗位"——美国人眼中的新能源产业[J]. 中国外资,
2009.03

过 10 亿美元的私人和基金投资。全球太阳能发电市场的规模将从 2007 年的 160 亿美元一路扩张,到 2015 年将高达 550 亿美元。在硅谷生产高效能太阳能电池板的"太阳能"公司总裁理查德·斯旺森说:"眼下的太阳能就像 1983 年时的电脑芯片,很快将成为生活中随处可见的技术。"第六,政府直接雇用,美国政府目前是全美最大雇主,雇用人数约占全美劳动力的 2%。据星岛环球网 2009 年 4 月 10 日报道,尽管美国经济面临严重衰退,但是山姆大叔依然不改其志,过去 12 个月政府机关共增加 9.7 万个工作机会。另如修缮学校、重建社区、整理国家公园等,可望带动 200 多万人就业。

3. 就业法律保障服务

法律是维持国家正常稳定运作的保证,一方面国家通过法律保障各种社会经济活动有序开展,维护公民的权利,另一方面赋予政府法律效力,维护政府的权威。自 20 世纪 30 年代以来,美国已经形成一套比较完整的劳动就业法律体系,并随着时代的发展进行了完善,也颁布了一系列新法规。因为美国实行联邦制,其劳动就业法律可以分为联邦法律和州法律。联邦法律规范的是全美范围内的劳动关系,州法律规范的是纯粹的本州以内的劳动关系。现行的劳动就业法包含了劳动关系、就业与培训、公平劳动标准、职业安全卫生、社会保障以及有关劳动争议处理程序等多方面的内容。在劳动关系方面,美国立法机构主要制定了《国家劳动关系法》和《劳资关系法》这两部法律。在就业与培训方面,主要有《人力资源开发与培训法》《职业教育法》《就业机会法》《全面就业与培训法》《就业培训合作法》等。这些法律规定了劳动就业和职业培训的内容、层次及培训机构的设立,明确了它们的责任和义务。这些法案的制定,一方面表明美国对职业培训和人力资源开发的重视,另一方面将劳动就业和职业培训纳入法制化轨道,从根本上对美国的劳动、就业、培训起到了积极的促进作用。

纵观美国劳动与就业培训的发展历史,美国做到了立法先行。1946 年颁布的《全面教育法》,1963 年颁布的《职业教育法》,1973 年颁布的《全面就业与培训法》,1998 年颁布的《劳动力投资法案》,2004 年颁布的《2004 年美国就业机会创造法案》等,政府在促进就业上的职能、推进职业教育的社会化进程、确立联邦政府向各州政府提供财政补贴以及创造劳动就业环境等方面,可以说美国劳动、就业、培训都是以法律为先导的。从 1962 制定的《人力开发和培训法》开始,美国政府每隔几年就会出台针对各种不同类型的群体和部门制定相关法律,以保证劳动、就业和培训工作的有序开展。随着美国经济社会的发展变化,劳动、就业、培训法案也在不断更新和完善,旧的法案被废除,新的法案不断产生,以此保证劳动、就业和培训健康发展。

三、美国大学生就业举措

1. 政府提供就业信息，制定就业法规

美国实行毕业生自主择业制度，政府不直接干预大学生就业，只是把毕业生就业看做整个社会就业市场的一部分，但也并不是放任不管。政府在大学生就业工作中主要发挥两方面的作用：一是预测就业环境变化与就业趋势、发布就业信息，为大学生就业提供指导和帮助；二是制定促进大学生就业的相关政策和法律。

美国联邦政府的劳工部专门设有劳工统计局和就业规划办公室，对全美就业工作实行信息网络化管理。与联邦政府机构设置相匹配，美国各州政府专门设立了相对应的就业发展局，负责推进就业工作。劳工统计局和就业规划办公室在全美采集就业数据，收集各个时期就业市场供需状况，分析不同职业对知识和技能的要求，预测经济社会发展对未来就业需求的影响，展望环境变化的就业信息等，并将各种统计结果以计算机上网和发行出版物的方式向全社会公布，供大学生就业时参考。劳工部官方网站开辟就业信息栏，随时公布劳动力市场的实时信息，如最新的失业率、每小时平均工资、就业成本指数、联邦最低工资等，同时还公布与就业相关的其他信息，如地方工资、经济趋势、工业竞争力、标准化培训等。劳工部官方网站是大学毕业生获取就业信息的重要途径之一。另外，劳工部每两年修订出版《职业展望手册》，成为美国大学毕业生获取就业信息的又一重要途径。

美国政府通过制定相关法律法规来保障大学生的就业权利和规范就业市场秩序，以此促进大学生顺利就业。1973 年制定的《就业机会法》和《全面就业与培训法》，1994 年制定的《从学校到就业机会法》，将大学生应具备的知识、技能、实践经验等方面的内容进行了阐释。1998 年颁布《劳动力投资法案》赋予了州政府和地方政府相关权力，要求州政府和地方政府组成劳动力投资委员会，制定中长期劳动力发展计划。2003 年联邦政府开始的"高增长行业就业培训计划"将大学毕业生纳入培训对象，准备在 5 年时间内投入 3 亿美元，资助 157 个项目，在企业和学校之间建立合作伙伴关系，要求雇主在劳动力开发过程中承担更多责任，为就业能力低的大学毕业生提供更多的就业机会。2008 年 8 月通过的新修订的《高等教育机会法》对高校财政、问责制度、联邦学生资助制度、高校入学机会等方面的改革作了详尽说明。2009 年出台的《美国复兴与再投资法案》提出，通过对基础产业进行大规模投资，实现"创造 300 万个就业机会"的目标。该法案计划投入

7870 亿美元,其中 1000 亿美元用于教育,能够为大学毕业生提供数百万个工作岗位。法案还要求各州投入配套资金,以更大限度地增加就业机会。

2. 学校建立职业化、专业化的就业指导队伍

大学生毕业于大学,就像产品生产于企业,一所大学培养的学生就业率高,就如同企业的产品销路好,既能提高大学的声誉,还能够吸引更多的学生就读。如今,学生就业率也成为衡量一所大学综合实力的重要指标。美国大学的排名,学生的就业率在学校综合实力中的权重指数已经成为一个非常重要的方面。美国各大学越来越关心毕业生就业,都竭尽所能为毕业生就业提供各种周到细致的服务。

美国高校对大学生就业不承担责任,但非常重视大学生就业工作,把就业指导作为学校的日常工作的中心,由一名副校长直接分管,具体工作由"毕业生就业指导中心"负责。中心主要有两大任务:一是收集和发布毕业生就业需求信息;编辑出版毕业生就业指导材料;指导学生参加实习和见习活动,为企业来校招聘毕业生提供服务,举办校园招聘;与用人单位建立联系;组织校友会;开设就业指导训练课程等。二是为学生提供全程化服务。中心的工作主要为应届毕业生服务,但也为已毕业的校友服务。对于全体在校大学生,从入学到毕业,贯穿整个大学生涯。从学生入学开始,中心就为他们提供前期职业指导服务,在选择专业和课程方面给予帮助。进入高年级或毕业之际时,中心为他们提供就业信息服务和就业技巧训练和帮助。毕业后没有找到工作仍可作为校友到校接受各种就业指导和培训教育。中心指导人员必须具备相应的职业资格。中心主任一般要求具有辅导学、咨询学、高等教育学硕士或博士学位。就业顾问一般也要具有心理学硕士或博士学位,他们承担着学生的心理测试、能力评估、求职咨询等工作。此外,中心还聘请专家教授担任就业指导课的教师。美国高校"毕业生就业指导中心"有一支庞大的队伍,就业指导专职人员与毕业生的比例维持在 1∶200 左右。许多高校还为大学生提供"一对一"和"个性化"的就业指导服务。这样一支职业化、专业化的就业指导队伍,为大学生毕业顺利就业做出了极大贡献。

3. 校友及各界广泛参与,提供就业机会

英国剑桥大学的一位校长曾经说过:"剑桥大学几百年来一直站在学术和先进教育的最前沿,这是由剑桥本身的品质以及剑桥众多拥护者的慷慨共同达成的,剑桥的未来就在他们的支持当中",这里的"剑桥众多的拥护者"主要是指剑桥的校友。高校的发展离不开校友的支持,发挥好校友这支

庞大队伍的作用对于高校的发展具有重大的意义。美国大学都有"对外关系"部门，主要是与校友、政府部门以及新闻媒体打交道。各个大学都善于利用校友等社会资源帮助本校的毕业生更好地就业。

高校在不断发展的过程中，逐渐积累了大量的校友资源，随着时间的推移，他们在各行各业做出了突出的贡献。有的人成为国家领导人，有的人成为著名专家学者，更有一大批人成为各条战线、各个行业的骨干和领军人物。不断加强对校友工作的力度，把校友看成是学校的宝贵资源，利用校友的关系帮助学生就业已经成为美国高校扩大就业工作的一个重要途径。美国人特别看重校友关系，校友也非常关心母校发展，乐意为母校提供社会对毕业生要求的最新动态和帮助，愿意利用他们的社会经济地位帮助学生就业，比如提供实习机会，向自己所在的公司推荐校友，或者提供职位空缺的信息等。许多事业上取得成就的校友还通过自己在单位的影响力，来母校招聘，为母校的学生提供就业岗位。

美国许多相关中介机构在帮助大学生就业方面也功不可没。他们在学生和用人单位、高校与用人单位之间建立了联系，为学生就业架起了桥梁，如全美高校和雇主协会，目前已有 1800 多家高校和 1900 多家用人单位成为其会员，每年为 100 多万大学生提供就业服务。

第二节　英国就业政策

一、英国就业政策的发展演变

1. 从 12 世纪至二战结束后的"学徒制"

"学徒制"产生于传统的手工艺行业，是徒弟在固定的师傅的指导下，针对某一职业、行业如木匠、瓦匠、石匠、铁匠、陶匠等，通过学习、模仿而开展的知识传授技能培训。这种学徒制并不正规，重实践轻理论，只有名义拜师没有正式合同。徒弟在向师傅学习技艺的同时还参加师傅经营的生产活动。一般情况下，徒弟也需要为这种培训支付一定的费用，而徒弟也可从劳动中获取一定数量的工资。经过一定时间的学习，徒弟就"出师"了。

在西方国家，英国是学徒制开展比较早的国家之一。从 12 世纪开始，英国通过学徒制培养熟练工人。学徒制由行会控制，对学徒的准入和升迁、工资薪酬、职业道德和师傅的义务等方面进行管理，培养了大批的能工巧匠，保证了技术的传承和发展，并在中世纪时随着行会的发展而达到全盛时期,为英国产业革命奠定了人才基础。学徒制是职业培训的"始祖",也是培训各行各业基础劳动力的传统职业教育形式。英国是公认的首个将学徒制以法律形式固定下来并发扬光大的国家,甚至有学者认为,作为产业革命先驱的英国,之所以能在世界产业界中雄起,其原因就在于学徒制度。[①] 1563年,当时的英国女王伊丽莎白一世颁布了《工匠、徒弟法》,对学徒制进行了统一规定,这是世界上第一部具有职业培训性质的法案。

以蒸汽机为主要标志的第一次工业革命和以电气化为标志的第二次工业革命,使英国迅速跃升为世界工业强国。机械化大生产对工人的技能水平的要求大大提高了,技术进步和生产发展所需要的技术人员也越来越多了。在这种背景下,由师傅带徒弟的"学徒制"出现了变化,英国企业开始创办"工厂学校",根据企业的需要对学徒进行职业培训。一些头脑聪明和有识之士开始创办工人讲习所,通过学习和职业培训,提高工人的技术水平。

二战后,科学技术的迅猛发展逐渐应用于生产领域,广泛地渗透到人们生活的方方面面,极大地改变了人类的生产、生活方式。在职业领域,对工人的整体素质要求提高了,完成工作任务所要求的技能也提高了,只有通过全面系统的职业培训才能适应新科技革命所带来的一系列变革。20世纪50年代末,英国政府开始承担起职业培训的责任。

2. 战后至20世纪70年代的从"失业救济"到"就业培训"

二战期间,英国25万将士战死沙场,16万平民血溅英伦;三分之一的住房被毁;寡妇孤儿街头流浪;残垣断壁,一片疮痍;伤员、老人亟待关爱;经济社会遭受重创。1941年6月,丘吉尔政府成立了社会保险和福利委员会,该委员会提出的《社会保险和有关福利问题报告书》提出,要建立统一的社会保障制度,增加福利支出,扩大保障范围,使人人免于贫困、疾病、愚昧和失业的困扰。1946年8月,英国国会通过了国民保险法,规定凡已就业而未达退休年龄的职工都须参加保险,以便在失业、退休、怀孕、工伤、疾病、死亡的情况下能够享受"失业救济"。英国还利用马歇尔计划1.2亿美元的援款,充实了英格兰银行的外汇储备,稳定了英国的金融市场,弥补了政府的巨额财政赤字,帮助英国迅速恢复和发展了经济。与西欧其他国家相比,英国在1948年就达到战前的经济水平。到1950年,英国经济达到了4%的年增长率。到60年代,英国的经济呈现繁荣。经济的持续繁荣和发展,对劳动力的需求大大增加,当时英国已经有条件实现充分就业。相反,英国甚至出现劳动力短缺现象,不能就业的,主要是老弱病残孕,需要从发展中

---

① 朱圣偷. 英国制学徒制度与技术训练[J]. 商业月报,1936.03

国家引进劳力,如英国就从印度、巴基斯坦等国引进了劳动力。1964 年,英国颁发《产业培训法》,这在英国教育与培训史上具有重要意义,它以法律形式对培训进行了一系列规定,还专门成立了产业培训委员会(Industry Training Bureau,简称 ITB),规定了 ITB 的组成原则,明确了 ITB 法人团体地位,宣告了战后英国的"就业培训"开始逐渐走向正轨。

1973 年,中东爆发石油危机,沙特阿拉伯、叙利亚、阿尔及利亚、阿联酋、埃及、科威特、伊拉克、利比亚、卡塔尔等中东国家对美国、荷兰等国家实行石油禁运,并大幅度提高石油价格。虽然英国被阿拉伯产油国定为"友好国家",没有被石油禁运,但购买同等数量的石油要付出多倍的代价,这对于陷入经济困境的英国来说,也是一个很沉重的负担。1973 年 11 月 3 日,英国政府宣布全国进入紧急状态,许多工厂缩短工时,工人的工资减少三分之一以上。与此同时,英国煤炭工人与政府的对抗转化为罢工。由于缺乏足够的石油供应,国家经济陷入了瘫痪状态。

石油危机波及到多数西方发达国家,引发了战后最严重的世界性经济衰退,许多国家大批企业倒闭、工人失业,社会动荡。英国政府采取应急措施减轻大量失业所带来的负面影响,如"培训机会项目"、"青年机会项目"等。英国政府把"就业培训"作为解决失业问题的重要手段,这在当时的西方国家颇具创新性和代表性。实践也证明,只有通过这种政府进行倡导、组织和资助,动员各方参与的"就业培训",才能使大批失业者,尤其是青年失业者重新走上工作岗位。

3. 20 世纪 80、90 年代的从"就业培训"到"创业培训"

从 1970 到 1979 年,英国经济处于严重滞胀状态,经济平均年增长率仅为 2.2%,通货膨胀平均年率达 12.5%,利率居高不下,产品竞争能力下降,失业率不断攀升,这在西方主要工业国中是最严重的。1979 年 5 月,保守党大选获胜,撒切尔夫人出任首相。自此,西方的新自由主义和新保守主义占据历史舞台,英国开始用强制的手段加强对于教育及培训体制的控制,依据自由市场理论对本国的经济实行私有化的改造,取得了一定的成效,初步遏制了经济的衰退。

1983 年,英国政府制定了青年培训计划,这是一种复合型、适应型的综合培训。通过培训,为企业提供专业技能更出色的青年劳动力,提高职业教育与培训的总体水平,结业时学生们获得国家资格证书,使他们在企业日益激烈的竞争中立于不败之地,为英国在以后的世界市场的竞争中奠定基础。该计划每年吸纳 46 万毕业生参加,其中包括 13 周脱产培训。到 1986 年,青年培训项目延长到两年。从 1986 到 1987 年,英国政府为青年培训计划提供了 8 亿多英镑的培训费用。

1986 年,英国政府实施了另一项培训计划,称为新工人计划,这是政府为企业招收新工人进行补贴的培训项目。企业每招收一位 18—19 岁的新员工,以每周 55 英镑的薪酬计算,政府将给予企业一年的补助,每周 15 英镑。尽管英国政府高度重视就业培训,但是,因为就职机会有限,许多青年人仍找不到工作。1992 年,英国失业率高达 10%。培训项目不仅造成了职教资源的浪费,也使参加培训的失业人员失去了自信心,培训热情不断下降。撒切尔夫人对英国企业所进行的私有化,虽然增强了企业的效益,但"减人增效"的改造举措却使就业形势更加严峻。既然"无业可就",传统的"就业培训"计划也就失去了意义。在这种情况下,一种新的选择——"创业培训"成为再就业培训战略的最佳出路。20 世纪 90 年代初,英国在就业培训中开始强调"创业培训",即在培训中传授就业所需的职业知识、技能和态度,培养创业意识、传授创业知识和开发创业能力。同时,作为配套措施,政府出台了相关的鼓励创业的优惠政策。"创业培训"政策获得了一定成功,就业率和自我雇佣率开始出现较大幅度提高。

4. 从"创业培训"到"积极的就业政策"

英国在实施就业培训与创业培训的基础上,逐渐转向"积极的就业政策"。特别是在全球金融危机后就业形势更加紧张的情况下,英国政府采取一系列政策措施创造就业机会:一是加强公共投资以创造就业机会。2009年初,英国政府在公共项目方面投入 100 亿英镑,主要用于包括学校和医院修缮在内的公共工程、数码技术、环保项目等。该公共项目提供了 10 万个新的就业机会。二是向招聘贫困者的雇主提供直接补贴,以防止雇主因效益理由辞退员工。政府还资助雇用贫困群体的企业。各用人单位均可提出扩大就业方案,向政府提出经费补助申请。2009 年 6 月,英国政府补助经费高达 110 亿英镑。三是鼓励海外企业回国投资办厂,并以优惠的政策吸引外资,为更多的人创造就业机会。英国政府承诺,如果在英国设立企业总部,企业将他国盈余转移到英国时,可以完全免税。四是提供及时准确的就业信息。英国专门设立了公共就业服务中心,在提供失业救济的同时,还通过互联网全面收集就业岗位信息,将合适的工作岗位信息及时推荐给寻求就业的贫困者供其选择。五是调整了社会福利发放办法,要求有工作能力的失业者必须进行求职登记,每周提交寻找工作计划,接受职业指导和培训,并同就业服务顾问签订求职协议,保证能够立即上岗工作,否则,将停发失业保险金。对丧失工作能力的失业者,则提高津贴标准。

2011 年 2 月 17 日,卡梅伦首相提出福利政策改革法案,主要内容包括对失业人员拒绝接受新工作岗位的限制,收入税率的调整,以及残障人士的津贴补助等。英国提出的"从摇篮到坟墓"的福利政策,在肯定它的积极作用的同时,目前看来逐渐显现出弊端,有许多具备劳动能力的人之所以宁可选择失业在家而不接受工作,是因为所得收入有可能还不抵政府发放的失业救济金。英国联合政府意识到政策的弊端,认为要优化社会劳动力配置,需要从政策调整开始。

二、英国就业服务

1. 整合管理机构,提高服务水平

第二次世界大战结束以后至 20 世纪 50 年代末期,由于英国经济蓬勃发展,人力资源处于供不应求的状态,失业问题几乎不存在,因而职业培训受到忽视。到了 20 世纪 60 年代,失业问题出现了,且呈现愈演愈烈状态。为帮助失业者找到工作,首先就要提高他们自身的素质和水平,所以,职业培训成了人们更新技能所不可缺少的途径。20 世纪 70 年代,英国政府采用了综合人力规划的方式,把就业与培训进行统一管理,专门成立了人力服务委员会。尽管英国政府大力倡导职业培训,并在财政上给予支持,但效果却差强人意。因为单纯的职业培训无法解决失业问题,教育与就业市场的脱离使职业培训难以满足社会的需要。要从根本上改变教育与经济、就业与市场分离的现状,出路在于把教育与就业联系起来,使学校教学与毕业后就业要求结合起来。在这个背景下,英国政府进行了大胆的改革,于 1995 年 6 月,将教育部和就业部合二为一,组建了教育与就业部,旨在提高人民的技能水平,从而促进经济发展、改善失业状况。为了更加明确教育与就业部的职责和管辖范围,2001 年 6 月,教育与就业部又更名为教育与技能部。机构改革和整合的目的,主要是通过提高教育的有效性、针对性和就业技能,培养适合经济社会发展需要的人才,进而提高国家的竞争力和人民的生活水平。在管理体制上,两个部门的整合实现了教育与就业的结合,促进了教育政策与就业政策的协调一致,改变了长期以来教育与经济脱节的现象,为解决失业问题尤其是青年失业问题搭建了一个新的平台。将教育、职业培训和就业整合在一起,有效地提高了就业培训的水平和效益。

在教育和技能部,专门设立了就业服务中心,这是一个从中央到地方的三级组织结构,即总部、地区和直接为求职者和企业服务的区就业中心,实行垂直领导。就业服务中心及其服务工作人员全部经费和工资均由国家财政拨款,每年就业服务中心运行费用达 10 亿英镑。中心的主要职责是为求

职者提供职业介绍和咨询,推荐和安排培训,协助发放求职津贴以及为企业提供咨询与服务。中心总部下设就业服务中心管理部、人力资源部、工作福利部和金融、商业与公司服务部 4 大部门,管理模式为董事会领导下的执行总裁负责制。就业服务中心注重同包括雇主组织、行业协会、培训机构和地方政府等各类社会组织的合作关系,目的在于提高就业服务的效率和质量。

2. 既重培训,更重服务

英国政府对职业培训工作非常重视,把它视为自己必须承担的社会责任,不仅劳工、教育和企业单位举办各种职业培训,工会、社团和各种行业协会都把职业培训作为自己的义务。自 1983 年以来,"青年人培训计划"已取得了可喜的成绩,有 20 万青年人接受了该计划的培训。在职业培训中,英国政府既重数量,更重质量。自 1988 年 4 月 1 日起所有举办"青年人培训计划"的组织,都要被授予"认可培训组织"的身份,必须遵循严格标准,必须接受培训计划监督、健康卫生规范检查、公平机会及学员参加培训评估等。目前,已有 3000 个培训组织全面通过了"认可培训组织"的身份。

英国的职业培训还设立了一套完善的文化学历与职业资格等级证书制度。全国职业资格委员会是职业培训管理部门,负责规章制度的制定、资格认证和学历授予。职业培训包括四个层次和五个等级。四个层次的第一个层次指具有一定的职业技能,能够在规定时间内完成一定数量工作的能力,满足就业的最低要求。第二层次指适应多种可预见性的常规工程,适应新的工作环境能力强,在一定困难的条件下,经过简单指导便可胜任工作。第三层次指能够适应多种非常规性的技术工种,能够完成许多复杂、困难的工作,具有较强的监督和管理能力。第四层次指适合特殊或专业工种的工作,能够适应工种的变化,能够完成多种复杂、困难的工作,能够对产品的服务、经营等进行设计,能够满足雇主及顾客的不同需要。四个层次的培训已覆盖了全国 80％以上的劳动力市场。五个等级证书的第一级资格证书相当于国民初等教育证书。第二级相当于国民中等教育证书。第三级证书由英国"城市和行业协会"考试机构颁发学历,该机构颁发的资格证书在国际上得到认可。第四级相当于一般高等教育的学历证书,由国家职业资格委员会依照一定标准进行评估,合格者才颁发。第五级证书相当于研究生等级的学位证书。这种证书最难获得,必须读满一定的学时,拿到一定的学分,要通过专家组成的论文答辩。到 20 世纪末,覆盖范围扩大到艺术设计、商务、健康与社会福利、休闲与旅游、制造、建筑和建筑设备、旅馆与餐饮、科学、工程、信息技术、通信产品、管理研究、流通、土地及环境以及表演艺术等职业。

20 世纪 90 年代,英国开始以"再就业服务"工作项目取代再就业培训项目,出台了许多新的举措,如"就业福利方案",刺激失业者积极寻求就业,鼓励失业者通过就业享受福利。英国政府通过"就业福利计划"向 5 万失业者提供 3 周时间的工作尝试项目,向 5000 失业者提供新工作试点项目,向 50 万最新就业者支付住房补助,并向他们提供 4 周的社区税务津贴,向 2.5 万低薪工作就业者每人提供 200 英镑的"找到工作补贴",向每周从事 16 小时以上工作的人员提供 1000 英镑"重返工作"的免税奖金等等。随着再就业培训支出大幅减少,青年培训项目的支出下降了 30%,而再就业服务项目的支出却增加了 50%。尽管增幅高于下降,但却较大程度地减少了政府公共支出,因为培训项目支出远远高于就业服务项目。根据测算,再就业服务项目的每个岗位平均只用去 200 英镑,而再就业培训项目中的每个培训岗位需花掉 2000 至 3000 英镑。

英国就业服务中心与时俱进,适应了信息时代的发展,推出了一项电话服务业务,配备了高素质的专业就业服务顾问。求职者在英国的任何一个地方皆可拨打该电话,就业顾问会提供求职者所希望了解的地区或行业最新全日或半日制空岗信息;可为求职者寄送申请就业表格,安排求职者同雇主直接面谈的时间和地点,还能够提供求职者即可上岗的机会。就业服务中心每周都为 1000 多人找到了自己满意的工作岗位。区就业中心是各城市社区最基层的就业服务机构,担负着直接的最大量的为求职者和企业提供服务的任务。区就业中心每年向求职者提供 200 多万个空岗岗位,为 100 多万失业者实现了再就业。区就业中心甚至帮助求职者向雇主发信、填写求职表、撰写简历、提高其面试技巧和提高就业能力等,提供的服务可谓多种多样。

3. 鼓励中小企业发展,发挥就业优势

所谓中小企业,不同国家、不同经济发展的阶段、不同行业对其界定的标准不尽相同,且随着经济的发展而动态变化。各国一般从质和量两个方面对中小企业进行定义,质的指标主要包括企业的组织形式、融资方式及所处行业地位等;量的指标则主要包括雇员人数、实际资本、资产总值等。量的指标较质的指标更为直观,数据选取容易,大多数国家都以量的标准进行划分,如美国国会 2001 年出台的《美国小企业法》对中小企业的界定标准为雇员人数不超过 500 人。英国、欧盟等在采取量的指标的同时,也以质的指标作为辅助。英国采用的是欧盟标准,即主要是按企业的雇员人数来划分。人数在 9 人以下的为微型企业,在 10~49 人之间的为小企业,在 50~249 人之间的为中型企业,在 250 人以上的为大企业。按这个标准统计,到

2000 年 10 月,英国各类注册企业共有 400 余万家,其中 50 人以下的小企业占 99％。小企业提供的工作岗位占除政府工作岗位以外的所有就业岗位总数的 45％,其产值约占英国国内总产值(不包括金融服务业在内)的 40％。[①]

美国未来学家奈斯比特在《全球危机》一书中指出:"小而强的时代来临了,当全球经济愈扩张时,规模愈小的成员影响力愈大"。世界经济论坛执行主任斯玛嘉认为,现在已不是大鱼吃小鱼的时代,而是快鱼吃慢鱼的时代。只要小企业具有快速变革的能力,就能立于不败之地。特别是随着科技的发展、社会结构和产业结构的变化,小企业在提供就业方面发挥着越来越大的作用。虽然世界各国发展程度有高低,但小企业提供的就业几乎都在 95％以上。经济合作与发展组织在一份报告中指出:"在过去的 10—15 年间,(经合组织国家)小企业在工作岗位净增长方面显得特别重要。"国际劳工组织认为,在经合组织国家中,小企业在 1997 年创造的就业岗位占当年新增就业的 60％左右。美国中小企业占其企业总数的 99.6％,就业人数占总就业的 54.1％。德国中小企业的雇员人数占德国总就业人数的三分之二以上。从 1995 年到 2000 年,德国环保行业产生了 110 万个就业岗位,其中大多数是小型环保企业提供的。[②]

英国高度重视扶持小企业的发展,采取了许多有效措施:一是制定法律,保护中小企业健康发展。用法律手段扶持中小企业的生产经营活动是英国扶持中小企业发展的基本经验。目前,英国已出台了 11 部有关中小企业的法案,内容主要包括防止大企业过度并吞中小企业进而形成行业垄断;保护小企业的发明专利;鼓励与促进科研技术成果向中小企业转让;解决中小企业之间债务拖欠和任意违约的问题,以确保中小企业资金正常周转。二是建立中小企业管理局,加强对小企业的领导。中小企业管理局下设小企业强化扶持部、财务部、小企业联系中心管理部、政策协调部和宣传联络部 5 个部门。在英格兰、苏格兰、威尔士和北爱尔兰,还建立了 128 个小企业联系中心。中小企业工业大臣负责该局工作,主要任务是负责协调政府部门间对中小企业的具体政策;组织领导和安排对全国中小企业主的培训;领导并协调 540 家中小企业管理机构和 67 家主要郡和村镇的中小企业服务中心;为小企业的注册、经营、管理和发展提供全方位、多方面、高质量、高效率的服务;为小企业提供小额资金支持和银行贷款担保。三是减轻税收

---

①　马永堂.英国鼓励中小企业发展促进就业的策略[J].国际劳工研究与信息,2000.10

②　周涛.英国积极的就业政策研究[D].华东师范大学硕士学位论文,2004

负担,加强职工培训,帮助企业更新设备,培训技术骨干和高新技术开发,鼓励中小企业与大企业的联合,帮助中小企业拓展海外市场,扩大产品出口,增加小企业行政管理的透明度,简化各种办事手续,建立信息网络,提供各种信息服务,提供减免税优惠政策,提供资助、贷款和贷款担保措施,提供各种培训服务以及提供全方位咨询服务等。

三、英国大学生就业举措

1. 政府向企业为大学生就业埋单

英国副首相克莱格提出,青年失业问题造成经济上的浪费,并逐渐演变成社会弊端,我们不能再对青年游手好闲坐视不理。英国著名经济学家、英格兰银行货币政策委员会委员戴维·布拉奇弗劳尔认为,18 至 24 岁的年轻人面临的竞争是巨大的,失业率是较高的。失业对年青人是非常糟糕的,失业期越长,负面影响越大。英国劳动力市场的调查结果也印证了他的观点,18 至 24 岁人群的失业率增长最快。截至 2008 年 10 月,英国青年失业人数已达 59.7 万,各年龄段总计约 300 万人或将在 2010 年前失业,其中至少有 40% 为 25 岁以下人群。据 2012 年 6 月 18 日留学无忧网报道,英国高等教育统计局的数据显示,多达近 28% 的英国大学生在毕业三年半后仍难找到全职工作。对 4.9 万名 2006 至 2007 年毕业的大学生进行的统计显示,英格兰有 27.7% 的大学毕业生至今仍无正常工作,苏格兰的比例为 26.7%。其中的 8.8% 的人只能做半职或无报酬的义工,另有 6.5% 的人继续埋头读书。毕业三年半能找到全职工作的英国大学生比例为 72.3%,低于 2005 年开始统计时的 76.1%。尽管 2006 至 2007 年度毕业的大学生赶上金融危机,不过,几年过去了,英国经济形势也不见好转,大学生的就业前景不容乐观。为解决大学生就业难问题,英国政府专门推出了"国家实习计划",为大学生在毕业前提供一个积累工作经验和展示自我的平台。英国政府拨款 1.4 亿英镑,以在公共和私营部门中增加 3.5 万个实习岗位,要求公共机构、慈善组织和经济部门接纳大学毕业生做实习。实习生一方面可以有一定收入,另一方面,他们还可积累实际工作经验。这一政策也将惠及广大英国留学生,为他们提供一个解决经验不足的好机会。2011 年 11 月,英国政府再次宣布投入 10 亿英镑的"青年合同项目"计划。根据此就业计划,每雇用一位 18—24 岁的青年,雇主可得到 2275 英镑、为期 6 个月的补助金,该金额约等于英国青年最低工资的一半。计划将于 2012 年 4 月展开,预期可创造 41 万份工作机会,包括 16 万份补助薪资的职位,以及 25 万份需要工作经验的职位。该计划将在一定程度上缓解英国大学生就业压力。

2. 在课程中嵌入就业能力

英国教育界专家和政府官员认识到,刚毕业的大学生存在着从学校到企业之间的"就业鸿沟",在运用知识的能力、团队协作精神、工作责任感和职业操守等方面不能很好满足企业的需求。基于此,1997 年,英国高等教育全国调查委员会专门就教育与就业问题进行了广泛深入的调研,发表了《迪尔英报告》,提出要把"沟通、数字应用、信息技术"三项技能确定为关键技能重点加强,对团队合作、问题解决、管理自我和职业发展等能力予以高度关注。英国教育和技能部将"帮助大学生提高较高层次的能力和技能,以提高长期的就业力"确定为其战略导向的核心和高等教育发展最重要的任务之一。在这样的背景下,英国高校纷纷采取各种措施着力提升大学生的就业能力。目前,英国高校主要通过开设相关课程、调整课程内容和结构等措施来锻炼学生的就业能力。为确保就业能力嵌入课程之中,英国高校以"就业能力架构"为方向,设定了所有专业的细则,各门课程的嵌入方式和主要内容,还对考核、入学、毕业等诸多环节提出了要求。同时,对任课老师进行培训,学校教学评估主管审核实施的具体情况。负责就业能力植入的教师既是专业课老师,也兼任就业指导教师。学校把一系列连贯的基于就业能力提升的教学大纲特征融合植入所有专业,继而实现专业知识与职业技能的"融合"、"转化"与"转移"。更重要的是要把"就业能力"培养植入到教学的每一个环节,让学生真正具备自主学习、把知识转变为技能、适应环境变化等多方面的能力。[①] 以伦敦印刷学院为例,该校把学生就业能力的培养全面渗透到整个三年制的课程体系中。第一年的课程主要培养专业发展技能,如诊断性评估、学习技能、时间管理规划等。第二年集中开设与就业力有关的职业生涯规划、与工作相关的知识产权知识、与就业相关的资金与法律法规等课程。第三年则侧重于研究能力的培养和专业实践,通常要求学生根据当时的市场需求与发展趋势,准备学位论文或进行毕业设计。[②]

3. 加强与企业合作,培养社会需要人才

英国高校在一定程度上也存在着重理论轻实践的问题,难以培养出社会急需的、大批的、能将科技成果及时转化为物质产品和现实生产、服务的

①　刘桂华. 英国大学生就业能力培养的启示[J]. 教育与职业,2010.06
②　雷培梁,连莲. 英国高校提升大学生就业力的经验探讨[J]. 复旦教育论坛,2009.06

技术型人才。一些国家实行的“产教结合、校企合作”模式，既能发挥学校和企业的各自优势，又能共同培养出社会与市场需要的人才。加强学校与企业的合作，教学与生产的结合，校企双方互相支持、互相渗透、双向介入、优势互补、资源互用、利益共享，是实现高校教育及企业管理现代化、促进生产力发展，使教育与生产可持续发展的重要途径。英国高校的在以下几方面进行了探索。一是学校与企业建立长期互利互惠合作关系，共同建立人才培养模式。学校通过科研和培训为企业提供智力支持与学术指导，促进企业更好更快地发展；企业通过接受学生实习、就业，培养学生的实践能力，提高学生的就业能力。二是把雇主“请进”学校，共同参与制定培养目标、培养计划、课程设计；邀请雇主为学生授课或举办讲座。特别是企业里某一领域的专家或工程师，他们的授课内容完全不同于学校里的教师注重课本知识或局限于某一职业的具体知识，而是更多地强调职业态度、职业技能等实用能力的塑造。英格兰中央大学一个三年级的学生谈到，“我所学的全部课程都与找工作有关，其中不少课程主要由企业的管理人员负责，授课教师大多是从业的专业人员，他们可以为你提供最实际的帮助和建议，还能为你找工作提供一些有用的联系”。[①] 三是企业给大学生提供更多的见习和实习机会。英国许多企业，特别是中小企业通过将学生短期安置在企业工作或带学生参观企业，给他们提供各种就业前的培训，这无疑在很大程度上促进了学生关键技能、职业技能和具体岗位技能的形成和发展，提升了学生的就业能力。

第三节　德、法、日就业政策

一、德国就业政策

1. 德国“发展经济”与“扩大就业”相结合政策

德国在“发展经济”与“扩大就业”方面创造了两大奇迹。2008 年金融危机席卷全球，许多国家的经济受到重挫，GDP 大幅下降，失业率大幅上升，而德国的表现却与众不同：虽然 GDP 下降了，但失业率不降反升。以 2009 年德国相关数据为例，德国 GDP 下降 5.1%，美国 3.5%；德国失业率

① 雷培梁，连莲．英国高校提升大学生就业力的经验探讨[J]．复旦教育论坛，2009.06

7.7%,美国9.3%。就业问题不是孤立的,而是与经济周期、结构调整和体制转轨等诸多因素相关联的。因此,要解决就业矛盾,就要更多地从宏观经济决策的角度在总体上进行把握。

　　首先,在经济领域,自二战以来,德国实行的模式被称为"社会市场经济"模式,不同于以美国为代表的自由市场经济模式,其特点在于,这种经济模式兼有自由市场经济和社会主义经济的特点。自由市场经济模式的特点表现为:私有制、自由贸易、政府不直接控制市场价格;社会主义经济模式的特点表现为:政府对经济进行积极的监管干预,政府负责医疗、失业、养老等社会保障体系,积极介入住房、教育、收入分配、环境保护等领域。虽然德国经济二战战败后遭受重创,工业设施成为一片废墟,男性劳动力大量伤亡,每年要为美国占领军支付巨额"占领费用",偿付战争受害国大量赔偿金,但社会市场经济体制使得德国经济迅猛发展。在整个20世纪60年代,德国的GDP年增长8%左右,其中1955年高达近12%,被誉为"德国经济奇迹"。20世纪60年代后,德国经济仍然持续发展,既治愈了战争创伤,又发展成为欧洲最大的经济体。在此形势下,德国失业人数从1950年的158万下降到1960年的大约20万,并在其后出现了明显的劳工短缺现象。1991年,法国经济学家米切尔·阿尔伯特把"德国模式"称为"莱茵资本主义",其特点是银行而非证券交易所在金融市场中占有统治地位,银行与企业间关系紧密,市场秩序更为规范,股东与管理层关系平衡,企业员工忠诚度高,职业教育发达,员工素质高,注重社会保障,兼顾公平与效率,是"有同情心"的资本主义。而在英国和美国等国,企业往往被视为一种特殊的商品,市场决定一切。

　　德国注重以制造业为代表的实体经济的发展,采取特殊政策保证主要产业部门的就业稳定。德国的煤炭、钢铁等传统工业部门是重要的就业部门,政府对这类企业予以成本和价格方面的补贴以保证企业正常生产,从而保障就业稳定。从区域经济看,德国产业分布平衡,大公司大企业比较均匀地分布在全国各地,如在德国首都柏林,德国排名前100名的大企业中,只有3个将总部设在那里,有利于国民就近就业,利于实现共同富裕。德国实现统一后,政府对东部地区实施倾斜政策,将大量资金投入东部基础设施建设,大力推进社会经济发展,稳定和改善东部的就业环境。2009年,欧债危机造成欧洲各国经济状况不断恶化,但德国失业率非但没有下降,反而在2010年和2011年保持了相对稳定,这与德国经济长期稳定增长是分不开的。在2010年,德国国内生产总值增长率达到了3.7%,这在西方国家中算是高的了。需要指出的是,德国政府在全球经济危机和欧元区国家主权债务危机爆发之前,已经采取了一系列应急性措施,从而为德国经济和就业做出了很大的贡献。其次,在就业方面。德国于1969年制定了《就业促进法》，40多年来，以该法为主体的一整套法律制度在保障德国社会经济稳定发展、应对失业问题等方面起到了重要作用。该法规定，联邦劳动局保障参加职业培训人员的生活待遇，承担如听课费、交通及住宿费等培训费用。企业或雇主如聘用失业人员，可获得政府补助。补助费用最多为工资的50%，最长为期两年。愿意自谋职业的失业者，如能提供有相关资信的专家出具的意见书，还可获得自谋职业补助。开工不足的企业如果能为技能熟练的雇员保留岗位，可向其发放开工不足补助金，以补偿其工资损失。德国青年在走上工作岗位之前，三分之二都要在企业内部或职业技术学校接受职业培训，培训的时间一般为3年以上，各州政府承担大约占全部培训费用的15%。除了《就业促进法》，德国还颁布了《联邦教育法》、《职业培训法》、《联邦教育促进法》、《职业培训促进法》，保证了《就业促进法》将职业培训作为促进就业的中心内容真正得到落实。

根据一项研究，目前德国就业政策可以归纳为20个方面，直接对失业人员的资助有11项，如免费职业介绍和职业咨询；培训帮助；移动支持（从东部迁移到西部就业给予补贴）；独立开业过渡补贴；接受职业教育补贴；进修期间生活费培训费补贴；残疾人就业帮助；失业保险金和失业帮助金；短工帮助；企业破产前补偿；冬季补贴等。通过资助雇主减少失业的措施有4项，如免费提供劳动力市场咨询和职业介绍；雇用重回岗位人员补贴；与失业者签定重归合同补贴；企业实行职业教育培训不利群体补贴。通过对执行就业促进项目单位的资助直接为失业者创造就业和培训机会的措施有5项，如对企业创造附加的企业培训机会的无息贷款和补贴；教育机构承担企业培训补贴；对青年之家和其他社会机构组织残疾青年进修、就业的贷款和补贴；社会福利框架下回归措施（如企业破产时对雇员要有社会福利计划，包括就业和培训等）的补贴等。[①]

更值得称道的是，德国企业自觉主动地帮助青年人就业。舒勒尔纺织公司因受纺织行业持续萧条的影响，一度陷入危机，按常规要裁员，但他们不这样做，而是减少合同外的津贴，并减少星期天的加班费，结果没裁减一个人。著名的西门子公司属下的工作经常要加班才能完成生产定额，为提供更多的就业岗位，他们在需要时增加工人减少加班，把高额的加班费用在增加的工人身上，不仅节约了加班费开支，还增加了工作岗位。施特尔曼纺织厂由于产品滞销，需要裁员40000人。劳资双方经过协商决定采取新的工作制度，一年中只开工生产8个月，全力以赴完成工作量，另4个月放假休息。这样不仅不需裁员，每年还节省2000万马克的开支，资方从中拿出

---

① 刘丹华. 德国就业促进政策和资金运作机制[J]. 中国就业，2002.05

一笔钱给工人增加工资,劳资双方皆大欢喜。

　　2. 双元制——德国职业培训和就业服务的成功典范

　　第一,"双元制"的内涵。20 世纪 60 年代,诺贝尔经济学奖得主舒尔茨在其一项研究中指出,现代经济中,知识和能力等人力资本的提高对经济增长贡献率远超物质资本和劳动力数量增加。20 世纪 70 年代,德国一个研究机构在一份人力资本报告中称,德国制造业从业人员占其总劳动力的近60%,而制造业产值达到德国工业总产值的近 80%。据此,德国人认为,制造业企业的人力资本质量如何将直接影响甚至决定企业竞争力高低。于是,他们提出了双元制职业教育模式。所谓"双元制",是学校与企业合作共同进行教育的一种职业教育模式,也是一种将企业与学校、理论与实践相结合的以培养应用型人才为目的的职业教育制度。"双元制"中的"双元"是指两种不同的学习主体,其中"一元"是指职业学校,另"一元"是指企业,两"元"互为依存、相辅相成、缺一不可,"双元"的构成要件在地位上是对等、相生相存的。"双元"既指"学校"和"企业"的二元主体,又指"学生"和"学徒"的双重身份。职业学校的主要任务是传授普通文化知识和与职业有关的专业知识;企业的主要职能是让学生在企业里接受职业技能方面的专业培训。

　　第二,"双元制"职业教育的特色。一是企业培训。依据德国政府制定的《职业培训条例》,企业要招收学徒,参与学徒培训,必须具备一定的资格。培训资格须由行业协会认定,企业要满足一定的条件,才能被允许提供培训。企业要提出总体培训计划,其中包括培训场所、培训内容和时间、实训教师和培训计划;企业的生产类型、产品或服务及生产方式必须满足培训条例所规定的知识和技能传授的要求;企业要有足够的培训设备和培训场所等;培训者人数与企业专业人员的比例等。企业还必须依据《职业培训条例》规定的专业名称、培训期限、培训应达到的要求、培训大纲、考试规定等方面的内容进行培训。企业培训一般通过三种方式进行:其一是企业的课堂教学,教学内容与职业的关系更为密切更加系统,除了职业理论知识,也讲授一些用以提高学徒综合职业素质的教学内容,还会根据生产组织方式的变化及时调整。其二是企业的技能训练。随着科学技术和生产力的发展,许多职业的专业化程度越来越高,操作流程越来越复杂,要求学徒全面系统地学习职业知识和技能。基于此,许多大中型企业都建立了专门用于技术培训的车间或工场,以便使他们能够通过全面系统的技能训练来获得必备的职业技能。其三是岗位培训。经过学习和培训,学徒掌握了一定的知识和技能,此时,企业会为学徒提供实习岗位,在培训师的指导下,独立完成工作任务,进一步提高职业综合素质,并熟悉企业的整体状况。德国还成立了跨企业培训中心,为那些师资数量少、设备条件欠缺,无法独自完成培训任务的中小型企业提供服务,以弥补培训企业能力的不足,向中小型企业提供最新技术和咨询服务工作。大型企业一般有培训中心、实训车间,中小企业的培训则大多数是在生产岗位上进行的。大型企业一般有专职的实训教师,而在中小企业里,则由师傅兼职来完成。

二是职业学校教育。德国各类教育的一个显著特点就是分流。小学毕业后升入初中,实行第一次分流,实践能力强的进入 5 年制主体中学;文理知识好的进入 9 年制完全中学;智力介于两者之间的进入 6 年制实科中学。初中毕业后进入高中,进行第二次分流,一部分进入普通类高中,毕业后升入综合大学;另一部分进入职业高中,即双元制职业学校。高中毕业后进行第三次分流,有三种选择:读 5 年制综合大学,读 3~4 年的应用技术大学,或 3 年的职业学院。德国青年人非常青睐选择职业学校,每年有超七成的青少年接受双元制职教教育。有这样一则报道,克利斯迪安 2011 年从职业学校毕业后已工作 4 年。他曾向前去采访的记者算过一笔账:16 岁上职业学校,每月能挣 500 欧元生活费,学习三年半期间没花家里一分钱,25 岁成为高级技工。相比较,其小学同学接受完 13 年的小学—高中教育后已 20岁。德国大学学制较长,一般 6 年,上完大学 26 岁,毕业后能否找到工作也是未知数。而现在,克利斯迪安存折上已有 5 位数存款了。职业学校教育仍然属于义务教育阶段,其主要任务是传授将要从事的职业所需的专业理论知识和普通文化知识。职业学校的学习可以分为两个阶段,即基础学习阶段和职业学习阶段。在基础学习阶段,主要是系统学习普通文化知识和职业基础知识,为今后的职业培训打下良好的基础。学校的教学活动通常与企业培训相互配合,学生每周用 1~2 天的时间在职业学校学习普通文化知识和专业知识,另外 3~4 天在企业接受职业培训。根据相关规定,职业学校每周提供不少于 12 小时的教学时数,其中,专业理论知识占全部课程的三分之二;普通文化课程占全部课程的三分之一。在进行课堂教学的同时,职业学校还建立了实训基地为学生提供实践训练。

三是双元制的考试。根据《联邦职业教育法》、《培训条例》和《考试条例》的规定,行业协会在学员培训期间要组织考试,由考试委员会负责考试工作的具体实施,实行教考分离的考试办法,由行会统一进行管理和负责。考试进行两次,第一次是在学习一年半左右时的考试,又叫中间考试,再一次就是学习结束时的结业考试。第一次考试摸清学员的学习状况,并通过考试发现教学与培训中存在的问题。学员必须参加第一次考试,否则没有资格参加毕业考核。考试内容包括理论和技能两部分,考试成绩占总分数的 40%,考试的时间最多不会超过 10 小时。第二次考试是毕业考试,目的在于考察学员是否掌握了从事某种职业所必备的知识和技能要求。考试内容包括理论与实践两部分。理论考试以笔试和口试的方式进行,主要考核基础知识和工作方案的制定等。实践考试主要考核学员的实际工作能力,包括口述工作实施的要求和过程以及企业中的工作活动。参加毕业考试要具备三个条件,即参加了第一次考试并合格;在主管部门注册登记并签署培训合同;达到培训条例规定的年限。根据不同情况,考试时间从几小时到几天不等,考试成绩占总分数的60%。考试合格的学员可以获得行会颁发的毕业证书和职业资格证书。

"双元制"是社会各界共同合作的成果。在政府的指导下,行会、企业、学校三方各自发挥自己的职能和作用,确保了双元制职业教育的顺利进行。从政府制定一系列配套法律法规到提供运作经费;从行业协会制定严格的考试制度到授予毕业证书和职业资格证书;从企业的积极投入到培训师傅的精雕细琢;从职业学校的认真负责到各方面为学生着想等,方方面面都为"双元制"蜚声全球做出了共同努力。特别是企业和学校从招生、培训、师资、管理到筹措经费都探索出了行之有效的路子。企业和学校一切行为都有章可循、依法办事,保证了职业教育的顺利发展。

德国人认为,没有企业的参加,要培养合格的技术工人是不可想象的,这话说到了关键点上。学生在企业接受培训,使学生学习目的更明确,培养目标更符合企业的需要,更能够激发学生的学习兴趣。真实的生产环境,置身其中的实践场所,使学生真实地接近未来工作的需要,能较早地接近新工艺、新技术。双元制教学十分重视学生实践、技能、技巧的培训,理论教育也强调实用性,密切与实践相联系,服从于实践的需要,学校理论教学与企业实践之比约为30%:70%或20%:80%。不仅如此,双元制职业教育还非常重视对学生进行职业道德的教育。学校和企业都认识到,这些青年学生是企业的未来,他们的素质将会直接影响到企业今后产品的质量、企业的信誉,甚至企业的未来。因此,他们在培训中严格要求学生遵循职业行为规范,养成良好的职业道德习惯,对工作严肃认真,一丝不苟。

德国"双元制"是当前国际上公认的较成熟和有效的一种职业教育模式,被德国前总理科尔誉为"德国经济腾飞的秘密武器",认为德国经济奇迹的秘密在于它的人民,特别是受过良好教育的技术工人所具备的能力和所取得的成绩。"双元制"被西方国家誉为"欧洲师表"而受到世界各国的普遍关注,成为世界各国争相学习的楷模。1979年法国总统德斯坦访问波恩时,曾希望把德国"双元制"引进到法国去。美国前副总统蒙代尔也曾说,美国正在推行这种培训模式。我国也曾于20世纪90年代在部分地区试行这一模式。今天,德国工程师在接受学术教育前,也大多会倾向于选择通过双元制培养,完成对自身职业技术工人能力培训。现在,"德国制造"早已火遍全球。无疑,这也正是双元制职业教育模式对德国经济发展的最大贡献。

当然,德国双元制职业教育并不是尽善尽美,也存在着一些不足,如企业提供的培训机会难以满足年轻人的需要,企业缺乏足够的积极性,培训岗位缺乏足够的吸引力,企业培训与学校教学间缺乏协调,培训岗位空缺现象日益严重等,不过,德国政府正在积极探索改进措施。

3. 德国大学生就业举措

第一,倡导全体国民协助高校毕业生就业。德国人认为,高校毕业生要充分就业,必须提高全体国民的责任感,必须倡导社会各阶层协助高校毕业生就业,将支持教育发展和提供高校毕业生实习就业机会的责任作为每个社会成员应尽的义务。德国联邦和各州劳工部门采取措施,鼓励从业者从55岁开始从事"半份工",让出半份工作给大学生。

2005年,德国对《高等教育总法》进行了修正,提出"联邦政府放弃对高校的组织结构和成绩设立国家指标,高校可适时地根据自身情况培养适合社会行业发展的学生,但同时应承担起对学生的职业指导责任",进一步明确了高校在大学生就业中承担的责任。德国大多数大学都设立了毕业生就业服务指导中心,为大学毕业生提供就业指导服务。就业服务主要包括就业信息收集并整理;为学生开设就业指导课程;组织校内的专场招聘;开展就业指导讲座与校际交流等方面的内容。

德国政府每年对教育的投入高达国内生产总值的6.8%,其中的2.1%专门拨予高等教育,而在高等教育支出的经费内,有12%～15%专门用于促进大学生就业。德国政府还向用人单位施压,要求必须依法履行为毕业生设立实习岗位的社会责任,并予以明确监督和处罚条款。德国政府将高校毕业生就业市场按照企业招聘市场、政要机关招聘市场、研究生继续教育市场、出国留学市场、海外务工市场等几大类型进行合理划分,促使高校毕业生合理分流,减缓就业压力。州政府与社会各类用人单位签署"政府企业合同",按照用人单位接纳的实习人数给予企业一定的补助费用,如果用人单位在实习期满后继续留任,州政府将按照留任人数给企业减免一定比例的税费。以奥迪公司为例,每年与政府签署的"实习免税协议",从康斯坦斯大学、慕尼黑大学、海德堡大学等高校引进实习生,最多可达7000人,公司每年减免企业税费达到2%～5%,实现了学校和企业双赢的目标。① 而企

① 刘东菊. 美国、德国大学生就业服务机制给我们的启示[J]. 天津市教科院学报,2011.10

业要获得国家的资助和扶持,必须创造一定数量的就业岗位。企业每雇佣一名失业者,便可获得 10 万欧元的贷款。

德国的众多社会团体在促进大学生就业方面的表现也非常突出,如"德累斯顿教育联盟",为各种教育事业拓展范围,争取项目,募集资金,为大学生就业提供机会。德累斯顿本身是一所德国公立大学,其校友会中有许多政企商界名流,这些校友自发组织起来,为毕业生安排实习就业的岗位。随着机构不断壮大,社会地位不断提高,最后联合其他教育团体成立了"德累斯顿教育联盟",为整个德国高校毕业生的就业做出了巨大贡献。尽管德国也被金融危机所拖累,出现了经济低迷状况,但整个社会国民、政府、高校、企业团体等都对于毕业生就业十分重视,予以大力支持,从而保证了德国高校毕业生在西方国家中一直保持较高的就业率。

第二,强化应用特色,提高学生实践能力。德国讲究实用,德国人在前十名中最喜爱的关键词,8 个概念是实用性的。德国高校也以应用为重要特色。德国综合性高校入学条件比较宽松,只要持一种 13 年制高中毕业证书就可申请入学。但德国应用科技大学还要附加实习经历,并在相关岗位上工作 4 年以上,或具有相关技术工种职称。德国综合性大学要求有实习的学位课程约占总课程的 10%～20%,而应用型技术大学中则高达 90% 以上。综合大学的实习时间一般为 2 个月到 6 个月,而应用科技大学一般要3～4 个学期。学生在正式实习前必须先到相关企业申请课题,与企业签订实习合同,在实习期间参与企业的某个课题或项目,完成实习及相关的毕业设计。在企业实习期间,必须有两个指导老师,一个来自学校,另一个必须来自企业。最后一个学期的实习一定要结合毕业设计。由于学生在企业实习中已经直接接触了企业的生产、设计或管理,对企业已经十分熟悉,有些学生甚至成为优秀的"员工",企业乐得招聘这些知根知底的年轻人作为企业发展的后备力量,多数学生也喜欢上了自己实习的企业,大部分人都会选择继续在原实习单位就业。德国高校办学特色已呈现出明显的职业化倾向。其独特之处就在于朝着有利于培养学生广泛的职业适应力的方向发展,努力避免传授狭窄的职业知识。在培养大学生职业技能或特殊职业能力的同时,注重塑造学生能够在某一领域运用科学知识和方法,进行创造性工作的能力。应用型、职业化相结合正在成为德国高校办学特色的一个发展趋势。

第三,校企紧密联系,共同培育社会所需人才。德国的大学,尤其应用科技大学大都走校企合作办学的道路,与企业密切合作,以企业对人才的需求为导向。企业和高校建立互相依托的关系,互相依靠和发展。高校为企业提供大量的人才和科学技术。企业在高校设有研究机构,充分利用高校的科技以及人才优势为企业的生产和研发作服务。为了加强高校和企业的信息交流，德国还建立了科技成果和人才数据库等情报信息网络，将企业所需要的信息和高校的科技成果输入网络电脑，以方便双方对所需资料的查找。许多高校纷纷出台相关政策，鼓励学生在校期间从事与今后职业相关的实习活动，鼓励学生以脱产的形式到企业实习，帮助大学生尽早接触实际工作，获取相关的职业资质。一些大学为有条件的学生提供一定的实习奖学金或补贴，鼓励他们去国外企业实习，培养学生成为国际化人才。各个大学一般都会定期或者不定期地邀请高层管理者、相关部门负责人、工程师等来学校共商合作、发展大计，共同研究专业设计、课程结构等问题；开办讲座，进行企业宣传、介绍岗位需求，人才需求以及招聘人才的方法、标准等；如何制作简历、应对面试、如何与企业就工资待遇进行谈判以及相关专业发展趋势等。这些讲座针对性强，结合实际，非常实用。企业还以项目、人才培养等方式和大学进行合作。企业所带来的各种信息或企业提出的各种需求，与其说是企业提出的，实际上反映了社会需求，是代表社会提供的。企业每年都在德国高校举办应届毕业生招聘会，为即将走上工作岗位的学生进行心理咨询、能力测试，帮助毕业生分析选择的岗位和被录取的可能性等。许多合作企业常年为学生提供实习岗位，一些大型企业还设有培训中心，负责学生的培训与考核。接受大学生实习的企业一旦被工商行会认证为专业培训机构，还可以享受减免税收政策。

二、法国就业政策

1."削减福利"、激活失业者政策

高福利是把双刃剑。经合组织曾指出，最低工资保障、每周 35 小时工作制、带薪休假、免费医疗、高薪退休等福利制度，直接导致了人工成本提高，产品失去竞争力。工人福利越高，企业越不敢雇工，失业率越会上升，政府就要多征税发放失业救济，而高税收又导致企业生存压力增大，更不敢多雇佣工人。如此，经济陷入恶性循环。法国企业的人工成本是一些亚洲企业的 30 倍，贸易逆差长期居高不下，严重削弱了法国企业的竞争力。在这种背景下，欧盟国家纷纷提出了新的法案，对长期实行的福利制度进行改革。

1999 年，法国通过了《福利改革法案》，把"帮助和鼓励人们通过从事工作来摆脱贫困及对福利的依赖，并获得体面的生活保障"作为核心内容和根本任务，推行了大规模"从福利到工作"计划。法国政府一方面承诺提供更

多就业机会,另一方面要求有劳动能力的人必须承担起自己的责任,否则将失去领取失业救济的资格。在领取失业救济金的条件、数量及期限上,《福利改革法案》都进行了明确的规定。法案实施的第二年,领取失业救济金的人数减少了近100万人,财政负担大为减轻,同时失业问题也得到很大缓解。但是,福利制度的一个重要特征就是福利的刚性需求,一旦形成,惯性很强,人们养成了依赖。福利刚性的本质是增肥容易减肥难,减肥甚至可导致社会动荡。换就话说,福利上去了,就不容易下来。据中国新闻网2011年07月26日报道,2010年9月,法国总统萨科齐宣布将提高最低退休年龄和领取全额政府退休金的年龄,这一决定导致法国工会举行多轮大规模罢工,并持续数月。2010年2月、3月、5月,希腊工会发起多次全国性大罢工,抗议政府实施提高退休年龄等紧缩政策。2010年9月,西班牙工会发动为期24小时的全国大罢工,抗议政府推动劳动制度改革与实施财政紧缩措施。2011年5月6日,意大利举行全国性的大罢工,要求政府削减对工薪阶层的征税额度,加大投资,创造更多就业机会。尽管"削减福利"遇到抵制,但是改革原有的社会福利制度是大势所趋,如果一个社会的福利制度培养的只是"懒汉",失去职业也不去寻找,休闲在家,那么,这种福利制度也将失去存在的意义了。但"削减福利"并不是社会福利制度改革的目标,其真正目标是在保留保护失业者功能的同时,恢复市场的激励机制,从简单地保护失业者转为促进他们再就业。

法国将失业者自身情况进行了分类,并根据不同情况采取相应的措施。一是自主就业能力较强的人员,主要提供就业信息服务和少量资金,帮助其就业;二是经过培训后可以就业的人员,制定针对性的培训计划,进行相应的技能培训,培训费用由政府买单;三是对于各方面条件较差,找工作困难,接受培训也难以提高素质和水平的人员,采取的主要措施是在3个月内进行一对一的帮助,挖掘其潜能,分析其发展方向,有针对性地帮助他们寻找职业;四是对根本没有希望实现再就业的失业者,政府提供救助。这其实就是所谓的"激活"失业者措施,根据这项政策,真正需要给予救助的,主要是第四类人员,其主体是老弱病残孕。

据《北京日报》2008年6月15日报道,法国政府提出不准失业者"坐吃山空"的关于失业救济制度改革的法律草案,该草案的主要目标是降低失业率。这一法律草案主要是利用经济杠杆刺激失业者再就业。具体措施根据待业时间的长短而定,但原则是失业时间越长越对自身不利。在失业的头3个月,就业部门提供的工作岗位必须"与当事人的职业计划相符、收入与失业前的工资相当、工作地点在当事人指定的地理区域内"。等到第二个3个月,当事人必须接受"与专业相符、收入相当于失业前工资的95%、工作地点在当事人指定的地理区域内"的工作机会。而待业 6 个月之后,条件就变得严苛起来。求职者必须接受"收入相当于原工资 80%、工作地点离家的距离不超过 30 公里或者每天乘公交往返时间不超过两小时的"工作机会。如果失业一年以上,新岗位的起价更低。报酬超过失业补助金就应当接受。另外,如果半年内两次拒绝符合上述要求的就业机会,当事人将受到"经济惩罚"——停发两个月的失业补助金。

2. 三位一体的职业培训

第二次世界大战结束后,法国就开始着力恢复和发展国民经济,所采取的主要措施是制定国家经济社会发展计划,加强基础设施投资,积极吸收外国资本,从而使法国经济得以迅速恢复,并经历了长达 20 年的持续高速增长时期。法国 GDP 的年平均增长率在整个 20 世纪 60 年代曾达到了 5.4%。石油危机爆发后,法国经济开始进入低速缓慢发展阶段,GDP 年增长率自危机开始到 1995 年只有 2.2%。在此期间,个别年份如 1991—1994 年 GDP 年平均增长率降为 0.8%,几乎处于停滞状态。2010 年法国全年 GDP 增长率也只有 1.4%。受经济持续低迷影响,法国失业率逐年上升,且居高不下。严重的失业问题困扰着经济发展,犹如不断扩散的癌症,痛苦地折磨着法国社会。20 世纪 80 年代初,法国失业人员为 160 万,1995 年达 300 万,1996 年 320 万,失业率为 12.7%,其中失业 2 年以上者达 130 万。在全国 2500 万劳动人口中,将近 500 万人处于失业或半失业状态。

同其他国家一样,法国失业者也经历了一个提高自己科学文化知识和职业技能培训过程,经过培训,取得相关职业资格证书,重新走上工作岗位,实现再就业。法国的职业教育和培训体系由相互联系、相互配合、相互作用的三个部分构成,即学校职业教育、企业继续培训和社会职业培训。

第一,学校职业教育。法国学校职业教育的对象主要是两个群体,即初中和普通高中毕业生。针对这两种不同的对象,学校职业教育分为中等和高等两个层次。中等职业学校主要是国立和市立技术中学、农业技术学校和职业预备班,其目的就是为就业做准备。通过学习、培训,学生接受了必备的科学文化知识和职业技术学习,并经考试合格后,可取得"技术员文凭"、"职业能力文凭"或"职业教育证书"等职业资格凭证,为今后找到工作准备了比较有力的的条件。因为这种中等职业学校主要的学习课程就是生产劳动和实际操作训练,学生学到的与职业有关的基本技能很快就能够适应工作。高等职业学校主要是短期技术大学和各种专门函授学校,其办学特色主要是向学生传授社会急需的专业技术知识,掌握较高的技术水平,为社会输送中级以上的技术人员。学校职业教育在把普通教育同职业教育有机结合的同时,以职业教育为主、为重,既能够使学生掌握较高的科学文化水平,又能够学习一定的职业技术,从而有效地实现了从学校教育到社会就业的良好过渡和顺利衔接。

第二,企业继续培训。企业培训已经成为企业发展的关键性环节,是企业生产过程中的重要内容,是技术对职业培训的强烈要求,对企业越来越凸显出重要作用。亚当·斯密在《国富论》中指出,一个工人技能的提高,可以节约劳动提高效率。虽然提高工人的技能要投入相对多的费用,但它能创造出更多企业利润,足以补偿费用的支出。美国经济学家雅可布·明塞尔所著的《人力资本研究》中提出,"在生产力增长更急速的企业,培训也更为流行,构成生产力增长的基本决定因素是生产过程中技术变化,而掌握这些技术必须要对工人进行培训和再培训"[1]。贝克尔在对企业人力资本进行研究时,也同样提出了职业培训对企业发展的重要作用问题。他认为"职业培训是企业最直接有效的人力资本投资。与其在生产中增加机械设备等方面的投资,不如通过职业培训的投资来提高劳动者的科学技术水平和能力。这是一种在发展生产中能取得最佳效果的最合理的投资。其中,由于职业培训与职业联系得最直接、最紧密、最深入,职业培训的市场化、产业化运作往往能使投资者以最小的成本获得最大的产出,因此,职业培训有可能成为社会最直接有效的企业人力资本投资"[2]。

法国企业家们深谙此道,他们根据自身企业发展前景、技术发展状况和人力资源构成情况,制定出职业培训计划。企业培训计划一般由四大方面构成:一是发展性培训,目的在于使劳动者获得更高的专业资格,提高员工的生产技术水平;二是预防性培训,目的在于在技术发展与企业结构变化的情况下,使工作受到企业内部经营活动变更威胁的劳动者能够减少专业资格不相适应的危险;三是改进专业知识的培训,目的在于为劳动者在经常性教育范围内提供文化学习的机会,提高文化水平,改进专业知识结构以及在社会生活中承担更大的责任;四是企业对新员工进行的岗前培训,使他们达到一定的技能要求,满足上岗条件。1994年,法国政府出台一项关于青年职业安插合同的法令,即企业以法定最低工资的80%雇佣青年,建立职业传授管理制度,使刚进入企业的青年在半年左右的时间里熟悉和掌握企业所要求的基本技能。1977年,法国政府与企业签署了一项"全国青年就业公约",鼓励企业加大对新工人的培训力度。

---

① 劳动保障部赴德考察团.德国激活劳动力市场和促进就业的新举措[J].中国就业,2003.03

② 匡瑛.英国近十年的继续教育概况[J].外国教育研究,2002.06

第三,社会职业培训。法国社会职业教育机构主要有两家,一是全国成人职业培训协会,二是各种短期培训学校。全国成人职业培训协会是法国和欧洲规模最大的职业培训机构,主要提供信息、指导与评估、技能培训、专门知识和建议咨询。职业技能培训体现出三个特色:一是培训项目一定经过政府、雇主和工会三方协商,使之符合劳动力市场对技能和专业的需要;二是由劳动心理学专家对学员给予择业指导和评估,以确保培训符合学员需要;三是经过培训,学员可取得全国及全欧洲承认的资格证书。在对失业者进行培训之前,协会要对个人工作经验、能力倾向、兴趣爱好、职业愿望等情况进行了解,以便确定职业培训的方向和培训计划的具体实施过程,保证技能培训的针对性。协会还密切关注劳动力市场对技能和专业的需求,与雇主保持密切联系,据此来安排培训项目,并对申请培训人员给予择业指导和评估。为了帮助长期失业者等特困人员再就业,协会还实施了安置和培训相结合的“一体化工程”,即根据每个学员的自身特点和需求设计一个“培训—求职—就业”计划,并由专职人员实施“一对一”的帮助和指导。参加“一体化”工程的失业者大多获得了再就业。短期培训学校是赢利性的培训机构,根据社会或企业的特殊要求提供专门培训。

法国政府还充分利用一些公共教育文化设施,为劳动者提供培训和就业服务。许多城市建立了培训中心或个性化教育小组。目前,法国有400多个中心或小组,有自己的培训场所、设备,有3000多名培训管理者和教师,每年培训15万人左右。中心或小组对每个接受培训的人进行学前评估,了解其现有的基础知识和专业技能水平,确定所需的培训内容;针对每个人的不同情况,引导学员利用资源中心的培训设备和教材资源;为失业者和雇主沟通就业信息;帮助劳动者提高自我学习和求职能力。中心工作人员经常邀请有关专家学者和企业管理者举办专题讲座,任何求职者都可以参加学习。

为了加大职业培训力度,法国政府还制定了“青年就业法案”,从1997年开始,政府出资350亿法郎,在3年时间内为18—26岁的失业者以及从未领取过失业保险金的30岁以下的失业者创造35万个就业机会,主要从事文化教育、交通环保以及老残服务等工作,失业者与用人单位订立为期5年的就业合同,由政府提供80%的工资补贴。2008年,法国政府的援助合同计划启动以来创造了23万个职位,2009年援助合同计划又提出了新的目标,预计最终会创造33万个职位。

3. 法国大学生就业举措

第一,减少税收,刺激投资,增加就业。近20年来,法国工业企业萎缩、贸易逆差膨胀、失业率攀升、公共债务持续超出合理水平。面对恢复经济、改善财政状况、提高就业率的难题,法国政府主要采取了两大措施。一是减少税收。2000 年 8 月,法国政府公布未来 3 年一揽子减税方案,涉及个人所得税、公司所得税、社会保障税、汽车印花税、燃油税等多个税种,减税总额达 1200 亿法郎,这是法国 50 年来最大的减税计划。减税惠及所有企业,省下的企业资金将用于扩大投资和增加就业。法国政府希望通过此举使企业节省劳动力成本,帮助企业逐渐恢复正在迅速下滑的竞争力。法国财政与经济部长莫斯科维奇预计,减税有望使今后 5 年增加 30 万个就业岗位,并推升 0.5% 的经济增长年率。二是刺激投资。国际劳工组织引述《世界就业报告》起草人莱蒙·道尔的观点称,法国必须采取刺激经济增长和振兴就业的政策,即促进能够改善就业的经济增长,进一步确保社会保障和采取措施解决年轻人失业问题,这是法国政府解决失业状况最快和最有效的途径。2000 年法国企业投资增长 7%,新增就业岗位 37 万个。2008 年,法国再次提出一个总额为 260 亿欧元的庞大的刺激经济计划,其核心就是在为期两年时间里,通过大量投资拉动经济复苏。该计划的重点是支持困难企业改善经营状况,鼓励小企业增加雇佣员工,对低收入家庭实行适当补贴,并通过尽快实施一系列大型基础设施建设带动经济复苏。其具体措施主要是在短期投入 105 亿欧元用于尚未开工的公路、铁路等大型基础设施建设,改善一些国家职能部门的设备条件,促进大学及军工生产领域的科研。汽车业也是此次刺激经济计划的另一个重点。为鼓励消费者购买新车,重新激活汽车业,政府决定设立奖励制度,向汽车厂家提供贷款,支持企业为消费者提供更多分期付款的服务,加快汽车市场的恢复。政府还决定拿出 115 亿欧元,加快各种税收优惠返还企业的速度,支持企业经营活动、实施新的投资计划。萨科齐担任总统后,先后出台了一系列促进就业的改革措施,如政府在 3 年内拨款 2.5 亿欧元,推动全国 35 省穷人居住区里 18 至 25 岁年轻人就业的计划,争取在 3 年内创造 4.5 万个就业机会,改进这些地区严重的就业不足及社会秩序不好的问题。

第二,实施"青年就业合同"系列计划,保障广泛就业。近 30 年来,法国政府实施了一系列"青年就业合同"计划,直接目的就是扩大青年人就业,尽管有些计划并不是针对大学毕业生设计的,但这些就业合同也间接地扩大了大学毕业生这个群体的就业。1977 年 7 月,政府与雇主签署了一项"全国青年就业公约",鼓励企业主接纳青年到工厂培训,培训期满可转为正式工人。1997 年开始的"青年就业法案",计划在 3 年时间里向 18—26 岁的青年失业者及从未领取过失业救济金的 30 岁以下的失业者提供 35 万个就业机会,主要是各级行政、服务、事业单位和社会团体的工作岗位,政府承担

80％的工资,各用人单位承担其余20％。为保障青年失业者的基本生活,法国从1984年开始实施初次就业补贴,25岁以下首次登记的失业者,每天可领取40法郎的首次失业补贴,领取时限为12个月。① 2006年4月,为了鼓励企业大胆雇佣年轻人,法国国民议会以151票赞成93票反对的投票结果通过了一项旨在帮助青年人就业的新法案。新法案规定,向长期雇佣16至25岁低学历、居住在敏感社区或签署"融入社会生活合同"的年轻人的雇主提供经济补助,补助金额为第一年每人每月400欧元,第二年每人每月200欧元。时任法国总统的希拉克表示,法国政府将进一步加大帮助年轻人就业的力度。2009年,法国法政府再次推行斥资13亿欧元的"青年就业紧急计划",该计划主要内容包括:从2009年6月至2010年6月间增设32万个实习岗位,免除2010年6月底前提供实习岗位企业的所有社会保障税,与地方政府签订协议促进青年培训,进一步发展"上岗前培训指导合同",增设5万个青年就业岗位,将再就业合同数量翻倍,提供3万个补贴式合同岗位,政府为每份合同的补贴为合同额的90％,一年内有效。

第三,缩短工时和退休年龄,为大学生就业创造条件。1981年,社会党人士密特朗担任法国总统,上台伊始就针对就业问题提出了临时法案,重点内容是实施扩大就业行动计划,具体办法是开创公共部门就业岗位,缩减工时,次年便通过法令,把工作时间缩短为每周39小时,并在4个星期带薪假基础上普遍实行第5个星期带薪假制度。对那些领取最低工资的工薪人员,继续以每周40小时为基础发给工资。1983年,法国政府把法定退休年龄从65岁降至60岁,并采取各种措施鼓励提前退休,目的是有利于实行从55岁起自愿辞职。法国政府还推出半日工作制,规定凡执行此制度的雇主减少30％社会分摊金。这是法国政府采取的又一个解决就业问题的办法。执行这一规定的前提条件是:符合新的半日工作制招聘要求,或者是受薪者同意改为半日工作制,同意这样做的人,其收入损失,部分地予以补偿,而企业必须保证进行同额招聘。1999年,若斯潘政府将原法定每周39小时工作制进一步减少到35小时。如企业提前实行了每周35小时工作制,则可得到政府的补贴。这一补贴表现为减免企业根据员工工资总额应负担的社会保险、家庭津贴等社会保障分摊金的方式,以涉及的每个员工为计算基础,并且在5年期限内递减。获得这类补贴的前提条件是企业整体上工时降低10％,并且现有岗位的增加或维持达6％;在此基础上,多降低工时,同时多增加岗位,则补贴就更多。另外,法律规定,具有垄断地位的企业和公

---

① 丁建定.从"首次雇用合同法案"的流产看法国青年就业政策改革的艰难[J].社会保障研究,2009.02

营企业不得享受此类补贴。如法国国际航空公司、歌剧院等。① 这项措施涉及到制造业和服务业 1200 多万从业人员,可增加 42 万个新的就业机会。

法国政府在进行这项决策时考虑到,通过缩短工时,给更多的人提供就业机会,从而缓解就业压力。法国劳工部曾公布一项研究报告,声称 35 小时工作制在 1998—2002 年间为法国创造了 35 万个就业岗位。这项重大改革措施曾经在短期内取得了较好的效果,在一定程度上减少了法国失业人口,为大学生就业创造了条件。

但是,提前退休也产生了一些弊端:一是养老金支出增加,扩大了政府财政支出,提高了企业的生产成本;二是提前退休可能并未增加就业量,企业可以通过进行劳动重组,以提高劳动生产率的方式抵消职工减少的影响;三是工作岗位由于经验、技术方面的要求而使年轻人不能马上接班。而缩短工时也并未能使雇主雇用更多员工。部分雇主为了达到收支平衡,停止给员工加薪。据法国议会委员会的一份报告说,35 小时工作制使法国经济每年损失 130 亿美元。因此,无论是缩短工时还是提前退休,都应该是有选择性的,这种措施必须考虑对增加就业是否真正有效以及可能带来的负面影响。

三、日本就业政策

1. 日本的"终身雇佣制"就业政策

所谓"终身雇佣制"就业政策,其基本含义是被雇者只要不发生严重损害企业利益的行为,就保证不被解雇。即使是经济萧条、企业雇员过剩时,也通过轮休、培训等方式留在企业内,直至经济回暖吸收。②

二战以后,在就业管理方面,日本是世界最成功的国家之一。在长达半个世纪的时间里,日本保持着世界第二经济大国地位,其失业率基本保持在 1%～3% 之间,是发达国家失业率最低、失业人数最少的。其"终身雇佣制"就业政策被称为日本经济成功的"三大神器"之一。以终身雇佣制为代表的企业雇佣政策,在促进经济发展、稳定劳资关系上发挥了重要作用。

"终身雇佣制"就业政策有利有弊。就有利的方面而言,首先,在日本,企业把家文化融入到了企业的管理之中。企业普遍强调,企业就是家,员工

① 郑爱青. 试述法国每周 35 小时工作制法律. 天涯法律网,2002.4.22
② 李博,周英华. 从制度互补看日本终身雇佣制变革[J]. 现代日本经济,2009.04

与企业同呼吸、共命运,对企业有强烈的归属感。即便日本经济萧条,企业经营困难,企业也不会轻易辞退员工,企业和员工之间建立了一种信赖关系。这种信赖关系有利于企业在困难时渡过难关,有利于企业产生凝聚力,有利于提高效率和降低雇佣成本,有利于企业员工队伍的稳定。其次,企业为培养出掌握现代科学文化知识、专业知识和技能熟练的员工,进行了长期而大量的资本投入,而企业员工成长为合格人才也付出了巨大努力和辛劳,双方都不愿彼此背弃,否则各自的付出都付之东流了。特别是对那些优秀人才,因为一旦跳槽,此前的待遇随之消失,一切都要从头开始。对普通员工而言,选择终身服务于某一家企业,他就没有必要为了应聘其他企业而参加竞聘、考试、培训、学习,也会降低由于跳槽带来的各种风险。其三,由于实行了年功序列工资制,使得员工的工资在进入企业的很长一段时间内一直维持在较低的水平上,当经历了若干年的工龄积累提高了收入以后,人们更不愿意离职。最后,因实行"终身雇佣制"就业政策,企业不能随便解雇员工,使得失业率大大降低,人们安居乐业,对于稳定社会秩序,维护社会安定,也大有裨益。

"终身雇佣制"就业政策也有不少弊端:一是由于不能随便解雇工人,导致企业规模过于庞大,产业结构的转换迟缓,企业效益下降,国际竞争力下降,妨碍企业成长。二是大企业人才过剩,而中小企业或成长型企业人才不足,影响了人力资源的合理配置,限制了年轻有为、有胆略、有独创精神的人才脱颖而出。三是年功序列工资制造成了同工不同酬现象,不利于调动企业员工的积极性和创造性,出现了一部分人靠年头、混日子以及不求上进等现象。其四,"终身雇佣制"就业政策越来越不符合日本年轻人的价值观。

2. 政府和企业联手保就业

二战后,日本的就业一直处于良好状况。在石油危机以后,日本仍然保持了较低的物价上涨率与失业率,劳动生产率也维持在较高水平。即使在泡沫经济破灭后,日本经济长期低迷,但失业率也远远低于西方其他国家。日本劳动力就业市场之所以长期处于良好状况,主要取决于"终身雇用"以及"弹性的工资结构"等就业政策。但这并不是说日本就能够完全就业,没有失业现象。1989年,日本经济同其他西方发达国家一样开始出现萧条,1993年全国失业率为2.9%,2000年第一季度失业率竟高达4.8%,加上企业内部存在的富余人员,实际失业率可能超过6%。日本政府的就业制度和传统的终身雇佣制正在受到挑战。

第一,充分发挥政府的主体作用。日本《雇用对策法》规定了中央政府有责任促进劳动力市场的健康发展,充分发挥劳动者各自的能力,调动劳动者的积极性和创造性。中央和地方政府在指导、制定就业计划方面各自承担着自己的职能。具体讲,政府的主体作用主要表现在以下几点,一是在抑制失业方面,日本1974年颁发的《就业保险法》标志着就业政策的重心由消极性的失业保险向积极性的抑制失业和促进再就业的对策的转换。该法规明确规定了对失业者要给予生活补助,要改善就业结构,要提高就业者职业技能,最终达到抑制失业的目的。法规要求雇主必须加入就业保险,险种分为正式工的普通就业保险、短工和季节工的临时就业保险等几方面。日本政府对企业解雇职工进行了严格限制,企业辞退职工时须遵循相关法律规定和法定程序,随意解雇职工是违法的,也是无效的。二是在安置失业者方面,日本政府1977年制定了《特定不景气行业离职者临时措施法》和《特定不景气地区离职者临时措施法》两部法规,基本内容是,在减少失业、增加就业方面,政府提供就业调整补助金外、就业安定补助金、职业转换补助金以及职业训练补助金等。对于离职人员,发放为期3年的求职证,在这期间,如果企业录用离职人员,政府提供就业开发补助金。日本1987年还通过了《地区就业开发促进法》,对于在经济结构中不断演化出衰退的"夕阳产业"以及人口从落后地区向密集的大城市转移,政府尤其关注弱势群体的就业问题,想方设法予以安置。三是在职业介绍和职业训练方面,日本在全国各地都设立了公共职业安定所,接受政府的统一领导,为失业者提供各种就业信息,帮助他们尽快实现就业。日本通过学校教育和企业培育人才来适应产业结构调整和经济高速发展的需求,其做法对实现充分就业创造了两大优势。通过学校教育的普及和发展,提高了劳动力的整体素质,这为各产业部门迅速扩大吸收高质量的劳动力创造了现实的可能性;通过职业培训,解决劳动力在产业结构调整过程中不适应的问题,使其很快掌握新技术和新设备,而能够继续被企业留用。

第二,保就业是企业的第一要务。日本政府主要是通过企业来维持高就业率,日本政府在企业外劳动市场建设、调节劳动力供求、消解结构性失业等方面支出较低,日本企业不得不担负起中介服务、能力开发、救济保障、就业培训和就业指导等职能,换句话说,日本企业承担了许多政府职能。据北京商报2008年12月12日报道,日本经济产业大臣二阶俊博对企业界领导人表示,虽然全球性金融危机增加了企业管理难度,但保护就业应该是企业领导人当前的第一要务。二阶俊博在东京一个有13家日本大企业领导人参加的会议上表示,面对经济危机,就业安全已经成为"一个非常大的政治问题",对此企业领导人的合作是"不可或缺的"。他还声称,政府今后在研究企业提出的税收优惠和其他政策要求时,会首先考量企业在就业保护方面做得如何。可以看出,通过企业来抑制失业,促进就业,保证就业是日本政府就业政策的主要特征。

第三,通过发展经济拉动就业。就业问题不是孤立的,而是与生产力发展状况、经济发展水平、经济结构调整以及经济体制转轨等诸多因素密切相关。要解决就业矛盾,就要从上述诸多方面总体上进行把握。二战后,日本一方面大力发展生产力,促进经济增长,例如从1956—1973年,日本经济增长率高达9.7%。另一方面,在政府促增长,保就业的同时,要求具有规模经济效应的巨型企业集团吸纳大批就业人口。在经济高速发展时期,整个工业部门吸收就业人口的总量在增加。从1955—1970年,纺织工业的就业人员从154.3万增加到215.7万,增加了61.4万人;机械工业从160.3万人增加到514.3万人,增加了354万人,机械工业增加的就业人数比纺织工业多4.8倍。这说明,在以轻工业为中心的产业结构向以重化工业为中心的产业结构的调整过程中,传统的工业部门非但没有减少对劳动力的需求,而且通过设备更新和技术改造,在原先的基础上,扩大了生产,进而扩大了对劳动力的需求。而重化工业的快速发展,产生了对劳动力的极大的需求。这双重作用的结果,产生了日本在经济高速发展时期接近完全就业的现象。在经济开始起飞后,技术革新的迅速发展和产业结构的重化工业化促进了就业劳动力在"质"的方面的提高,而劳动力"质"的提高又创造了劳动力被扩大吸收的重要条件,尽可能地减少了因产业结构调整而引起的结构性失业。①

3. 日本大学生就业举措

第一,大学生就业制度化。日本大学生就业实行自由就业制度,也就是说,大学生毕业后自谋职业,政府和大学都不直接负责大学毕业生的就业工作。国家主要负责制定宏观就业政策,发挥就业政策的宏观调控作用,积极推动相关就业政策的法律化。日本先后制定和实施了《劳动基准法》、《职业安定法》、《雇佣对策法》、《学校教育法》、《男女雇用机会均等法》、《零短工劳动法》、《劳动者派遣法》等一系列劳动就业法律法规,为大学生就业创设了公平、公正、公开的就业环境。日本政府1999年启动了《第九个基本就业计划》,实施了就业政策从传统的提供就业岗位向解决劳动力市场的匹配错位以及创造新的工作岗位的战略转变,向新办企业提供一定数量的"扶助金",向大学生创业者提供无担保、无抵押融资。日本文部科学省是全国教育工作的行政机关,负责制定大学生就业具体政策,提出要加强培养学生的职业

---

① 日本经济高速发展时期的就业问题分析. 中国劳动咨询网 http://www. 51Labour.com

观和勤劳观,主张对学生实施"一对一"的就业指导,建立和完善校内就业指导体系。经济产业省鼓励创办中小企业,实施了中小企业扶持政策,为大学生创造了大量就业机会、取得了实质性的政策效果。

第二,大学生就业理性化。尽管日本"终身雇用制"维持了几十年来,日本人也习惯了从一而终,企业大包大揽的就业方式、工作方式和生活方式,养成了"忠诚"于受雇企业的价值取向,但随着日本经济衰退、就业形式日益严峻,失业人员急剧增加,那种"从一而终"的雇用体制给日本人的生活和价值观念带来了很大的冲击,日本社会和企业对于"辞职者"、"转职者"越来越持宽容的态度,企业也不再将"转职者"拒之门外,开始愿意接受"转职者"。日本教育界通过进行创业教育,培养学生的冒险精神和创业意识,促进了日本大学生就业观念的理性化。

第三,大学生就业网络化。日本政府相关部门、高校、企业和社会通过就业信息网络向求职大学生提供就业信息服务。文部科学省负责公布各项就业促进政策,进行就业问题的调查和统计分析,协调供求双方各种关系。厚生劳动省从宏观上把握就业动向,通过系统内的"学生职业综合支援中心"在网上开展就业指导,收集全国大学毕业生的求职信息,通报各地举办的就业招聘信息,为大学毕业生提供就业信息服务。日本高校非常重视大学生就业,将大学生就业视为大学教育过程的重要环节,看作自己的责任和使命,为学生提供了全面、及时和周到的服务。许多学校成立了由学校领导挂帅的"大学就业指导委员会",设立了就职部,专门从事学生就业指导工作。日本高校普遍建立了就业需求信息库和公司企业基本情况数据库,并与其他相关网站进行了链接,为大学毕业生提供各种就业信息资源,帮助毕业生顺利就业。各高校还充分发挥图书馆、资料室的作用,将丰富、翔实的企业用人资料按地区、行业和年份进行分类整理,方便学生查阅。日本还有许多中介组织和服务机构如各种职业介绍、人才中介、人才测评和职业培训、资格认证、就业咨询等机构帮助大学生寻找理想工作。日本民营职业介绍协会在全国拥有400多个会员职业介绍所,遍及日本各地,在大学生就业工作中发挥着积极作用。

第六章　西方国家住房政策

　　1982年在伦敦召开的国际住房和城市问题研究会通过了《住房人权宣言》,提出住房是关系到国计民生的大事,住房政策是国家社会政策重要的组成部分,保障每个公民的基本居住权利是国家应尽的义务,在良好的环境中生活和居住,是所有居民的基本人权。在历史发展的不同阶段,西方国家制定和实施了一系列有针对性的住房政策,在法治建设、制度建设、财政补贴、金融体系、市场监管、个人信用系统建设等方面走出了成功之路,收到了良好的社会效果。

第一节　美国住房政策

一、美国住房政策及其演化

　　中国社会科学院经济研究所张学军先生在《美国政府的住房政策》一文中指出,美国政府的住房政策是由多极化的政策目标、效率目标、经济增长目标、社会公平目标以及多样化的政策手段、金融手段、税收和财政补贴手段等组织起来的一个较为完整的体系。这里的效率目标主要指两个方面,一是美国自20世纪30年代开始就逐渐建立起来了非常发达的住房金融体系,诸如美国储蓄放款协会、互助储蓄银行、联邦住宅放款银行委员会、联邦住房抵押贷款公司等。这些机构提供长期、低廉的固定利率贷款,并由联邦政府对贷款提供保险,人们可以以较低的首付额和较低风险获得购房贷款,直接促成了美国大规模的住房建设和消费。二是建立了完整的法律体系,诸如《住房法》、《城镇重建法》、《国民住宅法》、《住房与城镇发展法》等,这些住房法律体系涵盖了公共住房补贴、房租补贴、消除贫民窟以及特殊人群住房保障等多个方面,对住房保障进行了相应的法律规定,同时,美国住房法律还鼓励私人投资低收入家庭公寓住宅,建成后的住房优惠提供给因城镇建设等原因而失去住所的家庭。美国住房政策的权威性和有效性保证了房地产市场健康发展。

所谓经济增长目标是指,住房产业是国民经济重要部门之一,重要支柱产业之一,有时甚至被比喻为"自动提款机"。住房产业往往带动一大批上游和下游相关产业的发展,如银行业、房产中介、建材业、装修业、家具业、家电业、零售业、娱乐业、交通运输业等。特别是今天美国经济增长乏力,房地产业的兴旺对疲软的美国经济是一个有力的支持。一些分析家们指出,如果没有房地产业这个"亮点",美国经济的情况可能会更糟。住房产业的兴旺不仅对美国经济增长具有直接的支持作用,而且住房贷款再融资对促进消费增长也有积极作用。由于抵押贷款利率的降低,很多拥有住房的业主通过重新调整住房贷款,使每月所需偿还的分期付款数额减少,相当于增加了家庭每月所得的收入,因而有利于消费和经济的增长。

就住房公平目标而言,中国学者卢珂等指出,实质上是在保证公民基本住房需求满足的前提下,坚持公民非基本住房需求供应的差异性,所以住房公平的内涵应具备以下基本要义:一是作为自然人的公民有获取基本居住需求的自由;二是政府有责任保证自然人的基本居住权;三是在满足不同阶层居民住房需求的同时,政府有责任控制稀缺住房社会资源的无效率配置。[①] 美国联邦法律规定,住房政策的着力点和住房管理部门的主要任务是帮助中低收入家庭解决住房问题。1949 年美国政府修订的《国家住房法》也较早地提出了住房政策的社会公平目标,即"让每一个美国人拥有合适的住宅和居住环境"。

1. 20 世纪 30—60 年代的公共住房建设政策

美国住房政策源于 20 世纪 30 年代的经济危机。如前所述,20 世纪 30年代美国财政与经济出现严重危机,各个行业一派萧条,建筑业也未能幸免,城市新建房屋数量同比减少了近 40%,低收入阶层住房条件更加困难。为应对经济大萧条,1934 年危机过后,国会正式通过《国家住房法》,成立了"联邦住宅管理局"和"联邦储蓄贷款保险公司",组建了"互助抵押贷款保险基金",负责对个人住房抵押贷款提供保险,加大财政在住房领域的投入力度,提供就业机会,增加社会福利,以解决低收入阶层和失业人口的居住问题。1937 年,该法案进一步完善为《公共住房法》,首次提出由中央政府出资、地方政府建造公共住房,以低价出租给低收入家庭,旨在解决低收入家庭的住房困难,开创了联邦政府资助公共住房的先河。短短几年时间,政府建造公共住房 130 万套,400 多万户低收入家庭入住公共住房。二战后,在

---

① 卢珂,李国敏. 住房公平与政府正义[J]. 社会科学辑刊,2012.04

凯恩斯主义理论影响下,联邦政府继续扩大对住房市场的干预,1949年杜鲁门政府颁布《1949年住房法令》,在进一步建造公共住房的同时,开始对贫民窟进行清理和社区重建。20世纪50年代,该项计划的服务对象转为那些有可能成为公共住房长期住户的穷人和日渐增加的少数族裔家庭,后来演变的趋势日益加快,部分原因是由于美国国会在1969年把租金上限规定为家庭收入的25%,以保证最贫困家庭的可支付能力。另外,迫于法律和社会的压力,改变了地方的准入政策,提供更多的公共住房给福利受助者、单身家庭和少数族裔家庭。这意味着符合公共住房条件的家庭收入应该远低于能在私人住房市场购买住房的最低收入标准。[①] 在20世纪40至60年代,大规模的、高密度的、高层的公共住房建筑急剧增加。截止到1997年,全国已建公共住房140多万套。

2.20世纪60—80年代政府补贴建设政策

1961年,肯尼迪就任美国总统,联邦政府对住房补助进行研究,开始与私有机构合作,并为营利性开发商和私人投资者提供优惠政策,鼓励他们为低收入家庭开发廉价房。同年11月,肯尼迪签署《综合住房法》,增加中低收入家庭的低息贷款和保险以及鼓励私营发展商为低收入家庭建造低价住房等政策。该法案标志着美国的住房保障由政府建造公共住房转向政府进行补贴并引导私营部门通过市场提供低价住房的政策。1963年11月22日,肯尼迪总统遇刺身亡后,约翰逊继任美国总统。他继承了肯尼迪的住房政策,于1965年开始对穷人实行租金补贴,1968年签署《开放住房法案》。该法案提出,在10年内提供600万套政府补助房给低收入家庭购买或租住。在1970—1973年间,美国住房存量中新增了170万套补贴住房。1970年尼克松政府暂停公共住房建造。1974年,福特政府签署《住房与社区发展法案》第8条款计划,政府以直接补贴的方式对中低收入居民住房予以更大的政策倾斜,覆盖范围达到了80%的中低收入人群,租户收入25%与公共市场住房租金的差值由政府补贴。该法案标志着对租户进行直接补贴成为联邦住房政策的核心思想。截止到2003年,接受联邦补贴建设的私人所有住房的总量为160万套,其中的75%是通过住房和城市发展项目开发建设的,其余25%是由乡村住房服务中心开发建设的。这些政府补贴性住房绝大多数都通过第8条款或第521条款项目获得资助。1980年,里根政府开始实行保守主义的经济政策,内容包括降低税率、压缩政府支出、消减赤

---

① 李静. 美国住房保障运作模式分析及对我国的启示[D]. 首都经济贸易大学硕士论文,2009.06

字、平衡财政预算。对《住房与社区发展法案》第 8 条款计划在诸多方面进行了修订：一是终止实施新建住房部分；二是将承租人支付部分提高到30％；三是降低政府确定的市场租金标准；四是提高低收入认证条件；五是给予提供低收入家庭住房的业主一定的税收优惠。[①]

3. 20 世纪 80 年代至今的自有住房政策

拥有自己的住房被广泛认为是"美国梦"的核心，不论其党派、人种、种族或阶级，几乎所有美国人都非常渴望。拥有自己的住房不仅被美国人认为是积聚财富的一个极佳手段，还可以促进社区稳定、市民的市政参与性以及个人满足感。鼓励民众购屋背后的逻辑很简单，就是每个人都是自己的老板，都为自己的生存负责。[②] 1988 年，乔治·赫伯特·沃克·布什担任第41 任总统，虽说布什执政后内政平平，但在住房建设上却提出了新主张，并予以贯彻实施。1990 年，政府出台了《国民可承担住宅》法案，主要包括两方面，一是将住宅自有化作为主要战略，实施"人人拥有居住机会"计划；二是通过担保和信用证明方式为租客提供帮助，有效利用现存的住宅。

据有关研究，有房户在全国人口中的普及率远大于拥有股票、共同基金和其他类型资产的人。2001 年，拥有股票数额最高的 1％股东拥有全部股市财富的 33.5％，而全国价格最昂贵的 1％的住房的拥有者所有的住房净资产占全国住房净资产总额的比例仅为 13％。2001 年，在收入分布中处于最低位置的 1/5 的租房户，其平均净资产仅为 500 美元，处于同样收入位置的有房户的平均资产为 6.8 万美元。这些低收入有房户中，有一半住户的住房净资产占其净财富的 80％或以上。据人口普查数据，美国人拥有自己住房的比率在过去三十年一直稳中有升，大约在 63％～65％之间。乔治·沃克·布什在其第一任内，将每年 6 月定为推动居者有其屋月，力图使美国拥有自己住宅的家庭在 2010 年前增加 550 万。他的经典讲话就是："我认为所有的公共政策都应该鼓励人们拥有一些东西。他们拥有之物越多，同国家的将来就越密不可分"。小布什的住房政策同其他多项同类计划合并一起称为"私产者的社会"，即个人拥有、经手自己的健保、退休福利、教育和私有住宅，将与个人生活有关的这一切都交给私人自己负责。经过各级政府的努力和各项政策的推动，到 2005 年，美国家庭拥有自住房率接近70％。华府智库曾宣称，即使美国人忘记了伊拉克战争，但会记得小布什的

①　肖淞元 . 英国、美国、新加坡住房保障制度产生、演变及启示[J]. 中国房地产，2012.05

②　美国推动私有住宅过犹不及 . 中国新闻网，2008.06.30

居者有其屋政策,感恩于他造福国人的巨大成就。尽管美国民主共和两党在诸多政策上往往发生争吵,但鼓励民众买房却是两党少有的意见一致的政策。历届美国总统大都主张民众购屋。胡佛总统认为拥有住屋所有权的家庭"可使孩子有更健康、更快乐的环境"。富兰克林·罗斯福声称"一个居者有其屋的国家是不可战胜的"。克林顿执政时期,美国将此前修建的公共住房全部私有化,每年的住房保障预算全部留给租金优惠计划,他相信,拥有自己的住屋和良好居住条件是"美国梦的一个主要部分"。自从国际金融危机爆发后,美国房地产市场泡沫破灭,房屋市值普遍缩水,跌幅之大超过以往任何周期。同中国人一样,许多美国人认为房价会永无休止地上涨,购房被视为致富捷径。不少按揭机构为了利益,不惜弄虚作假,诱导许多不具买房实力的家庭大笔举债购房。然而,房产泡沫破灭的惨痛教训警示世人,购房虽有增值机会,但并非毫无风险。自 2007 年以来,美国住房私有率不断下降,2010 年第二季度,跌至 66.9%。目前,美国住房需求提振乏力,未售现房库存增加,房市仍面临很大压力。①

二、美国住房抵押贷款制度

1. 美国人首选买房而不是租房

美国老太贷款买房和中国老太攒钱买房的故事,在中国可谓家喻户晓,这个故事告诉我们,美国人和中国人都喜欢买房。这个故事还告诉我们,美国人喜欢贷款买房子。大部分美国人都希望有一个区位好、现代舒适的家,一辆汽车、一个好的工作和一份好的收入。美国实行房地产私人所有制,房地产是一般家庭的主要私有财产,住房开支是衣食住行消费中最大的一项开支,约占三分之一。买房子属于投资性质,而租房子属于消费行为。房产是美国人最有价值的财产,是他们退休后养老的一笔投资。投资虽有风险,但收益率高,因为房地产总体趋势是升值的,只要投资就能获得增值收入。因此,美国人有钱就买房,只有买不起住房的人才租房住。

美国人还特别喜爱宽大舒适的住房,可以说对大房子情有独钟。有钱的美国人买房子要有花园、车库,厨房设施要齐全,有步入式衣橱以及良好的景观。美国出售的住房都要求精装修,并配置空调、冰箱、暖气、洗衣机、烘干机等基本生活电器。美国法律规定,不动产未成形以前不得出售。一套四层的样板房,一般一层有一个房间和能容纳两部汽车的车库,二层是客

---

① 美国:民众住房理念悄然转向务实.中国经济网,2011.02.22

厅和厨房,三层是主卧和浴室,四层是孩子卧室。这样一套住房,大概是 70
万~90 万美元。居室要有暖气和冷气设施,常年保持恒温。供养这样一栋
别墅,每月电费、天燃气费、水费在 100~150 美元之间。在 1970 年,一个美
国 3 口之家平均居住面积为 140 平方米,1980 年为 174 平方米,1990 年为
208 平方米,2004 年为 233 平方米。一个美国单身汉,如果现在年收人在 3
万美元,他就毫不犹豫地贷款购买一栋价值十几万美元的别墅式独户住房。
如果明年收入达到 5 万美元,他就立即把原来的住房卖掉,购买一栋价值二
三十万美元的住房。如果后年他失了业,4 个月之内还不起贷款本息,他将
被赶出家门,银行或金融企业就把房子没收拍卖。但是,他也不着急上火,
第二天他就会加入流浪汉大军,甚至到垃圾箱里去拣东西吃。假如租房,租
金也不低,一套三个卧室的别墅式住房,月租金在 1000 美元以上。许多美
国人在不同年龄阶段、根据不同的经济状况或需求选择不同的房屋。他在
一生中不止一次购买房子,美国人平均六七年就要换一次房子,换房是改善
住房条件或是为了赚钱。

2. 美国住房按揭贷款方式

在美国,大多数的购房者需向银行按揭贷款才能购房。美国的住房按
揭贷款根据客户信用质量分为三类:即优级按揭贷款、按揭贷款和次级按揭
贷款。优级按揭贷款主要面向个人信用等级在 660 分以上、债务负担合理、
风险相对较小的优良客户。这部分优质客户可以拿到长达 30 年、安全性
高、风险性低的固定利率贷款。次级按揭贷款是针对个人信用等级在 620
分以下、收入证明资料缺失、负债较重的客户。这部分客户住房按揭贷款利
率相对较高,而且是浮动的。按揭贷款介于优级按揭贷款和次级按揭贷款
之间,也就是说贷款对象的个人信用在 620~660 分之间,或者个人信用分
数虽高于 660 分,但不愿或无法提供完整的税单或收入证明。为防范风险,
银行对这部分贷款者设定了浮动利率。

贷款机构根据个人信用确定种类发放住房按揭贷款后,随即转手将住
房按揭贷款卖给二级抵押贷款机构,并由之证券化、提供担保、形成房贷抵
押证券,最后由评级公司依照风险与收益分类评级进入债券市场。美国有
以政府为背景的联邦国民抵押协会(俗称房利美)、政府国民抵押协会(俗称
吉利美)、房贷美三大住房抵押贷款机构和以大量私营性质为背景的二级抵
押公司。吉利美是美国唯一一个完全有政府信用的机构,联邦住宅管理局
和退伍军人管理局担保的贷款 95%以上都被吉利美收购或者证券化,其发
行的资产化债券具有最高的信用等级,在住房抵押二级市场上的流动性也
最高。房利美和房贷美属于"美国政府赞助企业",它们享有特殊的权利,可

以免交各种联邦以及州政府的税收,享受来自美国财政部 22.5 亿美元的信贷支持。这两家公司共同负责美国房地产贷款的二级市场,其发行的以房地产为抵押品的债券 MBS(Mortgage Backed Securities)总额高达 4 万亿美元。

自 2000 年年底起,美国房地产市场呈现一派繁荣景象,许多美国人纷纷以房屋担保抵押贷款购置房产。他们知道,即便自己无力偿还贷款,也可以通过二次抵押偿还月供,这无疑刺激了美国人的购房热情。那些收入低、信用等级低的家庭也不用为圆自己的住房梦发愁了,因为推行了一种新的贷款形式——次级抵押贷款。这种贷款不需要首付或首付比例极低,但利率比一般抵押贷款高 2～3 个百分点。这是一些次级贷款机构为获取自身利益最大化通过降低门槛,不查收入、不查资产,不看偿还能力,甚至可以"零首付"获得贷款。有些放贷公司甚至编造虚假信息,致使不合格的借贷申请也获得通过。

从 2004 年 6 月开始,美国进入了加息通道,到 2006 年 6 月,美联储第 17 次加息,联邦基金利率从 1% 提升到 5.25%,购房者的负债压力迅速上升,直接导致美国房价下挫。由于抵押品价值的相对下降加上油价高企、物价上涨等不利因素,美国居民消费支出增加,还贷能力被大大削弱,无法如期缴纳贷款的人数日益增多。到 2006 年第四季度,次级房贷的违约率由三季度的 12.56% 升至 13.33%,为 4 年新高。大约 2% 的次级抵押贷款超过 60 天没有偿付,这一数字是 2005 年同期的两倍。结果,越来越多的贷款购房者陷入了因无力支付月供而面临房产被收回、无家可归的悲惨境地。

从 2006 年到 2009 年,有 500 万美国家庭因"按揭贷款违约"而进入"房屋止赎"。仅 2009 年全年共有 282 万家庭"房屋止赎",2010 年 450 万家庭遭受同样的结果。从 2008 年起,美国的"战略性违约"达到 58.8 万件,是 2007 年数量的 2 倍。截至 2009 年 12 月,"战略性违约"占所有"按揭贷款违约"的比例已经上升到 35%,[①]2009 年第一季度末,由次级房贷危机造成的金融资产损失已达 20 万亿美元,其中全美国家庭财富损失达 13.7 万亿美元,每户平均损失达 13 万美元以上。

美国最大的按揭贷款公司——全国金融公司也面临巨大的压力,20 多家美国次级按揭贷款金融公司和新世纪金融公司濒临破产。摩根士丹利首席经济学家史蒂芬·罗奇认为,房贷危机将使美国 GDP 减少两个百分点,使美国经济接近衰退的边缘。国际著名投资者罗杰斯发表警告,美国房地产价格将狂泻 40%～50%,并有庞大的拖欠贷款涌现,经济脆弱程度将会

---

① 陆洲. 美国房贷前"战略性违约"及其影响[J]. 国际问题研究,2010.05

是前所未有的。

3. 美国住房抵押贷款制度的利弊分析

客观地讲,美国住房抵押贷款是一整套科学合理的制度设计,其优越性表现在:一是完备的法律体系。自 20 世纪 30 年代起,美国依据《住宅抵押贷款法》《国家住房法》等法案,开始实行住房抵押贷款制度,较为顺利地推动了房地产行业的发展。20 世纪 40 年代成立了退伍军人管理局,为退伍军人提供住房抵押贷款担保。20 世纪 70 年依据《紧急住宅融资法案》开展二级抵押市场业务。有了一套完备的法律体系,为住房的拥有、交易、抵押贷款等行为奠定了法律基础,也是明晰的产权制度得以形成的前提条件。二是健全的住房金融体系。"美国梦"的重要组成部分就是"居者有其屋"。在这一理念的引导下,美国让不符合住房抵押贷款条件的穷人也能拥有自己的住房,并先后成立了联邦住房管理局和退伍军人管理局为低收入家庭和退伍军人提供房屋贷款担保。联邦政府发起的两大抵押贷款公司联邦国民抵押协会和联邦住房抵押贷款公司不仅对贫困家庭提供住房抵押贷款担保,还通过购买抵押贷款以及抵押贷款证券,向市场提供抵押贷款资金,住房抵押贷款证券得到迅速发展。三是政府为住房抵押贷款证券提供担保,这种担保实质上是政府机构的双重担保,即联邦住宅局和退伍军人局在住房抵押贷款一级市场上为个人住房抵押贷款提供经济担保;同时,在住房抵押贷款证券化之后,在住房抵押贷款二级市场上,联邦国民抵押协会和联邦住房抵押贷款公司等金融机构对证券的收益进行担保。联邦政府和准政府机构的信用担保,使购房者或投资者减少了对住房抵押贷款证券收益的不确定性,降低了对违约风险的担忧,因而使得住房抵押贷款证券深受欢迎。

但冷静地分析,美国住房贷款制度也存在诸多弊端:

第一,房贷机构竞争过度。美国住房贷款市场持续繁荣吸引了大量金融机构纷纷涌入,一些大型投资银行为了争夺住房抵押贷款市场中的份额大肆收购、兼并中小银行和住房抵押贷款公司。资产证券化又给房贷企业提供了更多、更低成本的资金来源。许多放款机构甚至不顾信用风险,毫无顾忌地放宽贷款标准。2005—2006 年发放的住房抵押贷款中有 50% 是通过无首付、低首付或可调整利率等手段获得贷款的,由此造成了次级住房抵押贷款市场规模迅速膨胀。如果是在经济繁荣、就业稳定以及低利率等有利宏观背景下,次级抵押贷款中的信用风险不易被发现,一旦宏观经济形势严峻,信用风险必定出现,次贷危机也就会随之爆发。

第二,金融监管出现疏漏。美国是一个信奉自由、无拘无束的国度。对金融企业,认为监管通常会阻碍金融市场的发展和创新,美国信奉的是"最少的监管就是最好的监管"这一信条,格林斯潘有句著名的评断:"政府干预往往会带来问题,而不能成为解决问题的手段","对专业人士私下安排的金融衍生品的交易活动进行监管全无必要,这类监管只会阻碍放大生活水平的市场效率"。在这一监管理念的指引下,监管机构更多地将监管职能放在了宏观层面,而对金融机构的操作风险、产品创新等微观层面却疏于监管。美国金融机构甚至可以自主选择自己的监管方,各个监管机构间也相互争揽监管对象,造成了监管力度的下降,为次贷危机的全面爆发埋下了隐患。

第三,信用评级出现失真。经过华尔街金融天才精美包装的证券化产品构造异常复杂,如果购房者或投资商没有一定的专业化知识就很难评估其所购证券的价值和风险,因此,他不得不依赖信用评级机构的评级结果来进行投资决策。但是,在次贷危机中,美国标准普尔、穆迪、惠誉这三大评级机构的表现欠佳,他们未能及时向购房者或投资商提示结构性金融产品蕴含的风险,没有起到很好的风险揭示作用;信用评级机构对次贷风险反应迟钝,而在问题出现后评级机构又不约而同地采取降级行动,并在短时间内对大量次贷产品进行降级,"恰好向次贷危机的心脏插了一刀"。[①] 信用评级失真误导了投资者的决策,加大了投资者的潜在风险,房贷市场的风险也由此传递到了投资者市场,使次贷危机愈加严峻。

三、美国房产税

1. 美国房产税种及税率

美国对房产收缴的税种主要是房产税和交易税。房产税是国家以房产作为课税对象向产权所有人征收的一种财产税。交易税是指由于土地使用权出让、转让、房屋买卖、交换或赠与等发生房地产权属转移时向产权承受人征收的一种税赋。交易税需在过户时一次性交齐,通常由买卖双方平摊,约为房价的 2%～4%。其他相关税种还有个人所得税和资本增值税。从房产税征收主体来看,美国 50 个州都征收房产税,税率一般为 1%～3%,但主要是郡政府、市政府和学区征收房产税,他们征收郡税、城市税和学校税。各州政府每年定期对房地产价值进行评估,以此作为征收房地产税的依据。由于房屋购买和出售每年差价不同,一些州政府还征收房地产增值税。因为美国实行联邦制,各州独立性很强,这在房产税征收上有明显的体

---

① 第一财经日报.美国信用评级机构问题何在.http://www.sina.com.cn,2008.07.29

现,房产税 96%归美国基层政府,占地方政府财政收入主要来源的 30%,扣除联邦和州的转移支付收入,房产税收入占一半以上。房产税是地方政府的主要收入来源,是平衡地方财政预算的重要手段。地方政府的各项支出、公共设施建设和福利主要靠征收房产税来维持。对地方政府而言,房产税成为调节贫富差距、补贴低收入群体的重要载体,因此,税收取之于民,造福于民,又合理控制了房价。从征税对象来看,房产税的主要来源是不动产,包括土地、房屋、附属设施等,这几项税收几乎占总额的 95%,其他财产的税收仅占 5%左右。从纳税人来看,所有在美国拥有房地产的公民均需缴纳房产税。

征收房产税首先要进行评估。一般情况下,评估要考虑以下几个因素:一是房屋所在地其他同类型房屋的出售价格;二是重建成本;三是房屋周围的自然景观;四是对人口数量和年收入情况进行相应的估价折扣;五是对单亲家庭住房估价一般只占房屋出售价格的一部分。由于房屋市场价格经常变动,估价时以当年 1 月 1 日的市场价格为准。在评估房地产价值时,主要采取以下三种方法:一是估价员的估价和计算机模型相结合的方法,估价员的估价常常受主观和客观因素的影响,估价本身也不是一门严谨的科学,结合使用电脑估价系统进行重新估价,精确度会更高一些;二是参考房屋所在地建造相同类型房屋的费用,对估价环节派人监督,对房产定价使用统一的市场价格标准;三是整个估价环节公开、透明,如果房产所有者对评估价格不满意可以进行投诉。

其次要制定税率。房产税的税率由地方政府根据自身发展实际,按照各种预算收入和支出的情况来确定,大部分地区税率维持在 0.8%~3%之间,平均税率为 1.5%,税率的计算公式是:预算应征收的房产税税额÷房产计税价值总额=房产税税率。

第三,税率确定后,将每个人的应缴税款账单寄至各房屋所有人手中,房屋所有人应缴税款=房屋估值×税率。例如,拥有一套大约 15 万美元的房子,以房产税税率 2%计算,一年缴纳约 3000 美元的房产税,这对年收入在 8~10 万美元一个家庭来说,负担并不算重。有付出便有所得,孩子在纳税学区读书,可以享受完全的义务教育,并享受免费午餐和交通。

2. 美国房产税优惠政策

美国房产税优惠种类包括免税、减免、抵免或退税等项目,对大多数人而言,主要涉及免税、抵免或退税。美国地方政府规定了一些减免税项目,针对个人或机构财产税给予不同程度的免税。购买第一套住房免收房产税,购买第二套住房开始征收房产税,第三、四套房产税提高幅度较大;以家庭为单位出售持有两年以上的房产,房产增值没有超过 50 万美元的免税;单身者房产没有超过 25 万美元的免税;低收入群体可以通过抵顶个人所得税或退休现金抵免房产税;年龄超过 55 岁以上的老年人出售了旧住宅后两年内另购新住,如果新住宅价格不高于原有住宅卖价,可按原有住宅的税额缴纳房产税;父母儿女之间转移住宅后的房屋不重新估价,按转移前的房产税征收;纳税人主要自用住宅可免除 7000 美元房产税;残疾退伍军人可免除最高额为 15 万美元的房产税;政府部门、宗教组织、教育慈善机构及非营利组织所拥有的房屋免征房产税。可以看出,减免房产税主要是减免自住房屋的房产税。

抵免或退税主要是针对低收入群体和老年人,该项优惠政策对这两个群体实行住房抵免,抵免额可以抵顶个人所得税或退休现金。通过这种方式能够有效避免他们的超额负担,减轻他们失业、病残、退休后的压力。当他们所缴纳的财产税与其收入之间的比例失衡时,当地政府会将超额的一部分返还给纳税人或者减少其应纳的所得税额。

美国实行的房产税优惠政策,对于改善民生、让利于民、关爱弱者、提高社会福利和保护大多数中产阶层的利益,发挥了重要作用,产生了积极影响,使很多低收入群体、退休老人和中产家庭受益良多。很多美国退休老人将其房产出售后,以税收优惠所得改善生活质量,提高生活水平,以及休闲、养生,安享晚年。

3. 美国房产税的特征和积极作用

第一,"少税种,宽税基"是其显著特征。[①] 所谓"少税种",是指税收的种类少。实际上,房产所有人在保有阶段只缴纳财产税,并没有其他税收,这样避免了重复课税。另外,在房产保有阶段征税且比重较大,而在流通环节征税较少,无疑促进了不动产的流通。所谓"宽税基"是指房产税的征税基础广泛,除了对政府部门、宗教组织、教育慈善机构及非营利组织所拥有的房屋免征房产税外,其他各种房地产均要征税。

第二,征管程序严谨,用途清晰透明。美国房产税的征收和管理遵循以下程序:一是房产税估价员根据州、郡、市、镇政府统一要求及规定时间将所管辖区域内房地产的计税价值进行核实。二是州、郡、市、镇政府根据房地产计税总价值及本地的预算情况确定税率,报上级主管部门同意后由地方税务机关执行。三是房产税征收官员计算出纳税人应缴纳数额,将税单打

---

① 周毅. 美国房产税制度概述[J]. 学术争鸣,2011.03

印出来邮寄给纳税人,或把原始税单发给银行部门,由其代为征收房地产税。四是纳税人接到税单后在规定时间内将税票和税单一并寄回银行,也可以直接到征收机关上门纳税。如果房主没有收到税单,应主动向有关部门索取,不能以未收到税单为由拒绝纳税。每年缴税日期共有两次,第一次是当年的 12 月 10 日,第二次是次年的 4 月 10 日之前。逾期未缴纳将处以10％的额外罚金;三年未缴税将拍卖房产。

纳税人对税款去向可以通过网络查询,无论是国税、州税还是地税,每一款项都可以查到消费去向,例如,所交款项是为某所小学偿还贷款,还是为辖区内购置消防车辆等,十分清楚,做到了公开、公平、公正。以一位美籍华人为例,其 2011 年收到的房产税税单包括以下诸多内容:房产税金额是 $2282.74,具体用途为:①公立学校:$1772.21;②州政府收入:$13.49;③政府残疾人援助:$20.83;④公立图书馆:$108.76;⑤县属公路桥梁:$58.79;⑥县政府收入:$58.79;⑦地区消防:$164.69;⑧社区公立大学:$63.2;⑨老龄人员服务:$22.18。合计:$2282.74。从清单可以看出,房产税中的 78％用于公立学校,政府部门只占 3％,体现了"取之于民,用之于民"的税收原则。

第三,支撑财政支出,避免房产投机。房产税是美国地方政府的主要财政来源,一般占地方财政收入的 75％。虽然从 1977 年至 2007 年在税收中的比例有所下降,但总额却大幅攀升。1977 年,美国 50 个州房产税总额只有 625 亿美元,1982 年为 820 亿美元,1987 年为 1212 亿美元,1992 年为1803 亿美元,1997 年为 2188 亿美元,2002 年为 2791 亿美元,2004 年为3179 亿美元,2007 年则高达 3831 亿美元。如果没有房产税收入,地方政府就无力兴建医院和学校,就雇不起警察、修不起道路,就会直接影响到居民的生活质量和水平。因此,房产税是美国公共支出的主要财政来源,是社区公立学校、公立医院、道路、警局和消防队等开支的重要支撑。

美国人买房子主要是用来居住,如果长期空置、待机炒房,不但没有经济效益,反而还要缴纳数千到上万美元的房产税;如果向银行贷款买房,不仅要按期还贷,还要缴纳房产税;如果按揭购买,不仅缴纳贷款额 0.35％的印花税,还另加 0.002％的无形税;如果拖欠房贷,银行有权收回房屋;如果不交房产税,房屋将被没收然后拍卖;如果房子要出租,同样要交税,税率为租金的 30％;如果房子要转让,不仅要缴纳 15％的资本得利税,还要缴纳交易价格 1％～5％的营业税。

综合地看,美国房产税并不低,假如在一个税率为 3％的地方购房,33年后用于缴纳房产税的金额将超过原房价,因为房产税随房价而上涨。相反,当房产的市价暴涨时,很多人将面临无法支付高额房产税而不得不变卖房产的窘境。这种制度设计有利于抑制将房地产作为投资品谋利的行为，也有利于控制房价。

当然，美国并不单纯以房产税为手段调控房地产市场，但确实对投资谋利行为产生了一定影响，特别是与交易税、遗产赠与税、所得税以及其他服务项目收费，共同对房地产市场投机行为起到了抑制作用。

第二节　德国住房政策

一、德国住房政策及其演化

1.20 世纪 50 年代的住房管制政策

二战期间，西德 230 万套房屋被夷为一片平地，几乎同等数量的房屋严重损毁，1460 万户家庭只有 940 万套房屋可供居住，许多人流离失所，住房紧缺问题十分严重，住房出租价格大幅度上升，广大居民无力支付租房费用。为了解决公民的住房需求，1949 年联邦德国建立之后，迅速采取住房管制政策，以保护租户权益。德国政府要求各级地方政府按照房屋的不同区位、不同结构和质量，分别提出相应的租金额度，作为住房出租人和承租人确定住房租金的执行标准，例如，房租每平方米不得超过 1 马克，每户平均居住面积为 32～65 平方米等；禁止取消租赁合同以及私房由国家分配给那些需要的人，如只能租给那些享受社会保险、战争中损失严重的家庭及难民。同时，联邦政府还实施了以"社会保障房"为核心的住房政策，与住房管制政策共同解决住房问题。联邦政府鼓励私人或企业建房，给予 30～35 年的长期无息贷款、土地优惠等政策，限定社会保障房的使用范围，把租金标准控制在低收入人群可承受的水平。

如果说住房管制政策避免了住房市场出现混乱，那么，社会保障房项目则提供了大量的公共住房。到 1960 年，400 万套新建租赁房中的 60％都是由政府出资建造的，极大地缓解了战后初期的住房短缺问题，被视为"具有社会责任的住房政策的一个基本元素"。到 1960 年，联邦政府结束了住房管制政策，但随之而来的是住房租金马上增长，加重了居民的负担。1965年，联邦政府颁布《住房补贴法》，开始向低收入家庭发放住房补贴，这对于解决低收入家庭的住房需求起到了重要的帮助作用，也被视为一项切合百姓需求的住房调控政策。

2. 住房调控主体由政府逐渐转向市场

德国理论界认为,私有财产是经济自由的基础,是个人和家庭独立的前提,是维护社会市场经济制度的基本条件,而住房是私有财产中重要的组成部分,因此,无论是学术界还是联邦政府都对住房私有化给予了一定的关注。住房经济在德国国民经济中所处的地位越来越重要。1999 年,德国房地产的纯产值约为 1995 亿欧元,占国民生产总值的 11%。2004 年,房地产的纯产值提高到 2347 亿欧元,占国民生产总值的 18%。可以说,住房经济已经成为德国最大的产业。德国人购房热情也逐渐提升。根据德国联邦统计局 2003 年的统计资料,44% 的居民拥有私人住房,有实力购房的人接近人口的半数。对普通德国人来说,要买一栋房子不是件容易的事。德国一栋房产的平均售价为 26.3 万欧元,相当于一个普通工薪人员一生全部工资收入的 35%。不过,如果仅买一套房子,对许多德国人来说就要轻松许多。一套 70 平方米的住房全国平均价格是 8.85 万欧元。[①]

自从 1956 年通过第二部《住房建设法》以后,德国政府开始对自有住房建设进行扶持,主要措施包括提供建筑用地,给予贷款担保和利息补贴,减免税收和其他收费项目。在 20 世纪 70 年代中期,着手推进二手房私有化计划。20 世纪 90 年代中期,开始实行自有住房补贴政策。到 2003 年,补贴支出高达 110 亿欧元,是德国最大的一个补贴项目。1997 年,联邦政府将 39000 套住房出售给德意志银行一家子公司,标志着住房私有化从此拉开了序幕:一是人口结构发生了变化;二是住房市场地区差异愈加突出;三是住房经济在国民经济中的地位更加重要。特别是随着经济社会的发展,住房的“社会物品”属性逐步淡化,“经济物品”属性日益突出,住房的调控主体也逐步由政府转向市场。[②] 从另一个方面讲,长期的、大量的住房补贴造成了联邦政府和州政府严重的财政赤字,无力再进行补贴和维持公有住房的维修和翻新,只有出售公有住房,才能够改善联邦政府和州政府的财政状况,适应住房市场经济发展规律。

3. 20 世纪 90 年代末以来的“剩余导向”政策

到 20 世纪 90 年代末,德国住房市场基本实现供求平衡,换句话说,德国基本解决了住房问题。旧的问题解决了,新的问题又出现了:一个是在住房市场上仍然不能以自己的能力获得住房的人群,主要包括低收入家庭、多

---

① 　“透明”的德国住房市场. http://www.enorth.com.cn,2002.03.19
② 　左婷,郑春荣. 德国住房政策的转变及其原因分析[J]. 中外企业家,2011.10

子女家庭、单亲家庭、老年人以及残疾人等；另一个是地区住房市场差异明显。因此，解决住房问题调控对象从"广大居民"变为"少数群体"，德国住房政策的这一变化被称为从"大众模式"转变为"剩余导向"①。就前者而言，联邦政府一方面继续推进廉租房建设，甚至在东西德国统一后再次达到一个高潮；另一方面实行住房补贴政策，帮助"少数群体"购买住房。2001 年实施的《住房补贴法》从立法的层面保障了"少数群体"的利益。联邦政府的补贴也增加了，从 2002 年的 45 亿欧元增长到 2004 年的 52 亿欧帮助"少数群体"购买住房。2001 年实施的《住房补贴法》从立法的层面保障了"少数群体"的利益。联邦政府的补贴也增加了，从 2002 年的 45 亿欧元增长到 2004 年的 52 亿欧元。就解决住房地区差异来讲，德国政府要求相关城市和乡镇承担更多的责任，并分别于 1999 年和 2002 年开展了"社会城市"计划，对人口密度大、居住拥挤、基础设施不完善的老城区住宅，通过翻新修缮、完善基础设施等方式改善居住条件。对人口密度小、经济不发达的东部地区，通过处理空置住房、帮助就业等方式来提高东部城市和乡镇的生活水平。

二、德国住房抵押贷款制度

1. 德国人 42 岁才买房②

德国人对购买住房实在没有多大兴趣，就连收入丰厚的教授和企业CEO 也往往是一家人租房子住，德国 50% 的家庭都是租房居住。对于刚刚参加工作，收入较低的年轻人来说，他们更不想牺牲自己的休闲、娱乐而沦为"房奴"。有研究资料显示：中国人首次购房者的年龄是 27 岁，美国人是 31 岁，比利时人 35 岁，英国人 37 岁，日本和德国人为 42 岁。德国的住房自有程度也比较低，据统计，美国自有住房比率为 68%、澳大利亚为 70%、英国为 69%、意大利为 80%、加拿大为 66%、法国为 55%，而德国只有 42%。为什么德国人宁愿租房而不是买房，又为什么直到 42 岁才开始买房呢？主要原因有以下几个方面。

首先，德国有近乎完美的住房保障体系，根据德国《住宅建设法》，政府必须为本国居民提供住房，在面积大小、房屋设施和租金等方面都要量身订做，适应需求。就承租房屋而言，法律明显偏向房客，使房东涨价难、解约

① 左婷，郑春荣. 德国住房政策的转变及其原因分析[J]. 中外企业家,2011.10
② 胡春春. 德国人 42 岁才买房[J]. 南方人物周刊,2006.15

难。一般情况下,房屋在出租后,房主3年内租金涨幅不得超过20%,如果有正当理由提高租金,也必须征得房客同意,否则就是违法行为。房屋租金的变动不是由房东做主,而是由市或乡镇政府依据联邦统计局计算出的德国家庭生活费用指数,并获得房客和房东一致认可的"租金列表"决定的。

其次,德国有大量房源。德国人口总数约8180万人,住房有4000多万套,人均2人一套。在这种非常宽松的住房背景下,没有人会担心住房问题,也没有人去炒房,想炒也炒不起来。东西德合并之后,大量年轻人涌入西德,而在德国东部地区,大约有100万住房闲置起来了,等待出租或销售。即便在发达的德国西部地区,联邦、州和地方政府也建造了300万套廉租房可供出租。此外住房合作社、公司和居民个人还有大量的闲置房。如此庞大的住房市场,对年轻人来说,找到一套随心所愿的房子是一件非常容易的事情。

第三,德国租房价格低得惊人,每平方米仅为5欧元,要租一套120平米的住房每月房租才600欧元,这其中还包括水、电、燃气费。如果要购买一套相同面积的住房,大概要15~20万欧元。根据德国人的收入水平,估计要攒20年左右的时间。许多富裕的德国人,更愿意把钱花在提高生活质量、加大教育投资以及休闲旅游等方面,而不是省吃俭用地攒钱去购房。德国人认为,一个人省吃俭用只是为了买套房,肯定是智商有问题。相对于中国而言,这个价格并不高,但德国人不愿意负债,他们更看中休假、买车,所以买房的积极性不是很强烈。近10年来,德国通货膨胀率很低,工资收入基本没有调整,房价价格维持稳定。在这种情形下,年轻人不急于买房。

2. 德国住房储蓄制度

德国金融产业非常发达,专门从事住房贷款的金融机构主要有三种:一是抵押银行,即专门经营固定利率的中、长期住房抵押贷款的机构,是德国政府住房政策的主要传导者。二是储蓄银行,即专门对私人住房进行融资的国家金融机构,德国法律规定,只有住房储蓄银行才能够从事住房储蓄业务,其他银行不得经营。储蓄银行实行长期、稳定、低存低贷的固定汇率制度。德国政府对于低收入的购房储户进行奖励,还免征利息所得税。基于储蓄银行采取的种种优惠政策,大量吸收了居民存款,个人存款超过了总额的50%以上,在一定意义上调动了居民购房、建房的积极性。三是住房互助储蓄贷款社团,这是一种特殊的金融信贷机构,其建立及业务均须按联邦住房储蓄信贷法和金融货币管理法的规定执行,业务运作受联邦金融监督局监控,它的最大特点是储蓄与融资行为采取封闭的运作方式,换句话说,只有事先参加了住房储蓄的人才能通过互助合作融资的方式得到购房和建房的贷款。上述三种贷款方式联结在一起,构成了富有德国特色的住房贷款体系,引起了世界各国的关注。

早在 1972 年,德国政府就颁布了《住房储蓄银行法》,并于 1991 年重新进行了修订。该法对银行的经营范围、业务原则、合同标准、资金使用、风险规避、担保方式等做出了明确规定。与一般商业银行住房贷款不同,储蓄银行只服务于住房储蓄客户,也就是说,只向自己的住房储户发放购房或建房贷款,这实际上是一种住房互助融资体系。其运行程序为:储户与银行签订一份一定金额和期限的住房储蓄合同,按月向银行存款。在储蓄阶段,政府给予储户利息 50%～100% 的免税补贴,储户所得到的国家奖励金也是免税的。对于年应纳税基数收入在 3.5 万马克以下的个人,参加住房储蓄后,可以申请住房储蓄补助,或获得国家 10% 的奖励。当存款总额超过金额 40% 的时候,储户即可向银行申请合同全额的购房或建房贷款。储蓄银行的存贷利率低于商业银行的存贷利率,贷款利率为储蓄利率加 2% 的利差,通常在 2.5%～4% 之间,且长期保持不变,贷款期一般为 6～15 年。

为防范风险,储蓄银行一般不单独发放贷款,而是与普通银行相互合作共同发放贷款,形成组合贷款。普通银行通过第一抵押权提供第一笔资金,储蓄银行通过第二抵押权发放贷款。第二抵押贷款比第一抵押贷款风险高,但由于已经有了先期的储蓄,储户有能力偿还贷款,所以储蓄贷款比一般的住房贷款风险小。储蓄银行在发放借贷资金过程中,除了审查贷款人的支付能力外,还有一套严格的借款人资格评定标准和与普通银行合作的融资安排。这种制度设计既保障了存贷人的权利,也降低了银行的风险,缓解了政策性储蓄银行资金供给与需求的矛盾,[1]保证了德国房地产业的健康发展。

3. 德国住房储蓄制度的优越性

德国住房储蓄制度已经走过几十年的历史,积累了丰富的经验,有着独特的优越性:

第一,储蓄银行是国家政策性银行,履行的是国家责任。所谓政策性银行,它是为政府政策目标服务的,以利息、期限和可得的一定优惠为特征的融资活动。其要点有三:第一,它服务于政府的住宅政策目标;第二,是一种以资金有条件让渡为特征的融资活动,从而与财政资金运动相区别;第三,在有条件让渡资金的过程中可以提供优惠。[2] 特别是通过由政策性银行特

---

① 冀实. 解构德国住房金融体系[N]. 中国房地产报,2012.05.31

② 汪利娜. 德国住房储蓄与我国住房公积金的比较研究[J]. 中国房地产金融,2000.06

殊的融资方式来弥补商业性银行融资的不足,或两者结合起来,以实现社会经济的健康、协调、持续发展。在融资原则上,政策性银行更多地强调社会效益,而不是以单纯的营利为唯一目的。它以公司化的经营管理体制促成了有效的约束和激励机制,使各级经营者注重规范自己的信贷行为,谨慎投资,避免盲目决策,提高工作效率,保持整个资金市场的稳定。

第二,以有限的付出吸收了大量住房建设资金。储蓄银行吸收了德国一半以上的居民存款。参加住房储蓄不仅有利息,还有政府奖励,提高了德国国民的储蓄积极性。任何居民,只要连续 4~6 年存入一定数额的定期储蓄存款,达到一定金额时,就可以取得住房贷款的权利,还本付息需要 10 至 15 年。住房储蓄利率一般会达到或接近 6%,而住房储蓄的存贷款利率差保持在 2 个百分点,且贷款实行固定利率,这对居民而言,产生了相当大的吸引力。低收入家庭还可以免征个人所得税。储户不需要贷款时,取款自由,银行除支付约定的利息外,还给付一定的利息回报。对年收入低于 5 万马克的储户,德国政府按一定的年储蓄限额给 10% 的奖励。对通过住房储蓄进行的购房活动,政府还给予贷款总额 14% 的贷款补助。根据一项研究,政府拿出 1 马克对储户进行奖励,可收到 20 马克储户投入的建房资金,产生 8 马克的投资附加效益。更重要的是,调动了居民购建住宅的积极性,减轻了政府在住宅投资方面的财政压力,促进了住宅市场和相关产业的发展。

第三,有效地规避了风险。德国储蓄银行构成了一种封闭运转的融资系统,独立于资本市场以外,存贷款利率不受资本市场供求关系和通货膨胀等利率变动因素的影响,形成了规模经济,在一定程度上保证了较高的安全性。这种融资安排通过让人们自愿地参加住房互助储蓄,根据自己的支付能力选择储蓄金额,保证了住房资金的长期充裕,增强了还贷的预见性和计划性。其他金融机构如德国住宅互助储金信贷社、住宅信贷协会、私人建筑协会和公营建筑协会等也在一定意义上具有同德国住房储蓄银行相同的职能,都是在吸收个人存款的基础上发放房地产贷款,为个人买房、建房筹集资金的,降低了个人和融资机构投资的风险性。

三、德国房产税

1. 德国房产税税种及其特征

第一,土地税。德国将土地分为两类,即农业生产用地和建筑用地。农业生产用地征收土地税 A,计税价值为产出价值,以国家统一的土地评估调查评定的价值作为依据,农业生产用地征收千分之六的税率。建筑用地征收土地税 B,计税价值为市场价值,由地方组成专家评审委员会确定征收标准,主要依据在收集成交土地价格的基础上确定纳税价值。独户住宅价值在 7500 马克之内的,征收 2.6‰的税率,75000 马克价值以上的部分征收 3.5‰的税率。双户住宅征收 3.1‰的税率。

第二,土地交易税。土地交易税是一种特别流转税,属于财产交易税范畴。征收主体为德国地方市政府,纳税主体为土地转让方与受让方,征税对象为德国境内地产的转让交易,计税依据采用从价计税方式,即按照市场价值和年租值作为房地产税税基和评估依据,对于标准的四口之家,独户住宅在 156 平方米、双户住宅在 240 平方米以下的给予税收优惠。德国政府为鼓励居民自建住宅,打击炒房投机行为,多次调整土地交易税税率,1983 年土地交易税税率为 2%,从 1998 年以后,由 2%提高到 3.5%,2010 年个别地方政府达到 4.5%。土地交易税的提高抑制了炒房行为,减少了以不动产交易为主要营业项目的企业的盈利。

第三,房产税。在德国,只要有房产,都要交纳房产税。居民自有自用的住宅(不包括度假村)不需缴纳房产税,只需缴纳房基地的土地税。为了鼓励购买住宅自住,政府对普通居民自用的第一套住宅不征地面建筑物部分税收,只征收房基地部分的土地税。根据德国《房产税法》,购置一栋房屋,要缴纳评估价值 1%至 1.5%的不动产税,房屋买卖要缴 3.5%的交易税,再乘以当地确定的税率。如果十年内出售所购房屋,则要征收资本收益的 25%。迟缴房产税要缴纳罚金。子女继承父母房产也要交税。只有当房产是文物,而且维护费用超过房价收益时,才可免税。近 10 年间,德国房价每年涨幅只有 1%,而物价水平则达到 2%,扣除物价因素,德国房价实际每年在以 1%的速度缩水。

2. 德国房地产价格评估

德国各类房地产价格主要不是由市场决定,而是由独立的房地产评估师进行评估,根据评估结果确定一个具有法律效力的"基准价格",市场价格将在"基准价格"的区间内上下浮动。房地产评估师不对政府负责,也不对委托人负责,只对自己负责,因而评估师不考虑政府、委托人的利益。从事房地产评估业务的主体主要有两类人员构成,一是独立的私人评估专家,二是公共评估机构。独立的评估师具有当地工商局等权威部门颁发的资历认证,有丰富的专业技能和经验,对自己的评估结果负责 30 年,如果评估中出现错误,将承担法律责任,当事人可以向法院进行起诉。如果房地产评估师败诉,就要用该项目的保险合同的赔偿金赔付,不足部分由评估师自己承担。公共评估机构负责某一地区的房地产价格评估。委员会一般由 10～20 个委员组成,其主要职责是负责评估当地的房地产价值,为私人、公司或者法院撰写尚未完工或已经完工的房地产的评估报告,依照透明和公开性原则负责制定具有法律效力的"标准价"或者"指导价"。"标准价"或"指导价"相当于当地房地产价值的"基准价格",所有房地产交易有义务参照此执行,允许在合理范围内浮动。① 如果地产商和房东不遵循"指导价",可能会承担刑事责任。当超过"合理房价"的 20% 时,被认为是"超高房价"谋取利益,购房者可以向法院起诉。如果地产商和房东不立即降到合理价格范围内,将面临高达 5 万欧元的罚款。如果房价超过 50%,则被认为是"暴利房价"而触犯德国《刑法》,出售者不仅会遭受更多罚款,还会被判处三年有期徒刑。

3. 德国房地产市场交易

德国房地产市场交易主要遵循以下程序:一是房地产交易双方通过经纪人达成初步的交易协议,签署不动产交易初步协议。二是经纪人对被交易的不动产的基本情况进行调查,主要内容包括被出售的土地是否属于市政府控制管辖范围之内的土地;被出售的不动产是否已作为某项贷款的抵押;被出售的不动产是否有土质污染的情况;买卖土地是否符合《联邦建筑法》、《联邦规划法》等有关法律规定;被出售的土地是否符合土地规划确定的用地性质,等等。三是参照国家土地评估鉴定专家委员会每两年公布一次的土地买卖基准价对被交易的不动产进行评估和核定土地价格。四是完成不动产的交易协议并进行公证,签定《地产公证合同》,使交易协议得到确认。五是将《地产公证合同》由公证处送交地产局,并由地产局确认交易行为是合法行为,并据实填写《地产书》,经土地注册局核实注册。六是法院确认《地产公证合同》、《地产书》,因为只有被法院确认后,才具有法律效率。《地产书》作为法律文书永久保存在州法院,以便查阅。②

第三节　法国住房政策

一、法国住房政策及其演化

1. 二战以后至 20 世纪 70 年代的"大型住宅楼群"战略

二战以后,法国面临严重的住房危机,危机来自三方面:一是受战争的

---

① 李世宏. 德国房地产市场及房地产金融的特征分析[J]. 国际金融,2011.05
② 德国房地产市场状况. 中国建设信息,2001.04

破坏,45.2万套住房被完全毁坏,150万套住房受损;二是数以万计的历史建筑由于年久失修而破烂不堪,不符合最基本的居住要求;三是大量的农村人口涌入城市。当时的法国平均每年仅建造3万套住房。为了解决国民尤其是解决大量中低收入者的住宅问题,法国政府在二战结束后不久,实行了一系列的住宅政策。以戴高乐为首的法国政府在以巴黎为主的各大城市郊区建造了大量的低租金住宅楼群,很大程度上缓和了住房短缺状况,从而对稳定民心,恢复战后经济起到了积极的作用。1945年,法国政府雇佣多家公司在巴黎郊区的那塞勒赛克区开始了大规模的"大型住宅楼群";1946年将木板和金属架构建造的预制房改为采用混泥土结构,因为这种结构在潮湿的巴黎盆地区域更坚固、持久,并包括了厨房、浴室、厕所、壁橱、储藏室以及客厅等这些基本的住宅设施,这种标准对于战前低成本住宅缺乏基本设施的设计无疑是一种进步;1947年建造的楼群的面积缩小了,主要考虑降低成本,缓解财政困难;1948年城市规划部与多家大型公司进行合作展开了新一轮的降低成本、提高效率的建筑设计竞赛。到1950年,这些大型住宅居住区演变为"大型住宅楼群"。1953年,城市规划部开启了新一轮的竞赛,在布洛涅等四座城市建造了4000处住宅。所有这些住宅面积都比较小,而且都是小房间,平均住宅面积是52平方,大多是一居室或两居室,缩小三居室的面积,严格控制四居室和五居室。1955年,政府制订了新的住房面积标准:2个房间36平方,3个房间48平方,5个房间70平方。1958年,法国政府开始在以巴黎为主的大城市周围实行"住房优先建造区",最小的"住房优先建造区"也拥有500个住房单元。为了加快进度,还在各栋楼之间铺设了铁路,方便起重机作业。"住房优先建造区"平均住宅数为5300,占法国住宅建筑数的3/4。到1960年,法国每年建造的住宅数量为30万幢,这一数字是十年前建设数量的4倍。到1967年1月1日,法国政府开辟了180个"优先城市化地区",每个地区面积从700公顷到800公顷,建筑面积共计24556公顷。到20世纪60年代后期,上百万的法国公民住进了"大型住宅楼群"。

根据法国政府1975年所进行的人口普查数据,"大型住宅楼群"都有自来水设施,75%的住房有暖气和全套卫生间及洗浴设施,只有不到5%的人住房较为紧张,绝大多数法国人的居住情况得到了很大的改善,生活条件发生了深刻的变化。[①] 法国政府依托强大的国家政权和经济实力建造的"大型住宅楼群"具有强烈的公益色彩,实际上是社会福利住宅。1951和1953

---

① 凌正鸯.二战后法国政府解决中低收入者住房政策初探[D].浙江大学硕士论文,2006

年,法国政府两次降低租金,还建造了一批"降标准"的低租金住房。低租金住房部门享有地产银行的贷款与津贴。政府给"低租金住宅机构"和一些私人企业提供的低息贷款,这种贷款的期限可以长达 45 年,年利率仅为 1%,最高可以覆盖总建设费用的 95%。

2.20 世纪 80 年代的"住房改善计划"

经过 20 多年快速的建造,到 20 世纪 70 年代中期,法国的住宅数量已经能够满足要求。然而,接踵而来的是,法国住房又遇到两大难题,一是战后实施的"大型住宅楼群"政策使国家资金大量用于郊区大型居住区和基础设施建设,吸引了大批居民从城市中心搬到郊区,特别是在 20 世纪 80 年代,法国同很多西方国家一样也经历了严重的经济危机,经济发展缓慢,失业率高,购买力下降,贫困家庭增多,政府的税收减少,对医疗、教育等方面的投入不足,这些因素导致了居住在郊区"大型住宅楼群"出现了"贫民窟"现象,社会问题日益严重。二是历史城区建筑长期缺乏维修,生活条件恶劣,造成了历史城区衰退的现象。特别是到 20 世纪下半叶,法国历史城区面临严重衰退,常住人口持续下降,空置住宅比例增加,社会隔离现象严重。

上述两个问题实际上是法国贫富两大阶层同时面临的问题,而且,住房是一个非常复杂的社会问题,不可能毕其功于一役。在 20 世纪 90 年代以前,法国对居住隔离和由此带来的社会问题仅仅局限于郊区范围内去解决,只是从 90 年代开始,社会混合政策才得到社会各界的普遍认同。所谓"社会混合",是一个具有法国特色的概念,是指通过住房计划,使得不同社会阶层的人们能够共同生活在一个城市单位里,是一种通过强制性规划来减少居住隔离,促进社会混合的政策。2000 年以来,通过城市更新运动一方面拆除郊区的部分社会住宅,降低郊区社会住宅的比例;另一方面在城市的高尚地段建设社会住宅,从而实现贫困人口在整个城市空间范围内的重新分布。

"住房改善计划"是在法国政府、国家住房改善署和地方政府间采取的共同行动。在某些条件下,给私有产权出租人增加一定比例的补助,鼓励其投资对自己的住宅(尤其是出租住宅)进行保护和修缮。法国政府逐渐认识到郊区"大型住宅楼群"所产生的一系列问题,从 20 世纪 80 年代起开始关注并着手解决,一是帮助郊区贫困人口改善生活水平;二是提供和创造就业岗位;三是加强对青年的教育;四是重构街区内部社会联系;五是社会住宅政策逐渐走向多元化和系统化,形成了一套更为完整的城市社会协调发展政策,取得了较好的效果,在一定程度上改善了贫困居民的生活水平,缓解了社会矛盾。对于日益破败的历史城区,政府出资收购部分空置住房,根据市场需要和政府希望吸纳的人口和家庭规模进行重新设计,进行修缮和改造,改善后的住房一部分进入房地产市场,另一部分纳入"廉租房"体系。①

3.1990 年至今的廉租房政策

法国大力推动以廉租房为代表的社会保障性住房建设和供给,来满足住房需求。所谓廉租房,是由公共或私人机构建设并管理,为收入较低、无法通过房地产市场满足住房需求的城市居民提供的住房。在法国,廉租房已成为法国社会福利制度的一个重要组成部分。据统计,法国目前有 450 万套廉租房,占法国可出租房屋的近 50%,每 1000 人拥有 69.2 套福利性住房,约有 1000 万人租住在廉租房内,换句话说,有 1/6 的法国人住在廉租房内。廉租房的租金一般只有市场价格的 1/3,最低仅为 1/6,供应对象为中低收入阶层。调查表明,65% 的廉租房承租人属于中等收入以下的居民,具体收入标准为,在巴黎市区以及周边七个省,租用廉租房的居民每月收入最高不得超过 1963 欧元,其他地区为 1706 欧元。据法国住房事务司 2010 年 2 月公布的数据,2009 年,法国共资助兴建 12 万套廉租房,是 2000 年的 3 倍。2010 年,法国政府又投入 47 亿欧元资助兴建廉租房。

为保障廉租房建设顺利进行,法国制定了一系列法规。2000 年,法国立法规定,在人口超过 5 万的城镇中,廉租房占全部住房的比例不能低于 20%。2006 年的《国家住房承诺法》进一步承诺加大廉租房供给量。2007 年的《可抗辩居住权法》规定,自 2008 年 12 月 1 日起,如果住房申请不能得到满意答复,无房户、临时住房者、居住条件恶劣或危险的人、与未成年子女同住且住房面积不达标的等五类住房困难人群,可向主管部门要求解决住房问题,或可向行政法院提起诉讼。

法国还通过多种途径解决资金来源问题:一是中央政府的财政拨款、减免土地税和减免增值税等途径;二是由社会住房信贷机构承担住房建设的信贷和投资管理;三是吸收企业参与投资;四是鼓励慈善机构和其他捐资款项用于廉租房的建设。需要指出的是,越来越多的法国家庭拥有自己的住宅,20 世纪 80 年代初私人住房在 20% 左右;2000 年猛增到 50% 左右,但仍低于英国和美国的大约 70%。法国政府采取一系列政策鼓励个人购房,如零利率贷款、个人购房补贴等。

总之,法国政府通过住房补贴、税收、金融、保险、担保等多种政策工具,一方面鼓励中高收入家庭购买住房,另一方面帮助低收入家庭建造廉租房,这种双管齐下的政策较好地解决了各种不同收入群体的住房问题。

---

① 邵甬. 法国历史城市复兴中住房政策的特征及作用[J]. 国外规划研究,2011.10

二、法国住房抵押贷款制度

1. 法国人首选租房而不是买房

与美国人首选买房而不是租房不同,法国人首选租房而不是买房,这主要有以下几个方面原因:

一是房租非常便宜。法国建了很多廉租房,如果你没有房子住,即便你刚参加工作,只要拿着收入证明就可以申请住廉租房,或可以申请补贴,两者自由选择。廉租房的基准房租比普通私人住房的房租要低一半。2011年,法国境内住房月租金平均价格为 12.4 欧元/平方米,其中 1175 个法国城镇的月租金价格超过 9 欧元/平方米,巴黎市区住宅月租金平均价格约 35 欧元/平方米,主要商业区的住房月租金价格最高甚至达到 54 欧元/平方米。有了廉租房,低收入居民首先选择租房住,从而降低了市场上对住房的需求。许多法国人认为,与其为买房背上沉重的经济负担,不如简单方便地租房,把钱用在其他方面以提高生活质量。在法国,一般都是上了年纪的人才买房子,如果年轻人有房子,大多是他们父母留下来。

二是房源少,升值缓慢。法国很多城镇新建房屋很少,主要是二手房交易。许多法国建筑都是历史古迹,大街上到处都是百年古建筑,不能乱拆乱建。由于实行土地私有制,开发商即使相中了某一块地,如果业主不同意,房子也建不成。尽管政府鼓励个人购买住房并不断推出各种鼓励政策,但由于房源稀缺,法国人难以实现"购房梦"。在市场上出售房屋,过户、定价等交易行为房东说了不算,专门的评估机构才享有房屋定价权。所以,通过乱涨价、炒房赚钱几乎是不可能的事情。2011 年,在售价 1000 万元以上的房产中,法国买主只占一成左右,高昂的价格是他们最大的障碍。在售价 500 万至 1000 万欧元的房产中,法国买主只占 25%,来法购买豪宅的客户主要来自发展中国家和海湾地区。在法国,只有像巴黎这样的大城市房子才有升值的空间,众多的小城市,平均房价不超过 1000 欧元,且房价上涨非常缓慢,几年甚至十几年变化都不大。

三是法国人对住宅要求高,即安全感、个性化、多功能、环境好、污染少。特别是随着科学技术的发展和生活方式的改变,法国人希望住上他们企盼的新住宅:地面具有杀菌作用并能自动清洗;彩色壁纸可以随贴随换;墙上的壁画能散发出春天般的气息,空气更加清爽宜人;建筑材料应该是智能型的,可以用电脑程序控制;传统的砖瓦及混凝土将被淘汰,取而代之的是多种新型超级混凝土;隔热保暖材料将有发展,住宅将不需要安装专门的供暖设备。门窗玻璃将根据阳光的强弱和主人的需要而改变透明度,还可以变换角度让主人尽情地观赏室外的自然景色。门窗玻璃还具有增温降温的功能,起到调节室温的作用。未来的住宅将增设防止煤气泄漏、室温过高及电源短路断路等感应装置。① 这种概念性的、未来的、高标准高质量的住房,普通法国人作为私有住房确实买不起,只能寄希望于租用公有住房。

四是买房必须签订长期的工作聘用合同,这是法国人必须跨越的第一个"硬坎"。法国的劳动合同主要有两种形式:一种称为 CDI,即长期的劳动合同,通常不明确标明终止期限。另一种称为 CDD,即短期的劳动合同,通常明确标明起止期限。CDI 对劳动者给予法律保护,雇主不能随意解雇。刚出大学校门的青年学人很难找到 CDI,只好长期做 CDD。如果不能获得 CDI,他们要贷款购买住房就会非常困难。

五是住房价格昂贵,2011 年法国境内房价平均上涨 7.3%,受投资性需求支撑,大巴黎房价地区上涨 22%。同年,巴黎、尼斯、里昂、波尔多、马赛每平米平均住房价格分别为 8648、4039、3175、2888 和 2779 欧元。在巴黎 20 个区中,有 7 个区的住房均价超过每平方米 1 万欧元大关,其中第 6 区房价最高,均价达 13500 欧元。

六是法国已经进入人口老龄化时代,人们对住房的需求越来越小。尽管法国政府推出系列住房贷款优惠政策,鼓励个人购房,如首次购买第一套住房,可以获得 2~3 万欧元的"零利率贷款";购买新房第一年贷款利息的 40%可享受对应的所得税减免,随后的 4 年里贷款利息的 20%可享受减税,等等,试图通过促进房地产业的繁荣拉动相关产业,从而达到增加就业和扩大内需的目的,但法国人似乎就没有购房热情。

2. 法国住房贷款和保险设计

由于住房价格昂贵,法国很少有人全部用个人的资金买房,基本上都要依靠银行货款。为了适应不同购房者的需求,法国金融企业提供了多样性的房贷产品,主要有市场利率贷款、住房储蓄贷款和零利率贷款等三种形式。市场利率贷款是金融企业利用自有资金发放的贷款,其利率、期限和首付款等标准由金融企业依据市场情况自行确定,政府不加干预。市场利率贷款占全部贷款的绝大部分,大约到 70%,而且 80%以上是固定利率贷款。住房储蓄贷款是金融企业利用住房储蓄发放的贷款,这是法国金融企业 20 世纪 60 年代开发的产品,包括住房储蓄账户和住房储蓄计划两种储蓄,其主要特点和功能是专项储蓄、存贷挂钩、低存低贷、国家奖励。目前法国住

---

① 李福秀. 法国人对住宅的新要求. http://www.crei.cn,2001.05.22

房储蓄账户为 1750 亿法郎,住房储蓄计划为 1.17 万亿法郎,两笔资金相加,相当于全国储蓄总额的十分之一。2001 年法国住房储蓄贷款占住房贷款总额的 25%。零利率贷款是根据申请人的收入、子女、购房地点和月收入不超过 2 万法郎等这些情况提供的金额不得超过 20% 的住房贷款,最短期限为 7 年,最长期限为 17 年,利息由政府补贴。[①] 对于零利率贷款,法国政府出台了担保政策。1993 年法国政府和提供零利率贷款的银行共同成立了住房担保基金,股东是贷款银行,政府作担保,换句话说,如果这个基金组织破产,政府将承担偿还债务的责任。

为了激发购房热情,金融企业不断降低利率。根据法国贷款与住房观察所 2013 年 1 月 3 日公布的一份报告,法国住房贷款利率降到了自二战以来的最低点,各家银行向个人提供的贷款利息平均为 3.23%,打破了 2010 年的 3.25% 的记录。尽管住房贷款利率逐年降低,但由于新建住房的数量大量减少,购房者很难找到合适房屋。法国房地产公司也在降低房价,在 2012 年前三个季度分别下降了 0.5%、0.3% 和 0.1%。法国住房部长杜弗洛夫人声称,要借助新法律增加住房建设,继续降低房产价格。

在法国,住房贷款期限一般是 15~20 年。在这么长的时间内,什么情况都可能发生,如经济增长率、通货膨胀率、职工失业率以及市场资金利率等都可能会发生变化;借款人可能会死亡、残废、失业等。这些诸多因素都会使放贷企业面临风险。法国住房贷款保险规定,购房人在申请住房贷款时,必须同时向保险公司购买人寿保险,这样,购房人在贷款期间出现死亡、残废、失业等情况丧失还款能力时,则由保险公司负责偿还购房人剩余的全部贷款,住房由被保险人的家属继承,但是,如果属于自杀或剧烈运动造成的死亡,保险公司不负责。保险公司以团体保险的办法提供死亡险和残废险,这两个险种保费费率在整个贷款期间始终不变。出现残疾,完全丧失了劳动能力,保险公司负责偿还被保险人剩下的贷款金额,同时终止保险合同。对于失业保险,保险公司承担购房人失业后 18~24 个月的还贷责任,但保险公司只针对购房人被解雇而失业的情况,如果自行辞职则不在保险范围内。银行提供住房贷款后,购房借款人将按期向银行交纳利息和保障费,银行将保费转给保险公司,直至贷款合同期满。

3. 法国住房贷款保险制度的优越性

第一,法国住房贷款保险是一种强制性保险,只要你打算申请住房贷

---

① 龚运海. 法国、荷兰政府住房政策对我国住房改革的启示[J]. 外国财税, 2003.07

款,就必须同时购买住房贷款保险。这种住房贷款保险一方面对死亡险提供保障,另一方面还对借款人残疾、失业等情况下提供保障。金融企业不仅规避了风险,无须为拍卖抵押房地产而操心,还能保障借款人因不能还贷而流离失所。这种贷款保险模式能最大限度地保护个人的房产所有权,因而深得人心。

第二,法国住房贷款保险采用的是团体险模式,团体险投保人数多,能够使投保人得到比较低的比率,保护了自己的房产,并且保险公司也获得了大量的客户,既减少了自己的经营成本,又转移了自己的风险和银行发放贷款的风险。

第三,法国的住房贷款保险模式体现了银行与保险公司分工协作的原则。金融企业与国家人寿保险公司签订合同,对企业的所有借款人进行承保,这并不是由借款人对保险公司进行选择,而是由金融企业向借款人提出一个由企业和保险公司所协商后签署的合同。在住房贷款保险中,银行参与住房信贷保险的管理,与保险公司的利益是拴在一起的。双方不是互相争夺市场份额,而是在共同利益驱使下,企业与保险公司密切合作,相互配合,相互促进,共同关注技术资料和客户情况,确保住房贷款运行正常、安全、获利。

第四,法国的住房贷款保险是一个"双赢"的模式。金融企业在整个过程中相当于一个代理人身份,它以借款人的代理人身份和保险公司就合同的相应条款进行洽谈,然后在每月收取贷款的时候,又以保险公司代理人的身份向借款人索要保险费,这样简化了很多繁杂手续,只由金融企业和借款人就完成了整个过程。提供的保险使得企业和借款人都得到了保障。美国的抵押模式是一种个人储蓄性质的保险合同,为借款人所提供的只是死亡风险的保障,其他原因发生后,贷款人就会被迫放弃住房,变得无家可归。法国的国家人寿保险公司在市场上拥有 50％ 的份额,成为法国最重要的贷款抵押人寿保险的保险人。法国的住房抵押贷款保险制度促进了法国房地产事业的发展,防止了因为种种难以预知的情况给贷款人和借款人带来风险。

三、法国房产税

1. 法国房产税种及其特征

法国房产税主要包括以下几方面的税种:一是居住税,即拥有住房和车位的人要缴纳的住房税,不论居住者是房屋所有人还是租客。如果住房闲置,要缴纳住宅空置税,税率为 10％～15％。二是对业主征收的土地税,不论房屋空置与否都要征收。土地税细分为"建成房屋土地税"和"未建房屋土地税"两项。另外,还要加征 8% 的地方税收管理税,两税合计为 9.23%。近些年,法国土地税不断上涨,在法国业主预算中的比重急剧增加。据法国业主国家工会统计,从 2006 至 2011 年,土地税增长了 21%,巴黎的土地税增长最大,增幅达 67.9%,阿让特伊、南斯、圣但尼等城市也都超过了 30%。过快增长的土地税给人们带来了很大的压力,法国房地产联盟呼吁,冻结土地税。究其原因,一方面是政府加大了对房地产市场的调控力度,防止法国房地产市场过热发展。另一方面也是受金融危机影响,政府需要扩大税基,努力实现"开源"增收目标。但无论出于何种原因,法国房产税征收过程中总体上仍体现了区别对待和理性公正的原则。[①] 三是增值税,税率为28.1%,但自住房和超过 15 年的房龄免征增值税。如果房屋转让,购房者要缴纳房价 2.5% 左右的手续费和 7.5% 的转让税。其他相关税税种还包括财富税、个人所得税、土地登记税、遗产税以及印花税等。据统计,2010年,法国共有 562000 居民户交纳了 33 亿欧元的房地产税,平均每户 5854欧元。

法国也对一些弱势群体免征土地税和居住税。60 岁以上的老人、残疾人、税收收入低于一定数额的人以及与配偶共同居住一套房屋的人,免征居住税。75 岁以上的老人、领取成年残疾人补贴的人免征土地税。在个人所得税中,所购买的第一套住房前五年部分贷款利息可以抵税,第一年可抵 40%,后四年各 20%。第一年每人可以抵 1500 欧元,后四年可抵 750 欧元。

法国房产税按居民户征收,即夫妻和未独立子女按一个居民户统计。在一居民户中,任何人购买住房,都按同一单位计征,这样就有效规避了家庭成员以不同户主购买房产而逃税的风险。

法国房产税包含在财产税里,也就是大家常说的"富人税",是把家庭所有住房、汽车、艺术品等财产全部进行纳税,一般法国百姓只缴纳房产税。法国财产税起征点为 790000 欧元,税率为 0.55%,最高为 16540000 欧元,税率为 1.8%。这是包括所有房地产在内的各类财产的总价值,这一标准大约是法国法律规定的 45 年的最低工资。法国从 1982 年起就开始征收财产税,在全世界是征收最高的。有专家指出:"法国财产税在整个税收收入当中占大约 8.6%。然而,参与经济生产的企业财产可以免于缴纳财产税。所以,股份公司完全不受财产税的影响。"[②]

---

①　胡博峰. 发达国家房产税征收经验:稳定市场,兼顾公平[N]. 经济日报,2012.05.14

②　马珂楠. 法国成征收财产税先驱,恢复财产税是个棘手话题. imoney. china. com. cn,2012.10.09

有意思的是,根据法国税法,无论是法国公民和欧盟公民,只要在法国连续居住超过 183 天,就要在法国和世界各地的财产征税。不超过 183 天,只对在法国境内的财产征税。法国对境外财产征税,目的就是遏制一些富人在国外购置房产,造成资金外流。在世界各国中,法国征收房产税额度比较高,这在一定程度上抑制了房地产市场的投机行为。高税收使购房者在购买时需精心盘算会不会给自己带来沉重负担。因此,在法国,房地产并不是法国人投资或进行财产保值增值的首选。试图通过"炒房"来赚钱,成本太高,风险太大,得不偿失。

2. 法国个人房地产税税基评估

世界各国房产税税基的确定主要有两种方式:一是以年租金为税基;二是以房产的市场价值为税基。法国依据前者确定税基。税基按基准年度的评估额为准,许多国家每 2～5 年估价一次,法国一般都是每 4 年对租金收益评估一次,但从 1970 年以来还没有全面评估过租金收益。不过,法国在进行个人房地产税税基评估时会将通货膨胀和租金变化因素加以考察,即目前的租金收益以 1970 年的租金收益为基础,然后再乘以一个每年确定的系数。对于新建或维修的房屋,对租金的收益都要进行重新评估。

法国年租金的评估已经建立起一套完整、复杂的指标体系,在对一套房产进行评估时,主要考虑九个指标,其中五个指标是客观的,四个指标是主观的,这九个指标分别是:(1)居住面积;(2)房屋类型;(3)房屋重要程度;(4)房屋附属建筑物的面积(包括车库、地窖、工具库等);(5)房屋的保养程度;(6)房屋所在地的环境(所在街区的好或坏、所在市镇等);(7)房屋的状态(如采光、朝向、噪音等);(8)有没有电梯;(9)房屋的装饰和舒适程度(水、电、煤气、卫生间、浴缸和淋浴设施、管道、中央供暖)等。①

美国、德国是以市场价值为基础对房地产进行征税,由于房地产市场价值变动频繁,房地产计税也及时进行调整,并定期进行。房地产计税调整要考虑三方面因素:一是由于经济发展或环境改善带来的房地产增值;二是由于维护或装修而增加的成本;三是要应用现代化的计算机系统和合格的评估人员。

3. 法国房地产交易

法国房地产交易有两点值得借鉴:完备的房地产信息和买卖双方的利益保护。法国的报纸和杂志多种多样,而涉及房地产交易的专刊也是丰富

---

① 魏涛. 法国个人房地产税体系透视[J]. 涉外税务,2008.12

多彩,即便一些综合性报纸和期刊,也绝不会忽视房地产信息。另外,几乎每一家房屋中介所都开辟橱窗,进行广告宣传。可以说,各种广告宣传是获取房地产信息的首要来源。尤其是互联网络的迅猛发展,为购房者提供了大量的、最新的房地产信息,查询更便捷,房源信息更丰富。以法国全国房地产联合会网站为例,有一万多家房地产公司和中介机构云集于此,汇集了30多万多条房地产买卖信息。只要输入相关房屋信息,就可以在大量的房地产买卖信息中发现自己喜欢的房源,并且,每条房产信息都提供了完整的内容,诸如所在地、周边环境、客厅面积、卧室数量、价格、联系电话以及最近修改日期等。

为保护买卖双方的利益,法国相关法律规定,如果房地产交易中存在欺骗或故意隐瞒行为,法律保护受损害方的权益。例如,卖方隐瞒即将进行的开发计划导致房价下跌,买方可取消交易或要求卖方赔偿损失。买方看上一套房子,在对一些细节和信息了解期间,可以通过代理人或中介机构与卖方签订一份"售房承诺",要求卖方为买方保留这套房屋,在"售房承诺"规定的7天时间内不得出售给他人。同时,签订这一文件后,买方有7天考虑时间,7天内可无理由取消买房。房屋买卖时,必须由公证人办理过户手续,公证人将对房屋的所有信息进行详尽调查,并拟定法律文书,买卖双方签字,这份文书就成为房产契约,作为保护买卖双方利益的法律文件。